全国高职高专经济管理类"十四五"规划
理论与实践结合型系列教材·物流专业

会展物流管理

HUIZHAN WULIU GUANLI

主　编　戴黎燕
副主编　潘　杰

华中科技大学出版社
http://press.hust.edu.cn
中国·武汉

图书在版编目(CIP)数据

会展物流管理/戴黎燕主编.—武汉:华中科技大学出版社,2024.2
ISBN 978-7-5772-0462-8

Ⅰ.①会… Ⅱ.①戴… Ⅲ.①展览会-物流-高等职业教育-教材 Ⅳ.①F252

中国国家版本馆 CIP 数据核字(2024)第 016287 号

会展物流管理
Huizhan Wuliu Guanli

戴黎燕 主编

策划编辑：聂亚文
责任编辑：白　慧
封面设计：孢　子
责任监印：朱　玢

出版发行：	华中科技大学出版社(中国·武汉)	电话：(027)81321913	
	武汉市东湖新技术开发区华工科技园	邮编：430223	

录　　排：武汉创易图文工作室
印　　刷：武汉市洪林印务有限公司
开　　本：787mm×1092mm　1/16
印　　张：17
字　　数：435 千字
版　　次：2024 年 2 月第 1 版第 1 次印刷
定　　价：48.00 元

本书若有印装质量问题,请向出版社营销中心调换
全国免费服务热线：400-6679-118　竭诚为您服务
版权所有　侵权必究

序言 Preface

随着经济全球化和信息技术的迅速发展,企业生产、物资流通、商品交易、信息交换等的理念、方式和方法正在并将继续发生深刻的变革。与此相适应,作为企业降低生产成本、提高核心竞争能力、增加经济效益的"第三利润源",被彼得·德鲁克描述为最后一块"经济的黑暗大陆"的现代物流业正在世界范围内广泛兴起,并成为21世纪中国的黄金产业之一。

我国自20世纪80年代初系统引进现代物流理论,进入21世纪,随着社会主义市场经济体制的初步建立和科学技术的迅速发展,我国的物流业得到了快速发展,政府和企业也逐渐意识到发展物流在优化资源配置中的重大作用和意义。现代物流作为推动经济发展的新的利润源和竞争资源,其所蕴涵的巨大潜力正在得到政府、企业和学术研究领域越来越多的重视。近几年的资料表明,物流业已成为我国经济领域中发展最快、最活跃、最热门的行业之一。物流管理也成为当前理论研究、企业实践的热点,成为各高校的热门专业。

高素质人才是现代物流发展的关键因素。但是物流作为一项新兴的产业和一门新兴的学科,一方面由于其所涉及的产业活动的多样性和复杂性,另一方面由于国内对物流人才的培养还不完善和成熟,因此物流人才匮乏与物流业的蓬勃发展不相称。人才的短缺严重制约了我国物流产业整体水平的提高,尤其大量从业人员无论是在理念、思维方式方面,还是在知识结构、创新能力方面,都与国际先进水平有不小的差距,这些直接影响到我国物流业现代化的速度。

作为实践性很强的产业,物流业需要许多技术应用型专门人才,而高校的根本任务正是培养生产、建设、管理和服务第一线所需要的,德、智、体、美等方面全面发展的高等技术应用型专门人才。高校的学生应在掌握必要的基础理论和专门知识的基础上,重点掌握从事本专业领域实际工作所必需的基本知识和职业技能。所以,为了从根本上提高我国物流从业人员的整体业务能力与管理水平,满足国内市场对物流应用型人才的需求,培养适应我国物流业飞速发展需要的物流专业人才,特编写本教材。本教材紧密结合当今物流领域的实践,从强化与培养操作技能的角度出发,较好地体现了会展物流管理最新的实用知识与操作技术,对提高从业人员的基本素质和基本能力有直接的帮助和指导作用。

※理论先行,职业并重

本教材在每个项目中都尽量穿插理论说明,尽量让每一个读者"知其然并知其所以然"。本教材不仅注重提高学生的专业操作技能,还注重培养学生的职业精神。

※开放创新,能力至上

本教材奉行"开放创新",各项目的内容能够兼收并蓄、博采众长,结合实际创新,紧跟时代的步伐;且思路清晰、知识全面。

※内容丰富,相得益彰

本教材重点放在应用、使用上,能满足物流管理人员的基本知识需要,不涉及高深的装备与技术理论知识。每个项目均设置了"案例导入",项目后设置了"项目自测",以满足职业技术教育教学的需要。案例尽可能贴近企业与应用层面,并在相应内容上结合当前经济发展、相关行业及技术的发展情况深化或扩展对相应装备(知识)的介绍。

本教材编写过程中参阅了相关资料,吸取了许多有益的内容。由于编者水平有限,书中难免有错误和不当之处,恳请使用本教材的广大读者予以批评指正,以臻完善。

编者

目录 Contents

项目一 物流管理概述 ·· 1
 任务一 认识物流 ·· 1
 任务二 认识物流管理 ·· 32

项目二 包装管理 ·· 45
 任务一 包装概述 ·· 45
 任务二 包装作业 ·· 51

项目三 装卸搬运管理 ·· 62
 任务一 装卸搬运概述 ·· 62
 任务二 装卸搬运作业 ·· 70

项目四 运输管理 ·· 82
 任务一 运输概述 ·· 82
 任务二 运输作业 ·· 89

项目五 仓储管理 ··· 103
 任务一 仓储概述 ··· 103
 任务二 仓储作业 ··· 114
 任务三 库存管理 ··· 124

项目六 流通加工管理 ··· 138
 任务一 流通加工概述 ··· 138
 任务二 流通加工作业 ··· 143

项目七 配送管理 ··· 148
 任务一 配送概述 ··· 148

  任务二 配送作业 …………………………………………………… 155

项目八 物流管理系统 ………………………………………………… 176

  任务一 物流成本管理 ………………………………………………… 176
  任务二 物流信息管理 ………………………………………………… 194
  任务三 供应链管理 …………………………………………………… 204

项目九 现代物流管理 ………………………………………………… 225

  任务一 第三方物流 …………………………………………………… 225
  任务二 国际物流 ……………………………………………………… 235
  任务三 绿色物流 ……………………………………………………… 241

项目一 物流管理概述

· 项目引言 ·

物流对拉动消费、促进经济发展具有重要作用。随着经济全球化和电子商务的快速发展,物流体系建设日益受到国家和企业的高度重视,社会对物流人才的需求急剧增长。作为物流行业的后备人才,应全面掌握物流管理的相关知识和技能,为将来的职业发展奠定良好的基础。

· 知识目标 ·

◆掌握物流的概念。
◆理解物流的分类和特征。
◆掌握物流管理的内涵和内容。
◆了解物流的发展历程和特点。

· 思政目标 ·

结合物流管理教学内容,培养理想信念坚定,适应现代物流行业企业和社会发展需要的人才,使其具有良好的人文素养、职业道德和创新意识,具备精益求精的工匠精神。

  任务实施

任务一 认识物流

· 案例导入 ·

物流就在我们身边

我们去商场,会看到货架上摆满了各种各样的货物,服务人员正在把从仓库里提出来的货物放到货架上;销售人员正在向顾客销售货物,她把顾客已经购买的货物包装起来,交到顾客手中……我们去工厂,会看到车间里摆满了机器,工件在传送带上匀速移动,搬运小车在车间里穿来穿去;仓库里堆放着原材料、工具等,装卸车在忙着把货物从汽车上卸下来又堆放到仓库里的货垛上……

我们来到拥挤的城市，看见马路上汽车穿梭往来，超市里人如潮涌；铁路上南来北往的机车拉着长长的满载的车皮，飞快地奔驰着……我们来到相对宁静的农村，也能看见公路上奔驰着运送化肥、粮食的汽车，载满农民的客车；集市上赶集的人们熙熙攘攘，满街都是从各地用大车小车运来的农产品……

以上这些现象就发生在我们周围，都涉及物品的流动，可以把它们统称为物流现象。因为这些现象司空见惯，我们几乎天天接触，以至于感觉不到自己的生活需求就是物流的一部分。

物流是一种历史悠久的人类活动，可以说从人类开始生产劳动，即确立人类区别于动物的独立特征那一刻起，物流活动就成为人类劳动的一种形式。随着社会分工的深化和商品生产及交换的发展，物流的功能和作用也不断强化，在社会经济生活中发挥着不可替代的重要作用。

而讲到所谓的现代物流，尽管它好像是看不见、摸不到的事物，但在当前的现实社会中，实现最佳的物流已成为业务管理和部门管理最激动人心和最富挑战意义的作业领域之一。

一、物流的概念

物流作为被研究对象最早要追溯到 1901 年，约翰·格鲁威尔在美国政府报告"关于农产品的配送"中，第一次论述了对农产品配送成本产生影响的各种因素，从而揭开了人们对物流活动认识的序幕。

(一)物流概念的形成

物流概念的形成经历了一个漫长而曲折的过程，归纳起来大致经过了 3 个发展阶段。

1. 物流概念的孕育阶段(20 世纪初至 20 世纪 50 年代中期)

20 世纪初，在北美和西欧一些国家，随着工业化进程的加快及大批量生产和销售的实现，人们开始意识到降低物资采购及产品销售成本的重要性。单元化技术的发展为大批量配送提供了条件，同时也为人们认识物流提供了可能。在这个时期，正好经历了两次世界大战，军事后勤的补给对战争的胜负起着至关重要的作用，因而存续着以下两种概念。

(1)营销学派的 physical distribution(简称 PD)概念

20 世纪初，在一些经济发达国家，生产力发展到较高的水平，社会总产品数量达到比较饱和的程度，社会总需求也相应有较大程度的增长，市场竞争激烈，企业生产出来的产品不一定都能分销出去，而且继续提高生产技术已经有一定难度。这时，人们不得不关心分销工作，希望通过抓分销来打开市场，这就使得降低分销成本、提高分销经济效益成为企业关注的大事。由此，人们逐渐开始关注分销物流，物流的概念也开始萌芽。在这种背景下，1915 年美国市场营销学者阿奇·萧在《市场流通中的若干问题》中首次提到了 PD 这一概念，并指出：在市场分销中，存在两类活动，一类叫作创造需求，一类叫作物资实体分配(physical distribution of goods)。他认为这两类活动是不同的，但在市场分销中它们是互相平衡、互相依赖的；在市场分销中发生的重大失误，往往是由这两类活动之间缺乏协调造成的。PD 就是最早的物流概念，其实质是"分销物流"。由此可以看出，物流最开始是从营销领域分离出来的。

(2)军事后勤学派的 logistics 概念

美国少校琼西·贝克于 1905 年在《军队和军需品运输》一书中提出了物流的概念，叫作 logistics。他是从军事后勤的角度提出这一概念的，称 logistics 是"与军备的移动与供应有关的战争的艺术的分支"。在1941—1945年的第二次世界大战中,美国的反法西斯战线拉得很长、很宽,在某种意义上说,美国庞大的军事后勤供给决定了战争的胜负。美军邀请著名的管理学家、运筹学家、军事专家共同组成课题组,研究军事物资采购、运输、储存、分配、保养及废弃后处理的一体化方案,并将此方案称为logistics,即"后勤学"。其基本思想是把战争物资从供应地运送到作战前线的整个流通过程作为一个系统,把各个环节,如军用物资仓储、运输、保养、运送等作为子系统,研究如何提高效率、降低成本,并且能及时而准确地发挥军用物资在战争中的作用。他们提出的logistics的基本原则、运行规律、各种措施和方法形成了物流的基本思想和理论框架。美国军事兵站后勤活动的开展以及英国在战争中对军需物资的调运的实践都大大充实和发展了军事后勤学的理论、方法和技术,其核心是将战时物资的生产、采购、运输、配给等活动作为一个整体来进行统一布置,以求战略物资补给的费用更低、速度更快、服务更好。实践证明,这一理论的应用取得了很好的效果,从而支持了"logistics"说的发展。

  市场营销学就是专门研究怎样开拓市场、扩大销售,更好地把企业产品销售出去的问题。正如阿奇·萧所说,这当中确实有两类活动:一类是创造需求,也就是通过广告、促销、市场分析、销售网络等手段,让更多的人来购买企业的产品;另一类就是实体分配,也就是怎样更节省、更及时地将客户订购的产品送到客户手中。这两类活动确实是互相平衡、互相依赖的。实际上,一个是今天所说的"商流",另一个是今天所说的"物流"。而琼西·贝克是从军事后勤的角度来定义物流的,他所关心的是军备物资的运输、储存、供应等问题,这实际上就是军队后勤部门的工作,他把这一类工作定义为logistics,确实是合情合理的。

  这两种不同的概念之所以都能存续下来,是因为它们分别在各自的专业领域中独立运用,得到了一定程度的响应、应用和发展。二者之间没有发生冲突,也没有一个统一的物流学派来进行统一规范,不需要得到社会广泛的认可。这一阶段的特点:一是概念在局部范围内应用,主要是在美国;二是概念是由少数人提出来的;三是意见不统一,有两种意见、两个提法。

2. 分销物流概念阶段(20世纪50年代中期至80年代中期)

(1)物流继续在美国得到发展和完善,基本形成了比较完整的物流管理学

  第二次世界大战后,美国的经济迅速发展,先进生产理论和观念不断引入,新技术不断出现,管理水平不断提高,促进了生产力水平的大幅度提高。产品的极大丰富和激烈的市场竞争迫使生产者必须降低产品成本、提高产品质量。物流逐渐为管理学界所重视,企业界也开始注意到物流在经济发展中的作用,并将改进物流管理作为激发企业活力的重要手段。这一阶段是物流快速发展的重要时期。

  1954年,在美国波士顿工商会议所召开的第26次波士顿流通会议上,鲍尔·D.康柏斯发表了题为"市场营销的另一半"的演讲。他指出,无论是学术界还是实业界,都应该重视认识和研究市场营销中的物流,真正从战略的高度来管理、发展物流。这是物流管理发展的一个里程碑。

  现代市场营销观念的形成使企业意识到令顾客满意是实现企业利润的唯一手段,顾客服务成为经营管理的核心要素,而物流在为顾客提供服务上起到了重要作用。物流,特别是配送,在这一时期得到了快速发展。1960年,美国的Raytheon公司建立了最早的配送中心,结合航空运输系统为美国市场提供物流服务。

  1961年,爱德华·W.斯马凯伊、罗纳德·J.鲍尔索克斯和弗兰克·H.莫斯曼撰写了《物流管理》一书,这是世界上第一本介绍物流管理的教科书,它详细论述了物流系统及整体成本

的概念,为物流管理成为一门学科奠定了基础。20世纪60年代初期,密歇根州立大学及俄亥俄州立大学分别在大学部和研究生院开设了物流课程,成为世界上最早把物流管理教育纳入大学学科体系的学校。

1962年,美国著名管理学家德鲁克在《财富》杂志发表了《经济的黑暗大陆》一文,提出物流是降低成本的最后领域。德鲁克指出,随着技术水平的提高和内部管理的加强,生产和销售领域内降低成本的空间越来越小,而在生产和销售领域以外的物流环节上却大有潜力,他强调应当高度重视物流管理,从而对实业界和理论界产生了一次重大的推动作用,使人们逐渐认识到物流是"第三利润源泉"。

1963年美国物流管理协会成立,该协会将各方面的物流专家集中起来,提供教育、培训活动,这一组织成为世界上第一个物流专业人员组织。

(2) 物流从美国走向世界,在世界范围内形成了物流管理学的理论体系

20世纪50年代中期,日本派出一个由12人组成的流通技术专业考察团,从1956年10月下旬到11月末在美国各地进行了实地考察,首次接触到物流这个新事物。日本考察团在详细了解了物流这一新事物后,于1958年撰写了考察报告并第一次提到了 physical distribution,也就是PD。这个概念马上被产业界接受,之后日本把它译成"物的流通",到了20世纪60年代中期又改称"物流"。日本产业界根据这个概念积极在国内分销领域采用物流管理,配送中心、物流中心相继产生,企业中的物流部及一些物流公司也纷纷诞生。随着分销物流业的逐渐扩大,物流产业和物流管理学逐渐形成,并在20世纪70年代达到高潮,大有后来居上之势。在这一时期,出现了阿保荣司、宇野正雄等物流学家有关物流学的著作。物流的概念逐渐流行到西欧、北美和其他许多国家,20世纪70年代末也传到了中国。

分销物流主要把物流看成运输、储存、包装、装卸、加工(包括生产加工和流通加工)、物流信息等各种物流活动的总和。在分销物流学中,主要研究这些物流活动在分销领域的优化问题,在各个物流专业理论和应用上取得了很大的进展,如系统理论、运输理论、配送理论、仓储理论、库存理论、包装理论、网点布局理论、信息化理论及它们的应用技术等。

(3) 在分销领域物流理论竞相发展的同时,企业内部物流理论异军突起

当人们正在专注地研究分销领域中的物流问题、发展各种专业物流理论和技术的时候,企业内部物流理论也在悄悄地发展。1965年,美国 J. A. 奥列基博士提出独立需求和相关需求的概念,并指出订货点法的物资资源配置技术只适用于独立需求物资;而企业内部的生产过程相互之间的需求是一种相关需求,相关需求应当用物资资源配置技术。20世纪60年代,随着计算机的普及和推广,人们逐渐把计算机应用到制订生产计划上。美国生产管理和计算机应用专家 Oliver W. Wight 和 George W. Plosh 首先提出了物料需求计划(material requirement planning, MRP)的概念,IBM公司则首先在计算机上实现了MRP处理,从此产生了MRP技术,并且在企业中得到了应用和发展,到了20世纪80年代,发展到MRPⅡ、MRPⅢ。在MRP发展的基础上,受MRP思想原理的启发,20世纪80年代又产生了应用于分销领域的物资资源配置技术(distribution resources planning, DRP),并且相应发展出DRPⅡ、DRPⅢ。在MRP和DRP发展的基础上,为了把二者结合起来运用,20世纪90年代又出现了LRP(logistics resources planning)和ERP(enterprise resources planning)。

这一时期,日本丰田公司创造的准时化生产技术(just in time, JIT)及相应的看板技术是生产领域物流技术的另外一朵奇葩。它不仅在生产领域创造了一种革命性的哲学和技术,而

且为整个物流管理学提供了一种理想的物流思想理论和技术,现在已经应用到物流的各个领域。

企业内部另一个重要的物流领域是设施规划与工厂设计,包括工厂选址、厂区布局、生产线布置、物流搬运系统设计等,也都成为物流学应用和发展的领域,形成了物流管理学一个非常重要的分支学科。

1984年,哥拉罕姆·西尔曼在《哈佛商业评论》上发表了《物流再认识》一文,指出现代物流对市场营销、生产和财务活动具有重大影响,因此物流应该在战略意义上得到企业高层管理人员的充分重视。

这些企业内部物流理论和技术的强劲发展逐渐引起了人们的关注。分销物流的概念显然不能包含它们,原来只关注分销物流的人们自然想到,仅使用分销物流(PD)的概念已经不太合适了。特别是到20世纪80年代中期,随着物流活动进一步集成化、一体化、信息化,人们改换物流概念的想法更加强烈,于是进入了物流概念发展的第三个阶段。

3. 现代物流学概念阶段(20世纪80年代中期至现在)

20世纪80年代中期以后,在理论上,人们越来越清楚地认识到物流与经营、生产紧密相连,物流已成为支撑企业竞争力的三大支柱之一。1985年,威廉姆·哈里斯和斯托克·吉姆斯在密歇根州立大学发表了题为"市场营销与物流的再结合——历史与未来的展望"的演讲。他们指出,从历史上看,物流近代化的标志之一是商物的分离,但是随着1965年以西蒙·列奥那多为代表的顾客服务研究的兴起,在近20年的顾客服务研究中,人们逐渐从理论和实证上认识到现代物流活动对于创造需求具有相当大的作用。在这一认识条件下,如果再像原来那样在制定营销组合特别是产品、价格、促销等战略的过程中,仍然将物流排除在外,显然不适应时代的发展。因此,非常有必要强调营销与物流的再结合。这一理论对现代物流的本质进行了高度总结,也推动了物流顾客服务战略及供应链管理战略的研究。

从物流实践来看,20世纪80年代后期计算机技术和物流软件的发展日益加快,进而推动了现代物流实践的发展,这其中的代表是EDI(electronic data interchange,电子数据交换)的运用与专家系统的利用。EDI是计算机之间不需要任何书面信息媒介或人力的介入的一种构造化、标准化的信息传递方法。这种信息传递方法不仅提高了传递效率和信息的正确性,而且带来了交易方式的变革,为物流的纵深化发展带来了契机。此外,专家系统的推广使物流管理提高了整体效果。现代物流为了保障效率和效果,一方面通过POS系统(point of sales,销售时点管理系统)、条形码、EDI等收集、传递信息;另一方面利用专家系统使物流战略决策实现最优化,从而共同实现商品附加价值。

物流外包和第三方物流的产生进一步导致物流的专业化、技术化和集成化,实现了生产和物流的分工合作,提高了各自的核心竞争力。

20世纪90年代,供应链理论的诞生及供应链管理系统的形成进一步导致物流管理的联合化、共同化、集约化和协调化。20世纪90年代以来,随着新经济和现代信息技术的迅速发展,现代物流的内容仍在不断地丰富和发展着,信息技术的进步使人们更加认识到物流体系的重要,现代物流的发展被提到日程上来。同时,信息技术特别是网络技术的发展为物流的发展提供了强有力的支撑,使物流向信息化、网络化、智能化方向发展,这不仅使物流企业和工商企业建立了更为密切的关系,而且物流企业能为客户提供更高质量的物流服务。特别是电子商务的发展,将像杠杆一样撬起传统产业和新兴产业,成为企业决胜未来市场的重要工具。而在这一过程中,现代物流将成为这个杠杆的支点。

最具有历史意义的是,1985年,美国物流管理协会正式将名称从"National Council of Physical Distribution Management"改为"Council of Logistics Management"。这标志着现代物流观念的确立以及对物流战略管理的统一化。

随着物流业的发展,物流已经不仅仅限于分销领域,而已经涉及包括企业物资供应、企业生产、企业分销及企业废弃物再生等在内的全范围和全领域。原来的分销物流(PD)的概念已经不适应这种形势,显得过于狭窄,应该扩大概念的内涵。因此人们决定采用"logistics"作为物流的概念,从而使"logistics"的理论被应用到企业界,其内涵也得到了进一步推广,涵盖了整个生产过程和流通过程,包括生产领域的原材料采购、生产过程中的物料搬运与厂内物流、商品流通过程中的物流。到20世纪80年代末90年代初,人们正式把"logistics"作为物流的概念。此后,logistics逐渐取代PD,成为"物流"的代名词。

值得指出的是,这个时候的物流概念和第一阶段的军事后勤学上的物流概念,虽然字面相同,但是意义已经不完全相同了。第一阶段的军事后勤学上的"logistics"概念主要是指军队物资供应调度上的物流问题,而新时期的"logistics"概念是指在各个专业物流全面高度发展的基础上基于企业供、产、销等全范围、全方位的物流问题,无论是广度、深度还是涵盖的领域,两者都有不可比拟的差别。因此这个阶段的"logistics"不能译为后勤学,更不能译为军事后勤学,而应当译为现代物流学,它是一种适应新时期所有组织(包括企业、军队、学校、事业单位等)的集成化、信息化、一体化的物流学。

(二)物流的定义

一般认为,物流活动是从配送与后勤管理中演变形成的。物流学的起源如图1-1所示。

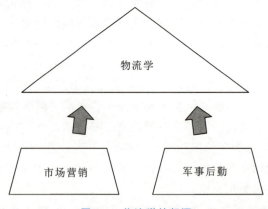

图1-1 物流学的起源

运输是人类最早的物流活动之一,人类有记载的交通运输历史已经有6000年左右。英国自然史科学家梅森在《自然科学史》中指出:"在公元前4000年,底格里斯河和幼发拉底河流域的苏美尔人……制造了用动物拖动的轮车,建造船舶……"关于中国文明,他认为"在公元前1500年左右,商代曾在黄河边的安阳建都……以马匹驾驶车辆"等。

金字塔的建造体现了古埃及人朦胧的物流思想。在公元前27世纪,古代埃及人完全用人工将230万块平均每块重2.5吨的大石块从远处的高山上采掘下来,搬运到工地,最后将它们提升100多米高并按照设计要求垒起来。如果没有系统的组织和管理,没有科学、合理的物流作业方法,即使用的人再多、花的时间再长,工作也是难以完成的。

货物在不同时空范围内的移动和流动是社会经济发展的基础之一。"实物的流动"虽然具有重要的经济和实用意义,但直到20世纪,物流概念才渐渐兴起并开始被人们所重视和研究。

随着社会化生产水平和科学技术的提高,物流活动在国家经济中的地位越来越重要,人们对物流的研究也越来越深入。

物流概念的转变是世界经济和科学技术发展的必然结果。当前物流业正在向全球化、信息化和一体化方向发展。一个国家市场的开放与发展势必要求物流的开放与发展。随着世界商品市场的形成,物流活动的全球化趋势日益明显,国际物流发展在某种程度上已成为一种主流;信息技术的发展使信息系统得以贯穿于不同的企业之间,使物流的功能发生了质变,大大提高了物流效率,同时也为物流一体化创造了条件。物流一体化意味着需求、配送和库存管理的一体化,所有这些已成为国际物流业的发展方向。

物流概念的提出晚于物流活动的开展。在人类历史的早期,并没有提出物流的概念,人类只从事物流中的一些具体活动。在长期的物流活动中,人们产生了物流的观念,进而将观念进行系统的抽象和总结,最后提出物流的概念。

1. 国外对物流的定义

(1)美国

1963年,美国物流管理协会(当时称 National Council of Physical Distribution Management,NCPDM)对物流管理进行了定义:物流管理是为了计划、执行和控制原材料、在制品库存及制成品从起源地到消费地的有效率的流动而进行的两种或多种活动的集成。这些活动可能包括但不限于:顾客服务、需求预测、交通、库存控制、物料搬运、订货处理、零件及服务支持、工厂及仓库选址、采购、包装、退货处理、废弃物回收、运输、仓储管理。

1985年,美国物流管理协会(Council of Logistics Management,CLM)正式采用"logistics"取代"physical distribution",将其作为物流的代名词,并重新对物流进行了定义:物流是为了满足顾客需求而对原材料、在制品、制成品及相关信息从产生地到消费地的有效率、有效益的流动和储存进行计划、协调和控制的过程。自此,"logistics"不再被译为"后勤"。随后,国际物流会议也开始使用 logistics 作为物流的正式用语,现代物流理论渐渐兴起。现代物流是以满足消费者的需求为目标,把制造、运输、销售等市场情况统一起来考虑的一种战略措施,这与传统物流被看作"后勤保障系统"(logistics)和"销售活动中起桥梁作用"(PD)的概念相比,在深度和广度上又有了进一步的拓展。1995年,美国物流管理协会重新对物流进行定义,将1985年定义中的"原材料、在制品、制成品"改为"物品、服务"。1998年,美国物流管理协会又在"logistics"的定义中增加了"物流是供应链的一部分"。现代物流及现代物流管理理论上升到供应链管理层面。

美国对现代物流相对成熟的定义出现于2001年。2001年,美国物流管理协会将物流定义为:物流是供应链流程的一部分,是为了满足客户需求而对商品、服务及相关信息从原产地到消费地的高效率、高效益的正向反向流动及储存进行的计划、实施和控制过程。

(2)日本

日本是亚洲国家中引入"物流"概念较早的国家,也是对我国物流理论研究影响较大的国家。1963年,物流的概念被引入日本,当时的物流被理解为"在连接生产和消费间对物资履行保管、运输、装卸、包装、加工等功能,以及作为控制这类功能后援的信息功能,它在物资销售中起到了桥梁的作用"。1981年,日本日通综合研究所对物流下了这样的定义:物流是物质资料从供给者向需求者的物流性流动,是创造时间性、场所性价值的经济活动,从物流的范畴来看,包括包装、装卸、保管、库存管理、流通加工、运输、配送等各种活动。但在欧美国家普遍采用"logistics"这个词汇后,日本并没有形成对物流统一的定义。2002年,日本标准学会以日本工业标准(JIS)的形式,分别对应英语中的"physical distribution"和"logistics"对物流做了定义。其中对应于"logistics"的定义是:将物流活动的目标定位于充分满足最终需要,同时要解决保护环境等方面的社会问题,在此前提下追求高水平地、综合地完成包装、运输、保管、装卸搬运、流通加工及相关情报等各项工作,以谋求将供应、生产、销售、回收等各个领域实现一体化、一元化的经营活动。

(3)欧洲

欧洲物流协会(European Logistics Association,ELA)对物流的定义:物流是在一个系统内对人员及(或)商品的运输、安排及与此相关的支持活动的计划、执行与控制,以达到特定的目的。这一定义在欧洲地区具有较高的认可度。

2. 我国对物流的定义

我国物流概念的产生比较晚,是20世纪70年代末从国外引入的。一般认为物流概念主要通过两个途径传入我国:一个是随"市场营销"理论的引入而从欧美传入,即"PD";另一个是从日本传入,即"物流",至今仍在使用之中。

(1)对我国物流概念的理解

相对于美国和日本的物流概念来说,我国的物流概念更为确切和稳定。由于汉字表述的优越性,中国的"物流"两个字既简练又确切,既深刻又易懂。在国外的物流概念换了一个又一个的时候,中国的物流概念始终没有换。

第一,我国的物流概念一开始就打破了行业界限,是一个各行各业都可以通用的、具有普遍意义的概念。"物流"两个字中的"物"泛指各种物品,可以是分销领域的商品,可以是生产企业内部的工件、原材料,也可以是采购进来的设备、原材料、工具等,还可以是非生产企业的所有物品,而不像美国、日本各国当时专指分销领域的商品。"物流"概念中的"流"指物资空间位置的变动、时间位置的变动和形状性质的变动,也是一个可以不限于分销领域的广泛的概念。而当时日本把物流理解为"物的流通",美国把物流理解为"分销"物流,都具有一定的局限性。甚至现在采用的logistics这个概念,也不非常确切。logistics的本意是"后勤",也就是为企业生产服务的所有后勤保障工作,包括物资供应、产品分销和生产服务工作等,但是它显然不包含生产过程本身,也就是没有包括生产物流,这就是它的局限性。而我国的"物流"概念就不存在这个问题,因为其中的"流"就包含了"物资形状性质的变动"的意思,能够改变物资形状性质的活动,就是生产加工活动,包括生产加工和流通加工活动。

第二,我国的物流概念抓住了问题的实质。物流的实质就是物资的物质实体的流动。所以,不管物资处于什么领域,表现为什么形态,只要符合这个实质,就可以都算作物流状态。这比起国外的领域之争、具体的物流活动项目之争,要深刻和确切得多。

第三,我国的物流概念具有广泛的涵盖性、普遍的实用性、较强的通用性,且比较简练,只有两个字,好读好记好懂。

第四,我国的物流概念具有专有名词的特征,不会出现乱用和滥用的局面。"物流"这两个字的组合,在物流概念出来以前,是从来没有出现过的。它是从20世纪80年代开始,伴随着物流概念的出现而出现的,因此人们很容易把它理解为一个专有名词,知道它具有特定的含义,因此也就不会滥用、乱用。

(2)我国物流的标准定义

物流概念在20世纪70年代末才被引入中国。虽然物流理论在我国的研究历史较短,但我国对物流的定义也随着人们认识的不断提高和对物流活动认识的不断深化而发生了一定的改变。我国于2021年发布国家标准《物流术语》(GB/T 18354—2021),其中对物流的定义是:物流是根据实际需要,将运输、储存、装卸、搬运、包装、流通加工、配送、信息处理等基本功能实施有机结合,使物品从供应地向接收地进行实体流动的过程。本教材主要依据该定义对物流性质、物流活动和物流管理相关概念进行介绍。该定义从两个角度阐释了物流的含义。一个角度是定义的后半部分,展示了物流的实质,即"实体流动",并客观地叙述了物流活动的过程和状态,指出了物流的特定范围,以"供应地"为起点,以"接收地"为终点,只要符合这一活动范围的实物流动都可以被称为物流。另一个角度是从物流管理的角度表述了物流活动的具体工作内容及对这些工作需要进行系统性的管理。随着物流业的发展、国民经济水平的提高及国民生活水平的不断改善,物流管理在国民经济中占有越来越重要的地位,对国民经济的发展起到了积极的促进作用。

(三)物流关键概念的理解

从整个物流的过程来说,物流是由"物"和"流"两个基本要素组成的。

1. "物"的概念

物流中"物"的概念是指一切可以进行物理性位置移动的物质资料,有物资、物体、物品的含义。物流中所指"物"的一个重要特点,是其必须可以发生物理性位移,而这一位移的参照系是地球。因此,固定的设施等不是物流要研究的对象。

2. "流"的概念

物流中的"流"泛指一切运动状态,即物理性运动,有移动、运动、流动的含义。

3. 物流的概念

物流是指物质资料从供给者到需求者的物理性运动,是主要创造时间价值和空间价值,有时也创造一定加工价值的活动。

(四)物流与流通的关系

1. 流通的概念

流通是由社会分工和生产社会化引起的。原始社会末期,由于社会生产力的发展,出现了农业和畜牧业的分工,从而产生了以物易物的商品交换。后来,又出现了手工业和农业的分工,产生了直接以交换为目的的商品生产,使得商品交换经常化,进而产生了货币,商品交换就变成了以货币为媒介的交换,即商品流通。

不论是物物交换还是以货币为媒介的商品交换,其本质都是产品从生产方到消费方的转移。我国经济学家孙冶方认为,"流通是社会产品从生产领域进入消费领域所经过的全部过程"。可以说,流通是联结生产和消费的纽带,在生产和消费之间架起了桥梁,这中间包括所有权的转移和实物的转移,会伴随产生商流、物流、信息流和资金流,如图1-2所示。

商流包括商务谈判、合同签订、买卖交易以及销售服务等。

物流包括运输、仓储、配送、包装、装卸搬运、流通加工等。

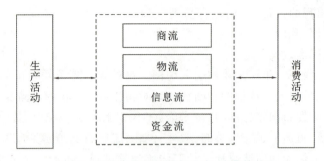

图 1-2　流通中的"四流"与生产、消费的关系

信息流包括订单、物料、客户等信息的收集、传输、分析、应用等。

资金流包括结算、支付、融资等资金往来。

由此可见,物流和流通是两个不同的概念,两者既有联系又有区别。其联系在于,物流伴随商品流通而产生,对流通起到重要的支撑作用,高水平物流服务将会极大地促进商品流通。其区别在于,物流实现的是商品的物理性位移,流通则包括所有权的转移和实物的转移,会伴随产生商流、物流、信息流和资金流。随着社会分工的不断细化和全球经济一体化的发展,流通将越来越活跃,而持续活跃的流通必然会带来物流需求的增长。作为与社会经济活动不可分割的服务业,物流行业将长期处于快速发展的态势。

2. 流通渠道的演变

伴随着经济的不断发展,尤其是电子商务的迅速崛起,商品流通渠道发生了很大的变革,相应的,给物流管理也带来了新的挑战。根据流通过程和方式的不同,流通渠道可划分为传统流通渠道和电子商务时代流通渠道两种形式。

①传统流通渠道:商品从原材料采购开始到最终到达消费者手上,通常需要经过"原材料供应商—制造商—分销商—零售商—消费者"等环节,如图 1-3 所示。

图 1-3　传统流通渠道

②电子商务时代流通渠道:电子商务的兴起使得流通环节减少,流通范围扩大,流通成本大幅度降低。电子商务从最开始的 C2C 演变到现在的 B2B、B2C、O2O 等,从原来只有经销商、零售商把商品放到网上销售演变成所有的销售主体都可以把产品放到网上销售,形成了多样化的流通模式。图 1-4 和图 1-5 所示分别为 B2C 和 C2C 电商流通渠道示意图。

在传统商业模式下,市场是有区域划分的,生产、供货、经销、批发和零售都是有计划的。商品以一定"批量"的形式沿"供应商—制造商—分销商—零售商—消费者"逐级转移,物流管理相对简单。但在电商模式下,市场变得没有边界,市场需求量呈动态变化,需求预测难度增

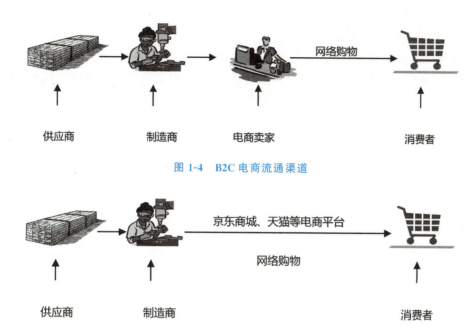

图 1-4 B2C 电商流通渠道

图 1-5 C2C 电商流通渠道

大,且商品通常以"单件"或"小批量"的形式借助"快递"从卖家到达消费者手中,物流管理的难度增加。这对物流管理的柔性化、信息化、智能化提出了更高的要求。

二、物流的发展历程

(一)国外物流发展历程

1. 美国物流发展历程

美国是世界上物流业起步最早、技术最为领先的国家之一。一般来说,美国物流业的发展主要经历了 5 个阶段:概念化的 20 世纪五六十年代、发展的 20 世纪 70 年代、革新的 20 世纪 80 年代、整合的 20 世纪 90 年代、21 世纪的新发展。

(1)概念化的 20 世纪五六十年代

20 世纪五六十年代,美国物流业的发展一直处于休眠状态。在这个阶段,美国并未形成主流的物流理念,企业中的物流活动被分散管理。例如,运输由生产部门进行管理,库存由营销部门进行管理等。

(2)发展的 20 世纪 70 年代

20 世纪 70 年代,美国经济发生了重大变革,石油危机导致油价大幅攀升,使得运输成本提高,迫使企业不得不研究如何降低物流费用;同时,政府开始意识到传统的物流政策已经限制了自由竞争,不利于经济的发展。为此,20 世纪 70 年代的美国企业开始逐渐改善大量生产、大量消费时代的物流系统。

(3)革新的 20 世纪 80 年代

20 世纪 80 年代是美国物流发展的一个重要阶段。大量的技术革新、管理理念的创新以及宽松的政府政策,使美国物流业得到了很大的发展。JIT 思想、技术革新等就是在这个阶段产生和发展的。

(4)整合的20世纪90年代

经过了前几十年的发展,美国物流业已经初具规模,在国民经济中的地位也越来越重要。到20世纪90年代,美国物流业开始了自己的整合之路,以创造更大的价值。这期间的代表有:供应链管理理论和精益思想的发展、信息化推动增值服务,以及第三方物流的出现和发展。

(5)21世纪美国物流的新发展

进入21世纪,随着全球化进程的不断加快,尤其是电子商务的不断发展,各国之间的经济贸易往来更加密切。国际物流、区域物流、电商物流等成为重要的经济增长点。美国的企业很好地抓住了这个机遇,这个阶段涌现出很多拥有强大国际物流业务能力的企业,如FedEx和UPS。未来美国的物流仍将具有较强的市场示范作用和引领作用。

2.日本物流发展历程

物流现代化和生产现代化是日本战后经济发展的两个车轮。物流的概念虽然在20世纪中期才从美国引入日本,但无论在物流的发展速度、政府的重视程度,还是物流基础设施建设、现代化物流发展水平等方面,日本都可以和欧美发达国家相媲美。

日本的物流产业经历了以下发展阶段。

(1)物流概念的导入和形成期(1956—1964年)

1956年,日本流通技术考察团考察美国,引入了物流的概念。日本自此开始了对物流的深入研究,物流体系也在这个阶段萌芽并有了初步的发展。

(2)物流近代化阶段(1965—1973年)

在这个阶段,伴随着日本政府《中期5年经济计划》的出台,各企业都建立了相应的部门来积极推进物流基础建设,这种基础建设的目的在于构筑与大量生产、销售相适应的物流设施。这一举动为日后物流业在日本快速发展奠定了良好的基础。这一阶段伴随着第一次石油危机的开始而结束。

(3)物流合理化阶段(1974—1983年)

在这一阶段,物流的功能整合发展很快。人们不再将物流看成运输、仓储、包装、搬运等个别职能的分散活动,而是运用系统论的理论和观点,把物流作为一个系统来研究和运作。同时,一些日本企业开始把先进的物流技术运用于生产,例如丰田公司推行的准时制生产理念,日立、三洋、东芝等纷纷设立了独立物流中心或配送中心。

(4)物流现代化阶段(20世纪80年代中期至今)

这一阶段也可以称为物流战略化时代。物流作为包括采购物流、生产物流、配送物流、销售物流等子系统在内的一个大系统,被视为企业经营总体战略的重要组成部分和企业经营的重要内容。

(二)我国物流发展历程

从1949年中华人民共和国成立至今,我国物流的发展大体可以划分为以下5个阶段。

1.萌芽阶段(20世纪80年代以前)

这一时期是我国国民经济的恢复和初步发展时期。当时我国的经济还相当落后,物流还没有引起企业界的关注。但是,由于传统的仓库和储备形态已不足以支持经济发展和企业生产的要求,因此,将储运联结在一起,实现一体化,自然成为一种选择。因此,物流在经济界和企业界已经自发出现了。

2. 学习和引进阶段（1980—1990 年）

1979 年 6 月，我国物资工作者代表团赴日本参加第三届国际物流会议，回国后在考察报告中第一次使用物流这一术语，并介绍了日本物流的发展情况。中国开始对物流进行理论研究，且以探讨生产资料流通领域活动为主，对其他领域的物流涉及很少。这段"摸着石头过河"的时期为以后中国物流的崛起打下了基础。

3. 现代物流起步阶段（1990—2000 年）

伴随着改革开放的不断深化，我国现代物流迎来了发展机遇。多领域的探索和从理论向实际运行与操作的转化逐渐成为经济界和企业界关注的热点问题。

4. 较快发展阶段（2000—2010 年）

进入 21 世纪以后，企业逐渐意识到制造业成本已经没有可压缩空间，于是纷纷将目光转向物流，把物流当作利润的第三源泉，开始重视物流科学，物流人才的培养也开始起步。这个阶段为物流后期的高速发展奠定了基础。

5. 高速发展阶段（2010 年至今）

伴随着电子商务的迅猛发展，物流业的发展日益加快，其中快递业务拉动作用明显。数据显示，2010—2016 年，我国快递业务规模每年以 50% 左右的速度增长。国家也高度重视物流业的发展，2014 年出台的《物流业发展中长期规划》中指出：我国物流业保持较快增长，服务能力显著提升，基础设施条件和政策环境明显改善，现代产业体系初步形成，物流业已成为国民经济的重要组成部分。同时，该规划明确了我国物流业发展中存在的问题和今后的发展重点，在降低物流成本的同时，提升物流企业规模化、集约化水平，在加强物流基础设施网络建设等方面做了详细部署。我们有理由相信，未来我国物流产业还将持续高速发展。

三、物流的性质和作用

（一）物流的性质

1. 生产性

对于从事物质资料加工生产的生产企业和从事物品包装、装卸搬运、运输、储存、流通加工等活动的物流企业而言，两者的物流活动虽然在内容和形式上有所不同，但都具有生产性。不管物流活动处于生产领域还是流通领域，物流的生产性都是不变的，这是因为：

①物流是社会再生产中的必要环节。物流虽然不能增加商品的使用价值，但是能够使商品已存在的使用价值不受损失，消除商品在生产和消费之间的时间和空间间隔，从而为商品使用价值的实现创造了条件。从这个意义上理解，物流活动和商品生产一样，都能够创造价值。正因为物流活动所付出的劳动与商品使用价值的实现有着直接联系，所以它也是社会必要劳动。

②物流活动同样具备生产力的三要素。生产力的三要素即劳动力、劳动资料和劳动对象。物流工作由人进行规划和实施，从事物流工作的人是物流生产的劳动者，即劳动力。随着物流技术的革新与进步，越来越多的物流机械设备和劳动工具被运用到物流生产活动中，这就是物流的劳动资料要素。物流的劳动对象是流动着的各种实物。从这个意义上说，物流活动是具有一定物流工作技能的劳动者通过各种物流设施、物流设备或劳动工具对物质资料进行时间

和空间转移的一种社会生产活动。物流的生产性是由商品供求的时空矛盾以及商品自身的自然属性(物理、化学性能)所决定的,它与生产力发展有着直接的联系,因此也称为物流的自然性。

2. 社会性

物流的社会性是由一定的社会生产关系决定的。物流活动除受到其自身运动规律的影响之外,也常常受到不同社会经济形态中商品所有者和物流组织者个人意志的影响。另外,从社会系统的角度出发,社会系统包含政治、经济、文化三个子系统;经济系统则由生产、流通、消费三个基本环节构成,物流活动是流通环节的基础。离开物流商品将无法流通,经济系统也无法正常运转。因此,物流是构成整个社会的重要基础条件之一。这种由社会结构和生产关系所决定的物流的社会属性,提醒人们在研究物流的同时也应注重对社会形态的研究,要使物流活动能满足我国社会主义市场经济建设的需要;同时要反映出我国社会主义市场经济的交换关系,并为从事物流活动的企业和个人提供相应的经济效益。

3. 服务性

物流的本质就是服务。了解物流的发展历史后,我们知道军事物流(后勤)是为部队和战争服务的,工业物流(后勤)是为制造业的生产和经营服务的,商业物流(后勤)是为商业运行和顾客服务的。国内物流是国民经济的命脉,国际物流既是国际贸易最终的实现手段,也是经济全球化的基石。企业物流是企业生产和经营活动的基础。从物流企业的角度看,服务就是企业的产品,其产品内容就是物流服务的内容,即为了满足客户的物流需求进而开展一系列物流活动的结果。总之,物流是为社会经济中的其他活动提供后勤保障的服务性活动。

(二)物流的作用

物流作为一种社会经济活动,一般无法直接创造商品的价值,只创造商品的附加价值。但作为社会再生产过程中不可或缺的一部分,物流对国民经济和人们的日常生活起到了越来越重要的作用。

随着科学技术的进步,现代化生产规模不断扩大,人民生活水平日益提高,国际贸易得到空前发展,连接国民经济各部门、各行业、各环节的物流业的地位和作用日显重要。在社会分工日益细化的情况下,社会再生产的顺利进行要求从生产到消费之间实现最合理、最紧密、最及时的联系与协作。而能够实现这种联系与协作的只有物流业,物流业已经越来越广泛地渗透到各种经济活动中。

1. 物流在宏观层面上的作用

从宏观上讲,物流就是从社会再生产的总体角度,综合、科学地组织生产、流通、消费的全过程,是创造时间价值和空间价值的经济活动。在社会再生产中,物流连接生产与消费;在产业结构中,物流连接第一、第二、第三产业;在地区经济发展中,物流连接城市与农村;在产业的采购、生产、销售三个阶段中,物流连接采购、生产与销售。物流系统将星罗棋布的企业连成一个有机整体。

物流合理发展有利于加速国民经济的发展,推动生产企业的发展;有利于做好生产和生活资料的供应,满足城乡居民生活的需要;有利于提高经济效益,挖掘第三方利润源泉;有利于连接市场与生产,引导各行业生产。物流的合理发展使其在经济发展中具备主动性、能动性和指导性的调节作用,促进国民经济各行业的持续、快速发展。

(1)对国民经济持续、稳定、健康发展的保障作用

物流是保障各行业、各部门、各企业生产顺利进行的前提。社会再生产的重要特点就是它的连续性,这是人类社会得以永续发展的重要保证。社会不能停止发展,就不能停止消费,而连续不断的再生产过程,是以物流系统的畅通来保障的。国民经济各行业、各部门生产的产品如果不能顺利通过流通过程进入市场,就不能实现其使用价值,社会再生产就会中断,市场就会混乱,人民生活就不能得到保障,社会的安定团结、经济的持续增长就会受到影响。因此,物流的发展在宏观上维护了国民经济的稳定和发展。

物流是国民经济的基础,它牢牢连接着社会生产的各个部分,使之成为一个有机整体。物流通过向生产者不断地输送原材料、燃料保证社会生产活动的正常运行,又将生产好的产品运送给不同的需求者,以保证这些需求者的生产、生活的正常运行。这些需求与供给是互相依赖的存在,形成极其错综复杂的关系,物流就是维系这种复杂关系的纽带和血管。它将不同的行业、企业及成千上万的产品连接起来,就像把人身体的各个部分连接起来的血管一样,使国民经济成为一个有机的整体。

物流是商品流通活动的"加速器"。随着物流技术的发展和信息技术的进步,物流的整体效率在不断提高。对于传统的商业模式,物流配送中心的设立为连锁商业提供了广阔的发展空间。对于电子商务模式,互联网将生产企业、流通企业和顾客连接起来,形成以配送中心为枢纽的供应链。信息技术大大提高了供应链中信息传递的速率,形成高效率、高能量的流通系统。较快的商品流通速度也刺激了消费者的购买欲望,从而推动国民经济的发展。有效的物流活动可以优化社会经济系统和整个国民经济的运行,降低整个社会的运行成本,提高国民经济的总效益。

特定条件下物流是国民经济的支柱。在特定的国家或产业结构背景下,物流能够成为国家或地区财政收入的主要来源,在国民经济中发挥带动和支持整个国民经济的作用。物流也可能是这些特定国家的主要就业领域,并且成为科技进步的主要领域和现代科技应用的主要方向。例如欧洲的荷兰、亚洲的新加坡、南美洲的巴拿马等,特别是日本以"贸易投资立国",物流的支柱作用是显而易见的。

(2)对国民经济各行业资源配置的促进作用

资源配置是指资源在各部门、各行业、各企业之间的配置,它的合理配置对节约国家资源、优化产业结构、提高经济效益有巨大影响。在我国计划经济体制时期,各行业、各部门各自为政,忽视市场需求,以行政手段推行产、供、销一体化和仓储、运输一条龙服务,物流设施属于部门,地区之间或部门内部不能相互调剂使用,重复建设严重,造成极大的浪费。

物流是面向所有的生产领域和流通领域,面向全社会开办的集保管、包装、加工配送、代购代销、信息等功能为一体的最佳服务系统。物流系统对社会提供服务,使社会资源得到合理利用和优化组合,减少重复建设;同时利用已有资源,从系统观点出发来优化各种物资的产、供、运、销的组织工作,既可降低社会的总储备水平,又能加速物资周转及物资在各部门之间的调剂,提高经济效益,以市场控制生产,使各行业、各部门积极参与到市场竞争中去,实现优胜劣汰,协调发展。

(3)对推动经济增长方式转变的作用

当今经济增长主要依靠提高科技进步在经济增长中的含量,促进整个经济由粗放型向集约型转变,由追求数量、速度、产值为目的转移到重视经济发展的质量、效益、效率上来。这与

物流通过合理利用资源,减少投入,依靠先进的管理手段来提高社会经济效益的观点如出一辙。

物流作为市场经济的产物,被喻为"第三个利润源泉",最初是在通过简单降低人力、物力投入取得利润的传统经济发展模式受阻的情况下提出的。它的内涵就是在劳动力、资金等不增加甚至减少的情况下,通过运作环节的改善和简化、合理组织运输、减少装卸次数、提高装卸效率、改进包装水平和装卸工具来增加企业利润,增加社会效益。同时,物流对于生产与市场的双重趋进使其成为连接生产与市场的纽带,企业依照市场需求,通过竞争提高产品质量,使通过市场来调节生产规模成为现实。

(4)对区域经济发展的促进作用

在社会主义市场经济体制下,物流可以保证资源在空间上的自由流动,促进资源合理布局,促进区域经济的发展。自然条件、环境和经济发展的不平衡会导致区域经济发展的差异。而物流以系统的观点,综合考虑从产品的原材料采购、存储、运输等过程,实现商品降低成本及较好服务效果并举的位移结果。物流可以把市场延伸到地球的任何角落,把经济发达地区和欠发达地区直接联系起来,可以把货源从丰富地区带到贫乏地区,从而带来人员、信息、科技的交流,促进不同资源的相对集中配置,有利于形成产业的集聚效益和规模效益,促进区域经济发展。

(5)对物流业相关产业快速发展的推动作用

物流是一个系统化和科学化的业务领域,所涉及的领域是空前的。它具有很高的产业关联度,涉及运输、包装、仓储、邮电通信、信息等许多与流通相关的产业,其发展可以带动以上各行业甚至广告业、房地产业、金融业等的发展,为社会提供大量的就业机会。同时,与流通有关的各部门的技术进步、科技发展也促进了物流的合理化,它们互相促进,共同推动社会经济的发展。

2. 物流在微观层面上的作用

(1)物流创造时空效用

商品在由生产领域流向消费领域的过程中存在时空上的间隔,物流活动具有消除这些间隔的作用。因此,物流活动可以创造时间效用和空间效用。

第一,物流创造时间效用。商品从供给者到需要者之间本身就存在一段时间差距,由改变这一时间差创造的价值,称作时间效用。物流创造的时间效用有以下几种形式。

①缩短时间。缩短物流时间可获得多方面的益处,如减少物流损失、降低物流消耗、加速物资的周转、节约资金等。物流周期的结束是资本周转的前提条件,物流时间越短,资本周转越快,表现出越快的资本的增值速度。

②弥补时间差。在现实经济社会中,商品的需求和供给之间普遍存在着时间差,也就是需求和供给的不对称性和不均衡性。例如有些商品集中产出,需求却是每天存在的。正是有了这样的差距,商品才具有体现自身最高价值的时效性。超过一定的时间,商品的价值将会下降甚至不复存在。物流就是以科学的、系统的方法弥补甚至改变这种时间差,以实现其时间效用。

③延长时间差。物流具有通过延长时间差使商品在更好的时间点上获取更高价值的功能。这种通过物流活动所取得的时间效用对于季节性商品的效益实现有着十分重要的作用。在某些具体物流活动中也存在人为地、能动地延长物流时间来创造价值的情况。例如,对于秋

季集中产出的粮食、棉花等农产品,通过物流的储存、储备活动,有意识地延长物流的时间,以均衡人们的需求。

第二,物流创造空间效用。产品在由生产领域流向消费领域的过程中一般存在一段空间的间隔,改变物品在空间的位置所创造的价值叫作空间效用。物流空间效用是由现代社会产业结构、社会分工所决定的,商品在不同地理位置有不同的价值,通过物流将商品由低价值区转到高价值区,便可获得价值差,即产生空间效用。物流创造空间效用主要有以下几种形式。

①从集中生产地流入分散需求地。现代化大生产的主要特点是通过专业化、规模化的集中生产提高生产效率、降低成本。在一个小范围内集中生产的产品可以覆盖大面积的需求地区,有时甚至可覆盖一个国家乃至若干国家。通过物流将产品从集中生产的低价值区转移到分散于各处的高价值区,有时可以获得很高的利益。例如,钢铁、水泥等建筑材料往往在一个地区以几百万甚至几千万吨的规模进行生产,之后通过物流流入分散需求地区。

②从分散生产地流入集中需求地。现实生活中与上一种情况相反的情况也并不少见,例如,农产品是由众多分散的小农户生产出来的,而大城市对农产品的需求却相对集中;一个汽车的零部件生产商分布非常广,但汽车生产的最后一个环节是集中在一个工厂中完成组装。这种分散生产、集中需求的情况也为物流创造空间效用提供了条件。

③由低价值生产地流入高价值需求地。产品的生产地和需求地通常不在同一个地方,除了大生产因素,很多是由自然条件、地理条件和社会发展因素决定的,如农村生产的蔬菜运到城市销售。现代人的日常生活用品几乎都是在与消费地具有一定距离的地方生产的。随着经济全球化的发展和国际供应链的建构,在世界范围内逐渐形成了在价值最低的地区生产,通过有效的物流系统和全球供应链的运作,在价值最高的地区销售的商业模式。错综复杂的生产与需求的空间差都是靠物流来连接的,物流也从中创造了空间效用。

(2)降低企业成本

企业开展物流管理的一个重要任务是在保证一定的服务水平下,尽可能降低物流成本,从而形成企业第三利润源泉。企业通过提高物流服务水平来提高对市场竞争力的不断追求,必然会对物流系统注入更大的投资,从而提高了物流成本。高的物流成本是高水平的物流服务的保证,这是物流系统效益背反性的体现,企业很难既提高物流服务水平,同时又降低物流成本,除非有根本性的技术进步。但物流成本的上升幅度低于经济效益的增长幅度,因此我们需要研发高新技术来降低运输、保管、装卸、包装等各环节的物流费,所节省的费用就是利润。如果仅依靠增加销售额来获得等额的利润,那难度会相当大。

此外,现代物流使货物从起始地到目的地之间进行正确速度的流动能够大大节约企业的时间成本。时间的节约就是成本的节约,主要体现在两个方面:一是生产过程中劳动时间的节约,这主要是提高劳动生产率,减少单位产品生产的劳动时间;二是减少非劳动时间,如原材料的储备时间等。

(3)物流是企业发展的重要支撑力量

众所周知,企业的发展离不开合理高效的质量管理。而物流作为企业全面质量管理的重要组成部分,是最接近企业顾客端的质量保证环节。此外,合理的物流管理能够有效地控制成本,间接提高企业的利润,为企业的发展提供动力。从物流服务角度来说,有效的物流服务可以给接受物流服务的生产企业创造更好的盈利机会,成为生产企业的"第三利润源"。在当前的市场环境中,提高企业物流服务的质量是企业极其重要的利润来源,也可能成为企业的重要竞争优势。

何为"第三利润源"呢？"第三利润源"学说于1970年首次被日本学者西泽修提出，"第三利润源"是相对于"第一利润源"和"第二利润源"而言的。人类历史上的利润曾经来源于两个领域：原材料领域和人力资源领域。早期的利润主要来源于原材料领域。初期人们通过选取廉价原材料、掠夺或获得燃料的方式获取利润；其后人们依靠科技进步，通过减少原材料消耗和选取可再生的代用原材料来提高原材料的综合利用率，乃至大量人工合成原材料资源，从而获取高额利润。原材料领域被习惯称为"第一利润源"。人力资源是继原材料之后被人们发现利润价值的资源领域。起初人们利用廉价劳动力节约成本，其后则依靠科技进步提高劳动生产率，降低人力资源消耗率，或用机械取代人力，利用自动化技术降低劳动耗用，从而降低成本、提高利润。有的企业也通过提高劳动力的训练程度来提高劳动生产率，从而增加利润。人力资源领域被习惯称为"第二利润源"。随着原材料和人力资源两个利润源的潜力越来越小，利润开拓越来越困难，新的利润领域亟待被发现并挖掘。渐渐地，物流领域的潜力被人们所重视，按时间序列排为"第三利润源"。

物流之所以可以成为"第三利润源"，是因为其具有以下特点：①物流可以完全从流通中分化出来，物流系统能自成体系，有目标、有管理，因而能对其进行独立的总体判断。②物流和其他独立的经济活动一样，它不是总体的成本构成因素，而是单独盈利因素，物流可以成为"利润中心"。③从物流服务角度看，物流服务可以创造产品的附加价值，能够为接受物流服务的企业创造更好的盈利机会，成为企业的"第三利润源"。④有效的物流服务可以优化社会经济系统和整个国民经济的运行，降低整个社会的运行成本，提高国民经济总效益。

(4) 物流是企业获取竞争优势的源泉

物流可以通过降低成本间接增加企业利润，也可以通过改进物流作业直接取得经济效益，这些都为企业在竞争中取得有利地位奠定了基础。同时，物流也是体现企业服务质量的重要内容。提供良好物流服务的企业一般更容易树立企业和品牌形象，有利于与服务对象建立长期稳定的战略伙伴关系。在企业经营理念由"生产导向"过渡到"顾客导向"的今天，物流和物流服务可能成为企业的一种重要竞争能力。

从市场需求变化趋势看，市场范围在空间上不断延伸，原来分割的国家或区域市场正逐渐演变成一个统一的全球市场。同时，产品生命周期越来越短，为了实现争夺市场和降低成本的双重目标，跨国公司一方面在全球范围内进行生产和营销体系布局，另一方面通过提高准时交货率来减少库存、降低成本，物流管理成为企业管理的关键环节。

目前，制造企业的竞争环境正发生着剧烈的变化，其中最显著的变化是全球竞争加剧，精益生产、及时生产等新制造理念的出现，对信息技术更加重视，贯穿于供应链增值活动的一体化。这些变化的一个结果是产品生命周期被大大压缩。在过去的20年，制造商面对着连续开发新产品和有效进入市场的巨大压力，在这种竞争环境下，新产品在市场中获利的期限大大减少，而产品的开发和引入市场成本的增加却是实质性的。为了弥补产品开发和引入市场的巨大的投资要求，企业必须把目光投向更广阔的国际市场，进入全球市场的能力已成为竞争成功的基础，获得全球市场份额已成为企业长期生存的关键因素。因此，制造企业必须开发在过去曾经被忽略的新领域，物流就是它们正在开发的一个领域。

(5) 满足消费者多样化需求和增加消费者剩余

物流的消费者经济价值一方面体现为消费者在其所希望的时间和地点拥有所希望的产品

和服务,另一方面体现为消费者所支付的价格低于其所期望的价格,即获得了消费者剩余。简言之,创造消费者价值和满意是物流消费者经济价值的核心所在。如果产品或服务不能在消费者所希望消费的时间、地点供给消费者,它就不存在价值。当企业花费一定的费用将产品运到消费者处,或者保持一定时期的库存时,对消费者而言,产品就产生了以前不存在的价值。这一过程与提高产品质量或者降低产品价格一样创造价值。例如,联邦快递公司的顾客所获得的众多利益中,最显著的就是快速和可靠的包裹递送,此外,在采用联邦快递时,顾客可能还会取得一些地位和形象价值,因为采用联邦快递通常会使包裹发送人和收件人均感到自己更受重视。顾客在决定是否采用联邦快递寄送包裹时,会对其服务价值与使用这些服务所付出的金钱、精力和精神成本进行权衡和比较,还会对使用联邦快递公司与使用联合邮政系统、空运公司等其他承运公司所获得的价值进行比较,从而选择能带给他们最大价值的那家公司。

物流除了能够产生时间、空间效用并对国民经济和企业发展具有重要作用之外,还具有保护环境的作用。在我们的日常生活中,环境问题日益加剧。如何解决环境污染问题和资源枯竭问题成为世界性的话题。物流活动与环境问题有着密不可分的联系。落后的物流技术和运输设备将加剧大气污染、噪声污染程度,加大城市交通压力,增加二氧化碳的排放量从而加快全球变暖进度。先进的、合理的物流活动则能够大大减轻对自然环境的破坏。另外,通过逆向的物流活动可以将消费领域的废弃物进行回收再利用,增加资源的利用率,帮助实现环境的可持续发展。

四、物流的特点

物流是物品从供应地向接收地的实体流动过程,根据实际需要,对运输、储存、装卸、搬运、包装、流通加工、配送、信息处理等基本功能实施有机结合。其主要具有系统性、广泛性、效用性等特点。

(一)系统性

第一,物流是一个复杂的系统,它涉及物流的组织主体、物流客体、物流手段、物流技术、物流信息、物流空间区域以及物流过程的要素和环节等诸多因素。

第二,物流是一个动态的系统,其目的是实现产品价值和使用价值,满足国民经济发展的需要,因此,物流系统必须不断地运动。在纵向上,物流活动表现为商品实体从产地向中转地、集散地、消费地运行;在横向上,物流活动表现为商品实体在不同地区之间交流。

第三,物流是一个多环节、多层次的系统,物流过程是由商品包装、装卸、运输、储存、编配、整理、发运等多个环节构成的商品实体流,商品实体从产地经过中转地流向消费地的过程明显地表现出物流活动的层次性。

第四,物流是一个连续的系统,是一个连续的作业过程,包装、装卸、运输、储存、编配、整理、发运等作业环节存在着先后继起性,在时间上不能中断,否则会影响整个社会的生产经营活动。

(二)广泛性

物流活动贯穿于整个社会生产和生活的领域,所有涉及生产和生活的物质实体的流动,都属于物流的范畴。物流活动没有区域的界限,可以在小范围内进行,也可以跨越地区,甚至跨越国界进行。物流载体涉及两大方面,即基础设施和运输设备,这两大方面又包含许多方面的内容。基础设施方面有运输网站，如铁路网、公路网、水运网、航空网、管道网、港口、车站、机场等；运输设备方面有各种运输工具，如车辆、船舶、飞机、装卸搬运设备等。物流活动的外部环境相当复杂，影响物流活动的外部环境因素包括不同地区的社会经济状况、交通设施条件、资源分布、生产布局、科学技术水平以及经营管理状况等。由此可见，物流有着明显的广泛性特点。

（三）效用性

物流的效用性表现为具有形态效用（form utility）、占有效用（possession utility）、时间效用（time utility）和空间效用（place utility）。

第一，形态效用是在生产过程中，通过对低价值的原材料、零部件、半成品进行生产、加工，创造出具有新形态的高价值产成品来实现的，而其中为完成生产任务而进行的原材料采购，原材料、半成品的运输、储存、调拨等都是物流活动的重要内容。此外，在配送中心进行的改包装、流通加工等增值服务也构成物流活动的一部分。可见，物流可以创造形态效用。

第二，占有效用是由企业多个职能部门共同完成的。营销部门的促销活动使消费者了解产品，并对产品产生购买欲望；销售部门与用户达成销售协议；财务部门配合销售部门完成销售活动，收回货款；配送部门负责集货、配货，并将货物交付到消费者手中，协助完成商品所有权的让渡，使消费者占有产品，从而实现占有效用。

第三，时间效用是通过储存来克服生产与消费在时间上的距离，并在特定时间服务于消费者，给消费者带来效用。

第四，空间效用是通过运输将物质实体在空间上进行位移，缩短生产与消费在空间上的距离，使生产与消费在空间上得以统一，并在特定地点服务于消费者，给消费者带来效用。

五、物流的分类

（一）物流分类的原则

物流在人类社会经济领域无所不在。物流涉及国家发展、社会经济水平提高和人民生活质量改善的方方面面，但是由于物流活动具有多样性，在物流对象、物流目的、物流范围、物流实施主体不同的情况下，物流活动所采用的方法和设施设备就有可能不同。为了确保物流运行通畅和更加有效地进行物流管理，我们需要对物流进行分类。总的来说，物流分类一般依据以下原则。

1. 目的性

在对物流进行分类前，要明确分类的目的，清楚对物流分类的原因。有的物流分类是按照物流活动的性质，有的是按照物流的范围，还有的是按照物流的规模。不论是物流的成本学说、第三利润源学说还是商流和物流分离学说，都要明确物流研究目的和内容。目的性要素对物流分类具有指向性。

2. 物流的基本属性

物流的属性是物流分类的基本条件。物流的属性可以分为固有和非固有两类。

物流的固有属性包括物的实体性和运动性。物流就是"物的流动"，"物的流动"是对物的实体性和运动性的科学概括，是对物流固有属性的形象而准确的描述。无论传统物流还是现代物流，人们所处理的都是物的实体性（物）和运动性（流）的关系问题。物流的固有属性又可分为固有基本属性和固有一般属性。

物流的固有基本属性就是物流本身的性质。物流本身的性质是由物的性质决定的,固体的物和液体的物性质不同,钢铁和水泥性质不同,化工原料和日用商品性质不同,食品和家具性质不同……物流本身的性质也就不同。也就是说,有什么样的物就有什么样的流。

物流的固有一般属性包括物流的活动(生产、供应、销售、回收等)属性、物流的主体(不同性质的企业)属性、物流的部门(产业和行业)属性、物流的地域(层次)属性。再生产的不同环节对应有不同的物流,如有的是制造企业的生产物流,有的是商业部门的销售物流。每个企业的特征不同,有的是大企业,有的是中小企业,有的是国有企业,有的是民营企业,主体性质不同,物流的主体属性也不同。每个企业都有自己的行业、产业和部门归属,不同的企业属于不同的行业、产业和部门,不同的行业、产业和部门有不同的特征,因此有不同的物流。

3. 物流属性的相互关联性

物流有固有属性和非固有属性。物流固有属性反映了"物的流动"这一性质,物流非固有属性揭示了"物的流动"效率改善的性质,包括服务性、管理性(组织架构、体制机制)、技术性和经济性等。前者是后者选择优化的客观对象,后者是前者选择优化的途径和方法。只有前者而无后者,即只有物的流动而不考虑物流的服务、管理、技术和经济,就可能带来大量浪费和经济损失;反之,只有后者而无前者,即抽去了物流的固有属性,那么物流服务、管理、技术和经济也就无从谈起。正是物流的固有属性与非固有属性相互联系、相互作用,才从整体上构成了物流发展的基本规律。也可以通过物流固有属性和非固有属性之间的关联性对物流进行分类。

(二)物流的类型

在不同领域中,物流的对象、目的、范围和范畴存在差异,因而形成了不同的物流类型。

1. 按物流涉及的领域分类

按物流涉及的领域不同,可以将物流分为宏观物流和微观物流。

(1)宏观物流

宏观物流又称为社会物流,是指社会再生产总体的物流活动,是从社会再生产总体的角度来认识和研究物流活动。这种物流活动的参与者是构成社会总体的大生产者、大集团。宏观物流主要研究社会再生产过程中物流活动的运行规律及物流活动的总体行为,其主要特点是宏观性和全局性。

(2)微观物流

微观物流又称为企业物流,是企业所从事的实际的、具体的物流活动,物流活动以企业为范围,面向企业。在物流活动中,企业物流、供应物流、生产物流、销售物流、回收物流、废弃物流、生活物流等都属于微观物流,其主要特点是具体性和局部性。由此可见,微观物流是更贴近具体企业的物流,对企业的运行和效益起着较为直接的影响作用。

2. 按物流系统的性质分类

按物流系统性质的不同,物流可分为社会物流、行业物流、企业物流等。

(1)社会物流

社会物流是指在流通领域所发生的物流,是全社会物流的整体,也有人称之为大物流或宏观物流。社会物流是伴随商业贸易活动发生的,物流过程和所有权的更迭是相关的。物流科学主要的研究对象是社会物流,社会物资流通网络是国民经济的命脉,流通网络的分布是否合理、渠道是否畅通至关重要。必须对社会物流进行科学管理和有效控制,采用先进的技术手段,以保证其高效率、低成本运行,这样可以带来巨大的经济效益和社会效益。物流科学对宏观国民经济计划的重大影响是物流科学受到高度重视的主要原因。

(2)行业物流

同一行业中所有企业的物流总称为行业物流。同一行业的企业是市场上的竞争对手,但在物流领域中常相互协作,共同促进行业物流系统的合理化。行业物流系统化的结果将使参与的各个企业都得到相应的利益。

(3)企业物流

企业物流是在企业范围内进行的相关物流活动的总称。企业是为社会提供产品或某些服务的一个经济实体。按照企业性质的不同,可以把企业物流分为如图1-6所示的几种类型。

图1-6 企业物流分类

3. 按物流业务活动的性质分类

按物流业务活动性质的不同,物流可分为采购物流、供应物流、生产物流、销售物流、逆向物流(或反向物流)、废弃物物流等,如图1-7所示。

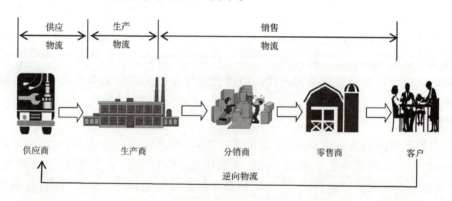

图1-7 按物流业务活动的性质分类

(1)采购物流

采购物流是指原材料、零部件从供货方送达作为购入方的制造业企业所发生的物流活动。

(2)供应物流

供应物流是指提供原材料、零部件或其他物料时所发生的物流活动,即生产企业、流通企业或消费者购入原材料、零部件或配套件的物流过程。对生产企业而言,供应物流指的是生产活动所需要的原材料、零部件在供应过程中所发生的物流活动;对流通企业而言,供应物流指的是交易活动中从买方角度出发的交易行为中所发生的物流活动。

(3) 生产物流

生产物流是指企业在生产产品的过程中发生的涉及原材料、在制品、半成品、产成品等的物流活动,即生产企业通过供应物流将生产所需要的材料送达生产现场后,在整个生产过程中所有物流活动的总称。生产物流的科学合理与否对企业的生产秩序、生产成本有较大影响。生产物流的平稳可以保证生产顺畅流转,减少库存,缩短生产周期。

(4) 销售物流

销售物流是指企业在出售商品过程中发生的物流活动,即产成品确定销售给某客户后,从生产企业成品仓库到送达客户手中整个过程所涉及的物流活动。

(5) 逆向物流(或反向物流)

逆向物流(或反向物流)是指物品从供应链下游向上游的运动过程所引发的物流活动,即伴随产成品销售发生的返品回收所涉及的物流活动。

(6) 废弃物物流

废弃物物流是指将经济活动或人民生活中失去原有使用价值的物品,根据实际需要进行收集、分类、加工、包装、搬运、储存等,并分送到专门处理场所的物流活动,包括生产、流通、消费过程中产生的各种废弃物所涉及的物流活动。如开采矿山时产生的土石、炼钢生产中的钢渣、工业废水及其他各种无机垃圾等,这些废弃物虽已失去再利用的价值,但如果随意堆放就会妨碍生产甚至造成环境污染,需要进行妥善的处理。

(7) 回收物流

商品在生产及流通活动中有许多可以循环再利用的物资,如建筑行业的脚手架、拉丝纸、气泡膜等包装填充物以及作为包装容器的纸箱和塑料筐、旧纸张等。对上述物资的回收和再加工过程中形成的物品流动即为回收物流。但由于可回收的物资品种繁多、变化性强,且流通渠道亦不规则,因此,对回收物流的管理和控制难度较大。

4. 按物流主体的角度分类

按物流主体的不同,物流可分为第一方物流、第二方物流、第三方物流、第四方物流、第五方物流等。

(1) 第一方物流

第一方物流(first party logistics,1PL)是指由卖方、生产者或者供应方组织的物流,这些组织的核心业务是生产和供应商品,为了自身生产和销售业务需要而进行物流自身网络及设施设备的投资、经营与管理。

(2) 第二方物流

第二方物流(second party logistics,2PL)是指由卖方、需求者和消费者组织的物流,这些组织的核心业务是物资采购,为了采购业务需要而投资建设物流网络、物流设施和设备,并进行具体的物流业务运作组织和管理。

(3) 第三方物流

第三方物流(third party logistics,3PL)是指物流活动由供方和需方之外的第三方完成,是专业物流企业在整合了各种资源后,为客户提供包括设计规划、解决方案以及具体物流业务运作等全部物流服务的物流活动,它是企业物流业务外包的产物。第三方物流也叫契约物流或合同物流(contract logistics)。

(4) 第四方物流

第四方物流(fourth party logistics,4PL)是在第三方物流基础上发展起来的供应链整合，第四方物流供应商是供应链的集成者，它与职能互补的服务提供商一起组合和管理组织内的资源、能力和技术，提出整体的供应链解决方案。

(5) 第五方物流

第五方物流(fifth party logistics,5PL)是指专门从事物流业务培训的一方。人们对物流的认识有一个过程，因此专门提供现代综合物流的新理念以及实际运作方式等有关物流人才的培养便成为物流行业中一项重要的工作。

5. 按物流的特殊性分类

按照物流活动所使用的技术方法特殊性的不同，物流可划分为一般物流和特殊物流。

(1) 一般物流

一般物流是指具有共性和一般性的物流活动，这种物流活动的一个重要特点是具有普遍适用性，进行这样的物流活动所使用的技术和装备也基本具有大众性和普遍性。一般物流的研究着眼于探讨物流的一般规律，建立普遍适用的物流系统，以及研究物流的共同功能要素等诸多内容。

(2) 特殊物流

特殊物流是指在专门范围、专门领域、特殊行业，在遵循一般物流规律的基础上，带有特殊制约因素、特殊应用领域、特殊管理方法、特殊劳动对象以及特殊技术装备的物流活动。特殊物流活动的产生是社会分工深化、物流活动合理化和精细化的产物，对推动现代物流的发展起促进作用。特殊物流还可以进一步细化，如根据劳动对象的特殊性对特殊物流进一步细化，可以分为水泥物流、石油及油品物流、煤炭物流、危险品物流等。

6. 按物流发生主体的角度分类

从物流活动发生主体的角度，物流可以分为工业企业物流、商业企业物流(包括批发企业物流、零售企业物流等)、非营利组织物流(包括医院、社会团体、学校、军队等单位物流)及废品回收企业物流等。

六、物流的发展趋势

(一) 信息化

物流信息化是现代物流的重要特征之一。物流信息化表现为物流信息收集的数据库化和代码化、物流信息处理的电子化和计算机化、物流信息传递的标准化和实时化、物流信息储存的数字化等。因此，条码技术、数据库技术、电子订货系统、电子数据交换技术等在物流中得到了广泛应用。加强物流管理，提高物流效率，已成为提高企业竞争力的主要手段，这一发展趋势已被许多物流业发达的国家所证实。目前发达国家的物流企业，计算机的应用不仅在物资流通的技术和管理上得到了普及，而且实现了跨地区、跨国界的网络化，信息系统不仅是自我管理的手段，而且成为客户服务的工具。随着更多、更先进的信息技术在物流企业的应用，物流必将向智能化、自动化、及时化方向发展。

(二) 标准化

物流标准化是指物流组织或行业以物流系统与物流业务为对象，专门针对运输、储存、包装、装卸搬运、流通加工和物流信息处理等物流活动而制定、发布和实施有关技术和工作业务流程的标准,并以此标准为基础提出物流系统的配合性要求,从而实现整个物流系统的标准运作过程。物流标准化表现为物流基础标准、物流系统技术标准、物流工作标准与物流业务标准等。

(三)第三方物流和共同配送成为主流

第三方物流是由供需双方之外的物流企业提供物流服务的业务模式,其具有专业化、规模化等优势,在分担企业风险、降低经营成本、提高企业竞争力、加快物流产业的形成和再造等方面发挥出巨大作用。共同配送是经长期的发展和探索而优化出的一种追求合理化配送的配送形式,也是美国、日本等一些发达国家采用较广泛、影响面较大的先进物流方式。第三方物流和共同配送对提高物流动作效率、降低物流成本具有重要意义,已成为21世纪物流发展的主流。

(四)物流服务社会化

在现代物流时代,企业物流需求通过社会化物流服务得到满足的比重在不断提高,第三方物流已成为现代物流的主体,在国民经济中发挥着重要的作用。

(五)智能化

智能化是物流自动化、信息化的更高层次的应用。现代物流中有关库存水平的确定、运输路线的选择、自动导向车的运行轨迹、自动分拣系统的运行、机器人的运作等问题都需要借助人工智能技术加以解决。

(六)国际化

随着经济全球化,国际贸易、国际投资、国际经济合作的发展推动物流业向全球化方向发展。国际物流业务涉及报关、报检、运输等方面。随着社会化大生产和全球化的发展,资源和商品在广域间的流动与交换将更加频繁,各国、各地区间的物流合作将更密切,高效物流成为国际贸易和跨国经营必不可少的环节。物流企业将向集团化发展,规模将更庞大,实力将更雄厚,物流巨头的触角将伸向世界的每一个角落。

(七)网络化

现代物流需要完善健全的物流网络体系,网络上节点之间的物流活动保持系统性、一致性,可以保证整个物流网络有最优的库存水平与库存分布,将运输与配送结合起来,形成快速、高效、灵活的供应通道。

(八)绿色物流成为新的增长点

21世纪,人类面临人口膨胀、资源短缺和环境恶化三大危机。这些问题日益突出,要求现代物流必须以降低对环境的污染、减少资源消耗为目标,在物流过程中抑制物流对环境造成危害,同时实现对物流环境的净化,提高物流资源利用效率。绿色物流必然成为物流行业未来发展的主流,也只有绿色物流才有生存的空间。

(九)电商物流新格局

电商与物流行业完美结合,开始构建一款基于互联网智能化的电商物流系统。而物流行业也不断地探索自己的发展空间,在地产行业、供应链金融方面寻找新的布局。电商物流新格局的氛围正在形成与强化中。

七、会展的起源

在英文中,"集市"和"展览会"同为"fair"。欧美展览界普遍认为展览会起源于集市,因为集市已具备了展览会的一些基本特征,如地点固定、定期举行等。然而,集市只是松散的展览形式,规模一般较小,并具有浓厚的农业社会特征,还处于展览的初级阶段。

我国的集市历史悠久,在我国,集市形成于殷、周之际(公元前11世纪),在唐宋时期得到了蓬勃发展。具有商业性质的集市最早出现在我国古代的奴隶社会,两千多年前,《吕氏春秋》中便有"祝融作市"的记载。集市在不同的时期和地区有许多种形式和名称,如市、草市、墟市、场等。草市产生于东晋,发展于唐,到北宋年间,遍布各地城郊。就诗句来说,北宋苏轼有"春江围草市",南宋陆游有"草市寒沽酒"。集市的参加者主要是农民、手工业者,他们之间的买卖活动既是生产者向消费者直接出售,也是生产者之间的产品流通。几千年来,集市一直是我国商品流通的重要途径。我国古代的集市景象如图1-8、图1-9所示。

图1-8 《清明上河图》——北宋繁华集市景象

图1-9 汉代画像砖——集市景象

除了城乡各有特色的集市外,还有一种城乡并存的定期集市——庙会。我国庙会的历史悠久,在唐朝已流行,宋朝继之,明、清盛行。庙会的产生源于宗教活动的开展,正如《妙香室丛话》中所记载的:"京师隆福寺,每月九日,百货云集,谓之庙会。"比起乡村的集市,庙会的内容更加丰富多彩,除了传统的产品交换外,还包括宗教仪式、文化娱乐等活动。庙会作为商品交换的媒介,对促进商品流通、加强城乡沟通具有重要的历史作用。我国历史上与其他国家或民族开展贸易的市场称为互市,也称通关市、権场。据"兮甲盘"铭文记载,西周与南淮夷为做买卖而设互市。古代的互市大都在官府的控制之下,并由专职官员——市监监督管理。互市中以马市(中原政权用金、银、帛、茶、盐等物与游牧民族换马的集市)最为有名。在清朝之前,互市主要设在陆地边境,清朝时还开辟了沿海的互市。

会展活动在我国有较长的历史,但在漫长的封建社会里,我国长期处于自给自足的自然经济状态,社会分工不明显,农耕文明制约了商品交易的充分发展,历代封建王朝大多采用"重农抑商"政策,使以商品交易活动为主要基础的会展活动发展缓慢。

欧洲集市的产生时间比我国稍晚,但在发展过程中表现出了明显的规模性和规范性。欧洲的集市最早出现在希腊,希腊最初的集市是交换、买卖奴隶的场所。到了古奥林匹克时期(公元前800—700年),希腊有了常规的集市,与奥林匹克运动会同时举行。希腊早期的集市大都是一年一次,甚至两年一次。在古罗马,民众每隔8天就聚集一次,听官吏颁布法令、宣布裁决;同时也举办集市,农民、小生产者、商人在大街上搭起临时摊位,交换、出售产品。罗马帝国在扩张版图时把罗马集市带到了欧洲其他地区。

到中世纪,欧洲一些国家都有由官府控制的规模很大的集市。一些集市能吸引欧洲各个角落的商人,同时有货币兑换、仲裁等活动。例如,法国北部的香槟集市是中世纪欧洲最为著名的国际性集市,其处于诸河流系统的汇合处,又处于由北向南和由东向西的商路会集点上,交通十分便利。香槟集市实际上是一系列集市的总称,共有50多个市场。当时,香槟集市已经有了一定的组织方式和严格的预定时间。每次集市大约延续6周,每次集市开市之前,商人被给予8天的准备时间,让其租定摊位、打开箱笼、陈列商品。集市按10天为一期,依次为布集市,皮革、生皮和毛皮的集市,杂货集市,以及马匹和其他兽类的集市。在这里,云集了来自意大利、佛兰德、英格兰、德意志、法国等地区的商人。东方的香料和奢侈品,佛兰德的呢绒,法国的葡萄酒和家畜,德国的金属制品,英国的羊毛和铅、锡等都在集市上出售。到第6个星期,换货币者开始营业,兑换各国货币,发放贷款,征收借款。第42天后,商人们的经济协议和合同由当局秘书人员起草,并由政府行政人员盖章生效。香槟集市的形成和发展是社会分工和生产力发展的结果,是早期会展经济活动较为完善的形式。在欧洲的其他地方也有不少著名的集市,如英国的曼彻斯特、斯陶尔布里奇,意大利的比萨、威尼斯、米兰,德国的莱比锡、科隆、汉堡、马德堡等。许多现代闻名的欧洲大型综合性展览会都是在这个时期建立的。德国莱比锡展览会号称最古老的展览会,始建于1165年,于1890年由传统的集市转变为样品展览会。德国法兰克福展览会是在1240年经王室授权后开始举办的。

到14世纪以后,随着城市商业和运输业的发展,行商逐渐减少,大部分商人开始集中精力固定在一个地方经营,欧洲集市的作用逐渐变小,开始被挤向边远地区。在这个时期,批发商的兴起和工业的迅速发展改变了传统集市的经营方式。生产者为了寻求大批销售货物的机会,便于批发商选择和订购产品,纷纷采用提供样品和图样的方式进行贸易。这样,传统的集市逐渐发展成样品展览会。

由此看来,无论是从举办形式上还是从基本性质上来评判,"集市"和"庙会"都属于展览会的范畴。诚然,从原始社会的物物交换到具有明显规律性的集市是展览会发展历史上的一大飞跃。会展发展的历史阶段如表 1-1 所示。

表 1-1　会展发展的历史阶段

阶段	活动范围	典型形式	活动目的	组织方式
原始社会	地方	物物交换	交换物品	自发
奴隶社会—17 世纪	地区	集市	市场	松散
1667 年—19 世纪	国家	工业展览会	展示	有组织
1894 年至今	国际	贸易展览会和博览会	市场、展示	专业组织

八、会展的发展

(一)国际会展业

1640 年开始的工业革命推动了欧洲经济的迅速发展,同时引起了会展业的一系列变革。从 1667 年的法国艺术展览会到 1851 年的英国"万国工业博览会",欧洲会展业在大约 200 年的时间里发生了翻天覆地的变化。1667 年,第一个艺术展览会在法国举行。这次展览会有严密的组织体系且不带有任何商业色彩,其展览形式对展览活动的发展产生了深远的影响。1798 年,在法国政府内务部长德·纳夫沙托(De Neufchateau)的提议下,法国举办了世界上第一个由政府组织的工业产品大众展。尽管在此之前欧洲也出现过一些工业展览会,但规模普遍较小且未连续举办,因而西方学者倾向于把这次展览作为近代工业展览会的开端。此后近 50 年的时间里,许多国家都模仿法国举办过工业展览会,然而由于当时保护主义盛行,这些工业展览会基本没有外国参展商。

19 世纪末,欧洲各国,特别是英国和法国都举办了多届有影响力的工业产品博览会、艺术展览会。1851 年 5 月 1 日,"万国工业博览会"(Great Exhibition of the Industries of All Nations)在英国伦敦海德公园壮丽炫目的水晶宫举办,展出面积达到 10 万平方米,参展商有 1.7 万多家,其中约 50% 来自国外,观众超过 600 万人次。这是世界上第一个真正具有国际规模的展览会,其目的是通过展览活动促进国家间的贸易与合作,以实现全球资源和市场的共享。这次展览会便是后来的世界博览会的前身,因而西方会展界将其视为第一个世界博览会。

1889 年,巴黎迎来了它的第四届世博会,主题为"纪念法国大革命 100 周年"。这一次,法国人创作了"一件能象征 19 世纪技术成果的作品"——建筑师埃菲尔设计的高达 300 米的铁塔。1889 年国际博览会鸟瞰图如图 1-10 所示。

20 世纪上半叶,因为战争的原因,国际会展业受到严重影响和破坏。第二次世界大战后,西方各国经济复苏,会展业才重新得以发展,特别是 20 世纪 60 年代以后,国际会展业出现了跨越式的发展。1955 年 11 月 1 日至 11 日,第 26 届东京汽车博览会在日本东京的晴海会场举行,总共展出汽车约 1000 辆,参观者达 120 万人,是当时最大的展览会。

近 20 年,在全球化的维度下,经济日趋一体化,国际会展业随着经贸交流的繁荣而得到长足发展,在会展形式、内容、场馆等方面都有了重大的革新,如集声、光、电于一体的多媒体会展形式。目前,全球定期举行的大型展览会和博览会达 4000 多个,涉及社会各个领域,为促进世界经济、科技的发展和人民的相互了解起到了积极的作用。国际会展业作为世界经济贸易的

图 1-10　1889 年国际博览会鸟瞰图

一个组成部分,不仅每年直接创造经济效益约 3000 亿美元,还对旅游、交通、广告、传媒等行业起到了巨大的拉动作用。图 1-11、图 1-12 都是国际展览会的形式。

图 1-11　1958 年布鲁塞尔世博会——原子能结构的球形展馆

(二)中国会展业

中国会展业的发展经历了萌芽期、初创期和发展期。

①萌芽期是从 20 世纪初到 1949 年新中国成立前的时期。在此期间,中国出现了现代会

图 1-12　2015 年米兰世博会——中国馆

展业的萌芽形式。当时,为抵制洋货、推行国货,北京、上海等地受海外展览会形式的影响,曾先后举办过几届"国货展览会",主办者一般会租借私家别墅或者商店、旅店、寺庙等场地。1929 年的西湖博览会是中国会展史上第一个全国规模的大型综合性博览会,共开设了八馆两所,此外,为了展出飞机、舰船模型和火车头等大型展品,主办者建设了新的展览馆——工业馆,这是中国最早的展览馆,吸引了约 20 000 人前来参观。

②初创期是从新中国成立后到 20 世纪 70 年代的时期。在此期间,中国各主要城市兴建、举办了各种形式的展馆、展会,为现代会展奠定了基础。1949 年 9 月举办的大连工业展览会是新中国最早的工业展览盛会,在我国会展业发展史上留下了浓墨重彩的一笔。而素有"天下第一会"之称的会国糖酒商品交易会和"天下第一展"之称的广交会(中国进出口商品交易会),直到今天仍然在发挥着不可替代的作用,如图 1-13、图 1-14 所示。

图 1-13　1957 年首届广交会现场——中苏友好大厦

图 1-14 第一届广交会——工业馆

20世纪50年代,北京先后修建了工业展览馆、全国农业展览馆、北京展览馆、中国人民革命军事博物馆、中国革命历史博物馆、中国美术馆等场馆,为当时以北京为代表的中国现代会展事业奠定了基础。

③发展期是从1980年至今的时期。在此期间,中国会展业得到了快速的发展。改革开放以来,国家对创意文化产业的推动措施和对文化产业结构的调整培育政策,以及经济发展对文化、信息传播的要求,促使我国会展业的规模不断扩大。2001年,上海新国际博览中心落成,其境外投资方就是素有"国际会展三巨头"之称的德国慕尼黑国际博览集团、汉诺威展览公司和杜塞尔多夫展览有限公司,这无疑意味着中国将是未来最具潜力的国际会展市场。

据统计,2022年全国线下展览总数为2572场,展览总面积为4721万平方米,平均每个展览举办面积为1.84万平方米。全国可供使用的展览场馆达301座(仅统计室内展览面积在1万平方米以上的),展馆的室内可供展览总面积1345.98万平方米,连续第五年保持增长。其中,全国有39个城市展览场馆室内可供展览总面积超过10万平方米。会展业已渗透到各个经济领域,从机械、电子、汽车、建筑,到纺织、花卉、食品、家具,以及艺术、文化类等,各行业都有自己的国际专业展,形成了"环渤海、长三角、珠三角、东北、中西部"5个分展经济产业带。广州国际会展中心和国家会展中心(上海)如图1-15、图1-16所示。

图 1-15 广州国际会展中心

图 1-16　国家会展中心（上海）

任务二　认识物流管理

> 案例导入

山城"棒棒军"

20世纪80年代末，重庆的朝天门码头和许多客货场站、口岸出现了大量的"棒棒军"，这是一个非常有趣的"物流现象"。"棒棒军"主要由进城的农民工组成，他们手执长长的木棒或扁担，活跃在港口码头、客货场站或市区其他地方，靠为别人搬运货物、出卖体力为生。很显然，这是一种比较落后的、效率较低的、单一的传统运输方式，与现代物流的理念和运作模式相去甚远。

但是，可否设想一下，能不能将"棒棒军"也改造成现代物流呢？

其一，如果一个旅客有几件货品或行李需要由朝天门码头送往沙坪坝，选择由"棒棒军"来完成，首先出现的问题就是，"棒棒军"将怎样计费呢？货品（行李）的重量、体积不一样，运输的费用是不一样的；送达的距离不一样，运输的费用也是不一样的。这就要求"棒棒军"不仅应该具有测量货品重量和体积的基本功能，而且要能够测量货品的运输里程。

其二，从朝天门码头到沙坪坝大约有 20 km，单靠一个人手拿肩扛，在短时间内顺利送达货品是不现实的，况且旅客对货品的送达时间也是有要求的。现实的做法是由数个"棒棒"相互协作、接力完成。但是，接力运输需要合理的分工，需要中转（如果货品量大还需要分拣、配载），需要单据的交接和信息的有效传递，需要时间和服务质量、运输成本的控制，需要对货品即时状况的不间断跟踪等。这样,"棒棒军"所应具备的物流运作环节就开始一一表现出来了。

其三,由于发货人与收货人相距较远,货品送达收货人之后,发货人需要知道货品是否按照事先与"棒棒"约定的时间和方式送到,货品有否在整个送达过程中出现损坏、丢失,一旦出现违约情况如何进行赔付等,这一切均需要发货人在得到确切的送货回单(或收货人签收单)后才可以实现。那么,货品送达过程和送达结果如何监控和知晓,回单又如何递交给发货人等,就是"棒棒军"物流进程中的又一个深度问题了。

还可以继续假设下去,比如货品足够多的时候,一个独立的"棒棒"可否通过时下流行的 e-mail 将这个信息发给控制他的总部,或与之有业务关联关系的其他"棒棒",从而实现货品的及时发运和相互之间的有效协同作业;再比如,如果货品在送达、转运途中出现破损,或者由于签收人拒绝接收而导致退货,需要退回始发地,其间的控制、指令和退货的完成应该由谁另行完成;还比如,如果有一个专门组织和控制"棒棒军"物流的机构或部门,待条件成熟,能否在每个"棒棒"身上都安装上 GPS,以便这个物流控制部门能随时掌握所有的物流进程,并对货品的位置和状态实施全程管理等。

"棒棒军"是最原始的物流方式,但完全可以用高科技的手段对之进行改造,例其能自动称重、自动计量里程,能测量体积,能对结费方式和结费周期予以调整变化,能对物流过程实施全程监控,能发送电子邮件,能全球定位,能提高物流服务水平等。

通过高科技改造的"棒棒军"与原始的"棒棒军"相比,在内涵和外延上都发生了质的变化。高科技的"棒棒军"能提供给用户的是门到门的、个性化的送货服务,实现了物流过程的一体化,提高了物流控制的科技含量和作业效率,也有效地提升了客户服务水平。

当然,在现实生活中是不存在这样的"棒棒军"的,即使存在,也得看有没有生产和使用的必要。因为,现代社会毕竟已经进入了一个高度发达的信息时代。

一、物流管理的概念与发展

物流是集运输、储存、装卸、搬运、包装、流通加工、配送、信息处理等为一体的活动,这些活动共同实现物流的各项功能。它涉及产品从生产领域到消费领域的过程,即从生产企业到经营企业再到最终消费者的过程,也是产品由半成品到成品的有效的移动。物流不单单涉及制造业,还与零售商、批发商、银行等服务组织有关,还与政府、学校、医院等有关系。管理是人类社会活动的客观需要,物流作为一项社会劳动也需要管理。对物流的管理涉及商品的产出点到消费点,乃至最终(回收、再利用)处理点的流动管理。物流活动的复杂性也造就了物流管理活动的复杂性。

理解物流管理,首先要了解进行物流管理的目的。从企业角度出发,物流管理的主要目的是尽可能使产品有效率地进入、经过和流出自己的企业,以促使整条供应链有效率地运转。也就是通过企业正确地开展物流活动,使产品在整个供应链中实现有效率的畅通流动。这样的流动不但需要企业或组织间确实采用更有效的方式来实现相互合作,更需要企业自身对本企业内的物流活动进行更加科学有效的管理。那么这里的"有效"指什么呢?"有效"一般指速度快、成本低、浪费少、库存低、无破损、无差错等。概括来说,就是低的总成本条件下,实现既定的客户服务水平,寻求服务优势和成本优势,以保持企业在竞争中的优势。

物流管理的目标从客观上说就是让顾客满意。满意的顾客能为企业提供较高资产回报率,促进企业可持续发展,帮助企业达到远期战略目标。而顾客满意的程度是由顾客需求被满足的程度决定的。企业必须提供能够满足顾客需求的商品,但是,顾客是通过一系列因素或标准来判断是否购买这种商品的。例如,当购买一台洗衣机时,需要确定它的功能、外观、操作的难易程度、等待产品到货的时间长短、价格昂贵程度,以及配送的洗衣机规格是否正确、是否有破损,销售员和配送人员的态度等。其中的很多因素都取决于物流活动,如洗衣机的可得性依赖于库存量、配送的准时性,洗衣机的质量可通过良好的搬运工作来保证,甚至洗衣机的价格也受物流成本的影响。所以进行物流管理是企业发展的必然要求。

(一)物流管理的概念

随着全球经济一体化的逐步推进和信息技术的飞速发展,企业获得生产资料的途径与产品营销的范围日趋扩大,加之现代企业竞争的结果使生产企业和商业企业都进入了一个微利时代,产品的成本和利润也变得非常透明。这种种因素都呼唤一种新的模式来变革社会生产、物资流通、商品交易及其管理方式。所以,物流管理已成为一个公司发展战略的重要组成部分。

国家标准《物流术语》中对"物流管理(logistics management)"的定义:为达到既定的目标,从物流全过程出发,对相关物流活动进行的计划、组织、协调与控制。换句话说,物流管理就是根据物品实体流动的规律,应用管理的基本原理和科学方法,对物流活动进行的计划、组织、指挥、协调、控制和监督,使各项物流活动实现最佳协调与配合,通过降低物流成本和满足市场需求来提高社会效益和经济效益的过程,如图1-17所示。

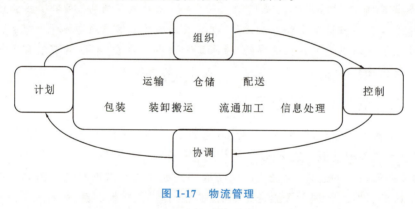

图 1-17 物流管理

(二)物流管理的发展

从发达国家物流管理的发展历史来观察,物流管理经历了以下五个发展阶段。

1. 物流个别管理阶段

在这个阶段,真正意义上的物流管理意识还没有出现,降低成本不是以降低物流总成本为目标,而是分别停留在降低运输成本和保管成本等个别环节上。降低运输成本的方式也仅局限于要求降低运价或者寻找价格低的运输者,企业的物流管理意识还很薄弱。

2. 物流系统化管理阶段

物流系统化管理阶段的主要特征表现为:企业设立专门的物流管理部门,其管理对象已不仅是现场的作业活动,而是站在企业整体的立场上对物流过程中的各个功能进行整合,各种物流合理化对策开始出现并付诸实施。

3. 物流管理领域扩大阶段

进入物流管理领域扩大阶段,物流管理部门可以出于物流合理化的目的向生产和销售部门提出自己的建议。但是,物流管理部门对生产和销售部门提出的建议在具体实现上有一定的限度,特别是在销售竞争非常激烈的情况下,物流服务一旦被当作竞争手段,仅仅以物流合理化的观点来要求销售部门提供协助往往不被对方所接受。因为这时候考虑问题的先后次序是先销售、后物流。

4. 企业内物流一体化管理阶段

企业内物流一体化管理是根据商品的市场销售动向决定商品的生产和采购,从而保证生产、采购和销售的一致性。企业内物流一体化管理受到关注的背景来自市场的不透明化。

5. 供应链物流管理阶段

供应链管理是一个将交易关联的企业整合进来的系统,即将供应商、制造商、批发商、零售商和顾客等所有供应链上的关联企业和消费者作为一个整体来看待的系统结构。基于供应链顺利运行的物流管理使物流业为产品的实物空间位移提供了时间和服务质量保证,从而使物流管理进入了更为高级的阶段。

二、物流管理的意义

物流在现代企业管理中扮演着重要的角色,它贯穿于供应链管理、生产管理、销售管理和客户服务的各个环节。良好的物流管理可以提高企业的运作效率、降低成本、提高客户满意度,从而为企业创造更大的价值。因此,企业应重视物流管理,并不断优化物流流程和提升物流能力,以提高企业的竞争力和持续发展能力。

(一)物流管理的内容

物流管理的对象包括以下方面:对物流活动诸要素的管理,即对运输、储存等环节的管理;对物流系统诸要素的管理,即对其中的人、财、物、设备、方法和信息六大要素的管理;对物流活动中具体职能的管理,主要包括对物流的计划、质量、技术、经济等职能的管理。

1. 物流活动诸要素的管理内容

从物流活动要素的角度出发,物流管理可分为运输管理、储存管理、装卸搬运管理、包装管理、流通加工管理、配送管理、物流信息管理、客户服务管理等(见表1-2)。

表1-2 物流活动诸要素的管理内容

按物流活动要素分类	管理内容
运输管理	运输方式及服务方式的选择,运输路线的选择,车辆调度与组织等
储存管理	原料、半成品和成品的储存策略;储存统计、库存控制、养护等
装卸搬运管理	装卸搬运系统的设计、设备规划与配置和作业组织等
包装管理	包装容器和包装材料的选择与设计,包装技术和方法的改进,包装系列化、标准化、自动化等
流通加工管理	加工场所的选定,加工机械的配置,加工技术与方法的研究和改进,加工作业流程的制定与优化等

续表

按物流活动要素分类	管理内容
配送管理	配送中心选址及优化布局,配送机械的合理配置与调度,配送作业流程的制定与优化等
物流信息管理	对反映物流活动内容的信息、物流要求的信息、物流作用的信息和物流特点的信息所进行的搜集、加工、处理、存储和传输等
客户服务管理	对物流活动相关服务的组织和监督,如调查和分析顾客对物流活动的反映,决定顾客所需要的服务水平、服务项目等

2. 物流系统诸要素的管理内容

根据物流系统诸要素的组成,物流管理可分为人的管理、物的管理、财的管理、设备管理、方法管理和信息管理(见表1-3)。

表1-3 物流系统诸要素的管理内容

按物流系统要素分类	管理内容
人的管理	物流从业人员的选拔和录用,物流专业人才的培训与提高,物流教育和物流人才培养规划与措施的制定等
物的管理	涉及物流活动的诸要素,如物的运输、储存、包装、流通加工等
财的管理	物流成本的计算与控制,物流经济效益指标体系的建立,资金的筹措与运用,提高经济效益的方法等
设备管理	各种物流设备的选型与优化配置,各种设备的合理使用和更新改造,各种设备的研制、开发与引进等
方法管理	各种物流技术的研究、推广和普及,物流科学研究工作的组织与开展,新技术的推广和普及,现代管理方法的应用等
信息管理	物流业务信息分析,物流信息采集和录入,物流信息的存储及处理,物流信息的传输与输出等

3. 物流活动中具体职能的管理

按物流活动职能划分,物流管理包括物流计划管理、物流质量管理、物流技术管理和物流经济管理。

一般来讲,物流活动主要是指物流的各种作业活动,因此对物流活动要素的管理也就是对物流作业的管理。物流作业管理构成了现代物流管理的基础,其他层面的物流管理都是围绕作业管理展开的,或者说是在作业管理基础上进行的延伸。当然,有些物流管理是和企业其他领域的管理同时进行的,如人力资源管理等,因此作业管理、成本管理和服务管理是最基本的物流管理。

(二)物流管理的原则

第一,坚持物流合理化的原则。

在总体上坚持物流合理化的原则,是物流管理最根本的、总的指导原则。所谓物流合理化,就是对物流设备配置和物流活动组织进行调整改进,实现物流系统整体优化的过程。它具体表现在兼顾成本与服务上,即以尽可能低的物流成本获得顾客可以接受的物流服务,或以可以接受的物流成本达到尽可能高的服务水平。

第二,坚持政府及专业组织的规划和指导的原则。

在宏观上,除了完善支撑要素建设外,现代物流管理更强调政府及有关专业组织的规划和指导。事实上,宏观物流发展需要科学的规划和指引,这一点应该纳入现代物流管理的原则中并加以重视。

第三,坚持成本与服务兼顾的原则。

在微观上,除了实现供应链的整体最优管理目标外,现代物流管理更在服务的专业化和增值化发展等层面上提出了新的要求。现代物流管理的永恒主题是成本和服务,即在努力削减物流成本的基础上,努力提高物流增值性服务。

第四,坚持7R原则。

在服务上,物流管理应坚持7R原则,即适合的质量(right quality)、适合的数量(right quantity)、适合的时间(right time)、适合的地点(right place)、优良的印象(right impression)、适当的价格(right price)和适合的商品(right commodity)。

(三)物流管理的目标

第一,快速反应。

快速反应是关系到一个企业能否及时满足顾客服务需求的能力。信息技术的提高为企业创造了在最短的时间内完成物流作业并尽快交付的条件。快速反应的能力把作业的重点从根据预测和对存货储备的预期转移到以装运和装运方式对顾客的要求做出反应上来。

第二,最小变异。

变异是指破坏物流系统表现的任何想象不到的事件,它可以产生于任何一个领域的物流作业。在充分发挥信息作用的前提下,采取积极的物流控制手段可以把这些风险减少至最低限度,提高物流的生产率。

第三,最低库存。

保持最低库存的目标是把库存减少到与顾客服务目标相一致的最低水平,以实现物流总成本最低。"零库存"是企业物流的理想目标,物流设计必须把资金占用和库存周转速度当成重点来控制和管理。

第四,物流质量。

物流的目标是持续不断地提高物流质量。全面质量管理要求企业物流无论是在保证产品质量还是在保证物流服务质量方面,都要做得更好。随着物流全球化、信息技术化、物流自动化水平的提高,物流管理所面临的是"零缺陷"的物流质量的高要求,物流在质量上的挑战强化了物流的作业目标。

第五,产品所处不同生命周期的不同物流管理目标。

产品生命周期由引入、成长、饱和成熟和完全衰退四个阶段组成。在不同的产品生命周期应制定怎样的物流对策?在新产品引入阶段,应在充分提供物流服务与回避过度支出物流费用之间进行平衡。在产品成长阶段,产品取得了一定程度的市场认可,销售量骤增,物流活动的重点从不惜代价提供顾客所需服务转变为平衡服务和成本绩效。处于成长周期的企业具有较大的机会去设计物流作业并获取物流利润,此阶段销售渠道的销售量不断增长,只要顾客愿意照价付款,几乎任何水准的物流服务都可能实现。饱和成熟阶段具有激烈竞争的特点,物流活动一般会变为具有高度的选择性,而竞争对手之间会调整自己的基本服务承诺,以提供独特的服务,取得顾客的青睐。成熟阶段的竞争状况增加了物流活动的复杂性和作业要求的灵活性。当一种产品进入完全衰退阶段时,企业所面临的抉择是在低价出售产品或继续有限配送等可选方案之间进行平衡。于是企业一方面应将物流活动定位于继续维持相应的递送活动,另一方面要最大限度地降低物流风险,相对而言,后者显得更为重要。

(四)物流管理的三个阶段

物流管理按管理进行的顺序可以划分为三个阶段,即计划阶段、实施阶段和评价阶段。

第一,物流计划阶段的管理。

在物流管理中最重要的是计划。计划就是规划、策划。要对整个物流活动进行全面的规划和策划,确定物流活动搞些什么、怎么搞。物流活动,特别是物流数量大、物流时间长的物流活动,一般要动用较多的资源,涉及较多的人、车、库和较多的部门、单位,一般是一个系统工程,所以一定要做好事前规划和策划,选取最好的方案付诸实施。

物流计划首先要确定物流所要达到的目标,以及为实现这个目标所进行的各项工作的先后次序。其次要分析在实现物流目标的过程中可能发生的任何外界影响,尤其是不利因素,并确定应对这些不利因素的对策。最后做出贯彻和指导实现物流目标的人力、物力、财力的具体措施。

第二,物流实施阶段的管理。

制订好计划以后,就要组织实施,这就需要进行组织、指挥、协调和控制。物流实施阶段的管理就是对正在进行的各项物流活动进行管理,它在物流各阶段的管理中具有最突出的地位,这是因为在这个阶段中各项计划将通过具体的执行而受到检验。物流实施阶段的管理具体包括以下方面。

①对物流活动的组织和指挥。物流的组织是指在物流活动中把各个相互关联的环节合理地结合起来而形成一个有机的整体,以便充分发挥物流中每个部门、每个物流工作者的作用。物流的指挥是指在物流过程中对各个物流环节、部门、机构进行的统一调度。

②对物流活动的监督和检查。通过监督和检查可以了解物流的实施情况,揭露物流活动中的矛盾,找出存在的问题,分析问题发生的原因,提出解决方法。

③对物流活动的调节。在执行物流计划的过程中,物流的各部门、各环节总会出现不平衡的情况。遇到上述问题,就需要根据物流的影响因素,对物流各部门、各环节的能力做好综合平衡,重新布置实现物流目标的力量,这就是对物流活动的调节。

第三,物流评价阶段的管理。

在一定时期内,人们对物流实施后的结果与原计划的物流目标进行对照、分析,这便是物流评价。通过对物流活动的全面剖析,人们可以判断物流计划是否科学、合理,确认物流实施阶段的成果与不足,从而为今后制订新的计划、组织新的物流提供宝贵的经验和资料。

(五)物流管理的注意事项

实现物流的合理化,以最低的成本支出完成商品实体从供应地向消费地的流动是物流管理的基本目标。因此,在进行物流活动和构建物流系统时,应对相关问题进行研究,做出决策。如在投建物流系统设施时,首先要确定其规模和地理位置,并对周围环境、服务对象、物流量进行调查,包括货物品名、数量、流向等,都要进行详细调查和预测,综合分析研究,以确定物流系统规模。如果物流系统规模设计过大而物流量又很小时,必然会有一部分物流设施、技术装备闲置,造成资源浪费且影响物流的经济效益。反之,物流系统规模设计过小则无法适应过大的物流量,无法满足顾客的需要,同样也是不可取的。所以,进行物流管理活动时,应注重以下几个方面。

第一,运送及时性。运送的及时性是衡量物流企业服务质量的一个重要标志,在进行物流系统管理时,必须合理地配置运输、配送资源,最大化地发挥物流的运输功能,例如运输工具的配备、运输路线的选择、运输环节的安排等。

第二,储存合理化。确定合理的储存量也是企业物流工作的一项重要任务。以生产物流为例,工厂要储存一定数量的原材料,否则,原材料供应不上,生产无法正常进行;反之,原材料储存过多会造成积压,占用库房,加大物流成本压力,影响企业的经济效益。从销售物流而言,批发企业或物流中心必须保持合理的库存量,不然,商品储存过多会造成积压,占用资金;而储存过少容易脱销,并失去销售机会,影响企业的经济效益。在物流管理中,物流系统必须强化储存功能,及时调整库存,使库存量尽量合理,并充分发挥其调节作用。

第三,费用合理化。在市场经济日益发展,物流技术不断革新、物流业竞争激烈的今天,在设计和改进物流系统时,无论对系统整体还是对各个子系统来说,一切物流业务活动都要求节省费用。一般来说,物流组织合理,如运输方式、运输路线选择适当,存货数量和仓库布局合理等,物流成本会有所削减。但物流的各项活动,如运输、储存、包装、流通加工、装卸搬运及物流信息的搜集、传递和反馈等环节之间都存在着相互制约的关系。比如,当进货或送货间隔时间短、运输次数频繁、运输数量小时,运输费用会增加,但相应地,保管费用会减少;反之,则运输费用减少,保管费用增加。又比如,包装质量高使得包装费用增加,但相应地,日常的维护保养费用则会减少,对储存条件的要求也会降低一些。只有正确处理物流各环节之间的关系,才能在真正意义上控制物流成本。

只有通过科学合理的物流管理活动对物流进行战略上、作业上和系统上的综合管理,才能确保物流活动顺利开展,保证物流服务的质量,提高顾客的满意度,才能保障各项社会再生产活动正常进行,保持商品流通环节的通畅。

三、职业能力与岗位

随着物流需求急速增长,市场竞争越来越激烈,许多客户开始追求个性化服务,面对形形色色的消费人群,物流企业所承担的压力可想而知。因此,物流企业内部要更团结,做到各司其职,将工作安排得井然有序,把好各个关卡,提高物流企业的核心竞争力。

(一)物流总监岗位职责

物流总监岗位职责见表 1-4。

表 1-4　物流总监岗位职责

职位名称	物流总监	所属部门	物流部

职位概要：
根据企业年度发展目标制订并实施计划，负责物流系统管理。

岗位职责：
1. 根据企业的年度战略计划制定物流长、中、短期战略，完成对物流中心的规划设计及资源整合；
2. 负责企业物流管理，制定物流加工配送方案，对日常物流运行进行监控；
3. 对物流运输、仓储等方面进行成本控制，减少支出，增加企业利润；
4. 制定企业相关的工作流程、操作规程、岗位职责手册；
5. 监督指导物流工作，妥善处理突发事件，将企业损失降到最低；
6. 负责物流部的预算，以及人员招聘、培训和编制；
7. 制定物流规划和管理体系，不断完善工作规范和考核；
8. 负责仓储、采购、生产及销售部门的协作沟通，确保物流运作流畅。

任职资格：
1. 物流管理或经济管理相关专业，本科及以上学历；
2. 具有六年以上相关物流岗位管理经验，熟悉物流工作流程，合理安排物流工作；
3. 具备领导管理能力，能解决物流工作中的突发事件；
4. 具备较强的协调能力，能有效利用仓储、运输等资源；
5. 具备优秀的沟通谈判能力、团队管理能力。

素质要求：
1. 具有较强的工作热情和责任感；
2. 工作认真、细致、严谨；
3. 具备团队合作精神和奉献精神；
4. 具有一定的开拓创新能力。

（二）物流经理岗位职责

物流经理岗位职责见表 1-5。

表 1-5　物流经理岗位职责

职位名称	物流经理	所属部门	物流部

职位概要：
协助总经理开展工作，做好产品的储存、保管及运营等工作。

续表

岗位职责：
  1.负责所在部门员工的考核、培训工作，协助行政管理部门完善管理制度；
  2.确保物流日常工作正常运行；
  3.制定并实施物流工作计划方案和费用预算，对物流工作进行完善和总结；
  4.定期汇总和分析各项物流报表，确保日常操作顺利完成；
  5.掌握发货和库存的变化情况，保证物流部门正常运行，协助销售部门和各办事处指导、检查物流储运工作；
  6.整理相关的物流信息，及时向销售部门、客户服务部、财务部等反馈；
  7.对物流系统进行设计、调整，协助各办事处及物流商管理货物存储、调运等工作。

任职资格：
  1.本科以上学历，物流或经济管理等相关专业优先；
  2.五年以上物流管理工作经验，对仓储、运输、配送、信息管理等工作拥有丰富的经验；
  3.熟练操作电算和办公软件；
  4.具有较强的组织、协作、沟通能力；
  5.英语水平良好。

素质要求：
  1.具有良好的职业道德；
  2.具有良好的团队建设和管理能力；
  3.具有开拓进取精神，能够承受一定的压力；
  4.具有良好的分析判断能力和统筹规划能力；
  5.原则性较强，善于发现问题并能够解决问题。

(三) 物流主管岗位职责

物流主管岗位职责见表1-6。

表1-6　物流主管岗位职责

职位名称	物流主管	所属部门	物流部

职位概要：
  全面负责物流工作，与本企业其他部门沟通合作，降低物流运作成本，协调物流工作顺利进行。

岗位职责：
  1.全面负责物流工作，确保物流工作正常运行；
  2.及时、准确了解市场信息，协助上级领导制定物流中长期规划，降低成本；
  3.协调好各物流商和司机的关系，及时将产品送往目的地，提高物流运行效率；
  4.检查物流报表制定情况及更新情况；
  5.在处理过程中发现重大问题时及时向上级汇报；
  6.完成领导交办的其他任务。

续表

任职资格：
1. 大专以上学历，物流相关专业；
2. 具有两年企业物流运作工作经验；
3. 熟练使用办公软件；
4. 熟悉物流操作流程及相关规范，具有沟通协作能力。

素质要求：
1. 拥有高度的责任心；
2. 工作态度严谨、认真；
3. 语言组织能力和沟通能力较强；
4. 综合能力较强，态度积极，能承受较强的工作压力。

(四)物流专员岗位职责

物流专员岗位职责见表1-7。

表1-7 物流专员岗位职责

职位名称	物流专员	所属部门	物流部

职位概要：
贯彻执行物流管理的相关制度，编制相关物流报表。

岗位职责：
1. 负责货物的收发、包装、配送等日常工作；
2. 对企业物流及供应链运作模式进行设计和规划，提出独到见解；
3. 及时追踪、掌控物品配送的相关信息；
4. 负责物流各类报表的记录、统计分析工作；
5. 处理总部零售订单等相关物流工作；
6. 服从部门经理的工作分配。

任职资格：
1. 物流相关专业，大专以上学历；
2. 具有两年以上物流相关工作经验；
3. 具有良好的管理、沟通能力；
4. 有较强的团队意识，责任心强；
5. 熟练使用计算机，熟悉物流工作程序。

素质要求：
1. 谈判沟通能力较好；
2. 有较高的职业道德。

(五)运输专员岗位职责

运输专员岗位职责见表1-8。

表1-8 运输专员岗位职责

职位名称	运输专员	所属部门	物流部
职位概要： 根据物流专员的信息完成货物运输工作。			
岗位职责： 1. 安排货物运输并跟踪货物交付； 2. 负责供应商发货、提货，检查货物是否合格； 3. 负责运输报表的制作、录入； 4. 熟悉运输市场的行情，获得有竞争力的价格； 5. 分析并控制运输成本，优化运输方式，满足不同地区的不同需求； 6. 遵守交通规则，安全驾驶； 7. 完成领导安排的其他任务。			
任职资格： 1. 中专以上学历； 2. 一年以上物流运输行业的工作经验； 3. 熟练使用办公软件； 4. 吃苦耐劳，有责任心，执行能力强。			
素质要求： 1. 诚实稳重，踏实认真； 2. 处理突发事件的能力强； 3. 沟通能力好，有上进心。			

(六)配送验货员岗位职责

配送验货员岗位职责见表1-9。

表1-9 配送验货员岗位职责

职位名称	配送验货员	所属部门	物流部
职位概要： 检查货物出库情况，核对出库单，协助各库区完成日常工作。			
岗位职责： 1. 每天定时从物流主管处领取发货单据，做好产品出库的准备； 2. 负责成品的出、入库审核； 3. 发现问题及时纠正，确保装运过程中无差错； 4. 做好退货的校检入库工作； 5. 协助他人调配待发的货物； 6. 完成主管交办的其他任务。			

任职资格：
1. 大专以上学历，物流或仓储管理等相关专业；
2. 具有相关配送验货经验；
3. 熟练使用电脑办公软件；
4. 具有良好的中英文沟通、表达能力。

素质要求：
1. 有责任心，工作仔细认真；
2. 做事踏实，学习能力强；
3. 执行能力强。

▎项目自测▎......

1. 简述物流的定义。
2. 简述物流的作用。
3. 试从物流活动、经济和企业的角度谈谈物流的作用。
4. 物流分类的原则是什么？试着按照不同的标准对物流进行分类。
5. 列举物流管理的活动。
6. 你身边有哪些物流现象？谈谈你对这些物流现象的认识。
7. 请以一个企业为例，指出它的物流活动有哪些，并分析这些物流活动分别属于哪一类。
8. 物流活动具有哪些特点？它们是如何体现的？
9. 物流在国民经济中起到了什么样的作用？
10. 物流能够创造什么价值？这些价值实现的途径有哪些？

项目二 包装管理

▸项目引言◂

在社会再生产过程中,包装处于生产过程的末尾和物流过程的开端,既是生产的终点,又是物流的起点。现代物流研究发现,产品包装与物流之间的关系比产品包装与生产之间的关系要密切得多。在新经济时代,产品包装在物流过程中所起的作用随着消费者个性化需求的出现而显得更为重要。

▸知识目标◂

◆熟知包装的概念及基本功能。
◆熟知包装的基本分类。
◆了解包装合理化的基本要求。
◆了解主要的包装材料、包装容器。

▸思政目标◂

结合物流管理教学内容,培养理想信念坚定,适应现代物流行业企业和社会发展需要的人才,使其具有良好的人文素养、职业道德和创新意识,具备精益求精的工匠精神。

任务实施

任务一 包装概述

▸案例导入◂

包装的重要性

对于大多数产品来说,需要寻找产品自身的特点,把这些特点从需求的角度加以提炼,形成产品的概念,再通过包装设计,与消费者进行视觉沟通,使消费者在短时间内知道产品的特点,让包装变成会说话的宣传员。在对产品进行包装设计时,需要根据产品不同的内部特点进行不同的设计,结合消费者需求的特点,突出产品特色。如"汇源100%纯果汁"用数字强调了果汁的纯正;又如"白加黑"的"白天吃白片,不瞌睡;晚上吃黑片,睡得香",把产品特点与消费者能获得的利益紧密联系在一起,而且通过包装设计的视觉表现(黑白分明的外包装盒、黑白两色不同的药片等)很好地强化了产品特点;再如小米公司利用可回收的纯色纸壳作为小米手机的包装盒,不仅体现了小米公司极简的设计风格,而且突出了小米手机低碳环保、低能耗的特点。在生产过剩的时代,产品同质化是一个大趋势,只有善于运用主题营销概念,才能创造产品的差异性,如"蒙牛牛奶,中国航天员专用牛奶""金六福,奥运福"等,在产品没做任何改变的情况下创造了卖点。对于有些产品的缺点,若换一个角度进行宣传,反而能成为产品的特点,如"农夫果园,喝前摇一摇",本来三种水果做的果汁有沉淀,但"喝前摇一摇"的广告诉求既回避了缺点,又暗示了三种水果的真实性。总之,无论是从产品外部找特点还是从产品内部找特点,在开展包装设计前都必须先提炼出产品的概念,也就是消费者的需求点。概念的浓缩是指用夸张、对比、暗示等手法表现产品的利益点,它可以放大产品的价值。

一、包装的含义

(一)物流包装的概念

包装是物流系统的构成要素之一。国家标准《物流术语》中对"包装(packaging,package)"的定义:为在流通过程中保护产品、方便储运、促进销售,按一定技术方法而采用的容器、材料及辅助物等的总体名称,也指为了达到上述目的而采用容器、材料和辅助物的过程中施加一定技术方法等的操作活动。

具体来讲,包装包含两层含义:一是静态的含义,指能合理容纳产品、抵抗外力、保护宣传商品、促进商品销售的物体,如包装容器等;二是动态的含义,指包扎、捆裹产品的工艺操作过程。因此,可以说包装是包装物和包装操作的总称。

人们对包装概念的理解和应用是随着社会生产的发展而不断变化的。早期人们对产品进行包装主要是为了保护产品。随着科学技术的进步和商品经济的发展,人们对包装的认识不断深化,并赋予其新的内容,如方便运输、宣传企业形象、激发消费者的购买欲望等。包装已成为企业"无声的推销员"。

从现代物流发展的趋势来看,包装在物流系统及整个国民经济中的地位越来越重要。在传统的产品经济体制下,我国的包装工业不但起步晚,而且发展非常缓慢,给国民经济造成了巨大的损失,特别是在国际贸易中出现了许多"一等商品、二等包装、三等价格"的现象。改革开放以来,我国包装工业发展迅速,2014年全国包装工业总产值达到14800亿元,成为仅次于美国的世界第二包装大国。虽然从总量上看,中国是一个包装大国,但由于中国包装工业底子薄、起步晚,仍然满足不了新世纪国民经济发展的需要,与世界先进国家相比,中国包装工业仍存在很大差距。

(二)包装与物流其他环节的关系

在现代物流概念形成以前,包装被天经地义地看成生产的终点。因而包装一直被当作生产领域的活动,包装的设计往往主要从生产终结的要求出发,常常不能满足流通的要求。现代物流研究理论认为,包装与物流的关系比之与生产的关系要密切得多,其作为物流始点的意义比其作为生产终点的意义要大得多。因此,包装应进入物流系统之中是现代物流的一个新观念。

物流系统是由包装、运输、装卸、储存等组成的有机整体。包装作为物流系统的构成要素之一,与运输、保管、搬运、流通加工均有十分密切的关系。包装是生产的终点,也是物流系统的起始环节,必须注重与物流其他环节之间的关系,以保证物流系统协调运转。

1. 包装与运输的关系

运输的主要功能是实现物品空间位置的转移,具有流动性。货物运输的基本要求是安全、迅速、准确、方便。包装直接关系着运输过程中商品的安全、装卸的便利和能否充分利用车船容积。不同的运输方式对包装有不同的要求,包装的设计必须和运输方式、运输工具、运输距离等相适应才能避免损失。例如在海洋运输中如果用货船混载杂货,则必须严格使用木箱包装,而采用集装箱后,只用纸箱包装就可以了。

2. 包装与装卸搬运的关系

装卸是物品运输和储存的伴生作业,包括物品的装上和卸下,在这个过程中,包装材料选择不当或设计不合理等会造成包装的损坏,增大物流成本,给国民经济造成重大损失。因此,包装的设计要适应装卸工作中的装上、卸下、搬运、拣选、分类等环节的需要,以防止商品损坏。如用手工搬运,应按人工可以胜任的重量单位进行包装。如果运输过程中全部使用叉车,就无须包装成小单位,只要交易允许,则可尽量包装成大的单位,例如使用以吨为单位的柔性集装箱进行包装。

3. 包装与储存的关系

物品的任何储存方式都与包装有着密切的关系。例如,在潮湿的环境下,需要对商品进行防湿、防潮包装;户外堆放的商品需要采用"茧式封存包装";一般商品储存,为了适应高层堆码,包装需考虑堆码负荷(也称堆压)。所以,储存离不开包装对物品的保护,包装要适应储存的需要。货物在仓库保管,如果需要码高,最下面货物的包装应能承受压在上面的货物的总重量。以重量为 20 千克的货箱为例,如果货物码放 8 层,最下边的箱子最低承重应为 140 千克。

此外,物流系统受到包装的制约。如果采用纸箱包装,则不能不用集装箱,如设计只能承受码放 8 层的包装,就算仓库再高,也只能码放 8 层货物,这样就不能有效地利用仓库空间。

二、包装的功能

包装行业之所以成为国民经济的一个重要产业并得到了迅猛发展,主要是因为包装在促进国民经济的发展中具有独特的作用。

日本神奈川大学的唐泽丰教授将包装的功能分为以下 7 种:

- 保护功能——保持质量。
- 定量功能(按单位定量)——形成基本单件或与此目的相适应的单件。
- 标识功能——容易识别。
- 商品功能——创造商品形象。
- 便利功能——处理方便。
- 效率功能——便于作业、提高效率。
- 促销功能——具有广告效力,唤起购买欲望。

我们可以将包装的以上功能归纳为 4 点:保护功能、便利功能、促销功能、信息传递功能。

(一)保护功能

包装的保护功能是其最重要和最基本的功能,主要是保护产品的价值和使用价值在流通过程中不受外界因素的损害。包装的保护性体现了包装的目的,即保护产品不受损伤和损失。包装的保护功能主要表现在以下方面:防止产品破损变形;防止产品发生物理化学变化,影响产品的使用价值;防止有害生物对产品的影响;防止异物混入、污物污染以及产品丢失、散失等。

良好的包装可以保护商品的价值和使用价值不受损失。据有关资料显示,我国每年的物流损失高达 140 多亿元人民币。例如,全国水泥破袋率为 12%～20%,损失水泥相当于全国年产量的 1/12,约 1000 吨;全国平板玻璃平均破损率为 18%～20%,年损失高达 5 亿元人民币。所以搞好包装是商品正常流转的必要条件。一个好的商品包装,应能够抵挡各种侵袭。在设计商品的包装时,要做到有的放矢,仔细分析商品可能会受到哪些因素的侵扰,然后针对这些因素来设计商品的包装。

(二)便利功能

为产品流通、消费提供方便是合理的包装必备的特征与功能。在物流活动的全过程中,合理的包装会大大提高物流作业的效率。例如,仓库管理人员扫描商品包装上的条码进行信息采集,极大地提高了物流效率;将液态产品盛入桶中封装,小件异形产品装入规则箱体,零售小件商品集装成箱,可为产品的装卸、搬运提供方便;包装的规格、尺寸与运输工具箱、仓的容积相吻合,方便了运输,提高了运输效率;商品包装上的信息说明,如商品的名称、生产厂家和商品规格等,可以帮助工作人员区分不同的商品。同时,企业对产品包装的设计从顾客的角度出发,方便顾客使用,尽管成本可能升高,但有助于建立长久的顾客关系,更有利于企业的生存和发展。

(三)促销功能

包装的促销功能是商品经济高度发展、市场竞争日益激烈的必然产物。合理的包装有利于促进商品的销售,在商品质量相同的条件下,精致、美观、大方的包装可以增强商品的美感,引起消费者注意,唤起人们的购买欲望,从而产生购买行为。包装的外部形态对商品起到很好的宣传作用,能刺激客户的购买欲望,因为消费者购买商品时首先看到的不是商品本身,而是商品的包装,它往往给消费者形成第一印象,尤其是出口商品。因此,一般来说,在设计商品的外包装时,主要考虑商品运输的各种要求,所以可能更加注重包装的实用性;而对于商品的内包装而言,因为它要直接面对消费者,所以必须要注意它的美观性,要有一定的吸引力,以促进商品的销售。

(四)信息传递功能

包装最明显的信息传递作用是识别包装的物品。这部分信息通常包括制造厂、商品名称、容器类型、个数、通用的商品代码等。根据权威机构调查显示,大部分消费者是根据商品的包装来识别商品的,而国际市场和消费者又是通过商品来认识企业的。因此,商品的包装就是企业的面孔,优秀的、精美的商品包装能够在一定程度上提高企业的市场形象,传递企业文化与产品信息。另外,产品包装上的信息应能使操作人员从各个方面、在合适的距离看到标签,物流包装能在收货、储存、取货、出运的各个过程中实现对商品的跟踪。

一般而言,包装的四大基本功能是彼此联系、相辅相成的,它们通过包装容器被融为一体,并通过包装容器共同发挥作用。

三、包装的分类

现代商品的品种繁多，性能和用途多种多样，随之产生的包装也门类繁多、品种复杂、方法各异。因此，为了充分发挥商品包装的功能，有必要对商品包装进行科学的分类。

(一)按照包装在物流中的作用分类

按照包装在物流中发挥作用的不同，将包装分为运输包装和销售包装两大类。

1. 运输包装

运输包装又称工业包装或外包装，是最基本的包装形式。它是以满足运输需要、便于保管、保护产品为目的的包装。运输包装不像销售包装那样注重外表的美观，它更强调包装的实用性和费用的低廉性。在现今社会中，许多知名的大企业越来越重视商品的运输包装，一方面，运输包装的好坏在一定程度上决定了商品的质量，另一方面，好的运输包装会提高企业在顾客心目中的形象，巩固企业在市场中的地位。对于生产资料来讲，运输包装的作用尤为突出。因为生产资料的购买批量大、数量多，其质量好坏、运输效率直接影响到企业的生产。

2. 销售包装

销售包装又称商品包装，是直接接触商品并随商品进入零售网点和消费者见面的包装，是以促进商品销售为主要目的的包装。一般来说，在物流过程中，商品越接近用户，就越需要包装起到促进销售的作用。因此，销售包装的特点是造型美观大方、拥有必要的修饰，包装上有对商品的详细说明，包装的单位适合顾客购买及商家柜台摆设的要求。随着顾客个性化需求的出现，顾客在购买商品的时候可能会要求商家按照自己的需要为商品进行包装，以满足自己的特定需要，这也是企业必须注重销售包装的一个原因。

销售包装又可分为内包装和中包装两类。内包装是商品销售最小单位的包装形式，随同商品实体同时到达消费者手中，如装药品的瓶等。中包装是将一个或几个商品合并包装，便于保护商品质量和方便流通，如香烟以十盒为一条，火柴以十盒为一包等。

(二)按包装的适用广泛性分类

按包装适用广泛性的不同，将包装分为专用包装和通用包装。

1. 专用包装

专用包装是指专供某种或某类商品使用的一种或一系列的包装。采用专业包装是商品的某些特殊性质决定的，如茶叶吸附性强，易发生串味而降低品质，宜采用专用茶叶箱包装；易挥发和燃烧的汽油采用严密封装的铁制油桶包装；腐蚀性较强的商品采用耐酸、耐碱和耐其他化学腐蚀的陶瓷坛、罐等包装。此外，还有根据被包装对象的特点专门设计、专门制造，只适于某种专门产品的包装，如水泥袋、蛋糕盒、可口可乐瓶等。

2. 通用包装

通用包装是根据标准系列尺寸制造的包装容器，用于包装各种无特殊要求的产品。例如，瓦楞纸箱、普通木箱、塑料箱、塑料袋、陶瓷容器等既可用于日用百货、化妆品的包装，又可盛装食品和医药品等。

专用包装和通用包装的区分是相对而言的，没有绝对的界限。有的包装既可作为专用包装，又可作为通用包装。

(三)按包装容器分类

包装容器多种多样,其分类方式也各不相同。

按包装容器的抗变形能力,包装可分为硬包装(如金属、木材、玻璃等硬质材料制成的容器)、半硬包装(如塑料软管、纸箱等)和软包装(如纸、铝箔、塑料薄膜等制成的各种袋、套、包封等)。

按包装容器形状,包装可分为包装袋、包装箱、包装盒、包装瓶、包装罐等。

按包装容器结构形式,包装可分为固定式包装(如家电包装)和可拆卸折叠式包装(如衣架包装等)。

按包装容器使用次数,包装可分为一次性包装(如快餐盒、罐头瓶等)、多次性包装(如纸箱、木箱、塑料箱)和周转用包装(如啤酒瓶、汽水箱、液化气瓶等)。

(四)其他分类

按包装保护技术的不同,包装可分为防潮包装、防锈包装、防虫包装、防腐包装、防震包装、危险品包装等。

按包装装潢的不同,包装可分为礼品包装、透明包装、色彩包装、携带式包装、组合式包装、开罐式包装、开窗包装等。

按包装操作方法的不同,包装可分为装罐包装、捆扎包装、裹包包装、收缩包装、压缩包装和缠绕包装等。

四、会展物流包装管理

会展物流包装管理是指在会展活动中对展品、设备和资料的包装过程进行规划、组织、实施和控制的管理活动。良好的包装管理可以确保展品在运输和展示过程中的安全、完整和吸引力。以下是会展物流包装管理一些重要的方面。

(一)包装设计

根据展品的特性和需求,设计合适的包装方案,考虑展品的尺寸、形状、重量、易碎性等因素,选择适当的包装材料和方法。

(二)包装材料选择

选择合适的包装材料,如纸箱、木箱、塑料膜、泡沫等。确保材料具有足够的保护性能,能够抵御运输过程中的振动、冲击和压力。

(三)标识和标记

为每个包装单元提供明确的标识和标记,包括展品名称、数量、重量等信息。确保展品易于识别和追踪,减少误解或混淆。

(四)包装操作规范

制定包装操作规范和流程,确保包装过程的一致性和规范性。培训包装人员,使其熟练掌握包装技巧和安全操作技能。

(五)包装尺寸优化

优化包装尺寸,使其与运输和存储条件相匹配。减少包装浪费,降低包装成本,并提高货物的装载效率。

(六)包装测试和验证

进行包装测试和验证,确保包装能够经受运输过程中的振动、冲击和压力,如进行堆码测试、抗压测试等。

(七)保护措施

采取必要的保护措施,如使用填充物、防潮剂、防震材料等,保护展品免受潮湿、碰撞和损坏。

(八)环保考虑

选择环保的包装材料,在包装过程中尽量减少废弃物和污染。鼓励对包装材料进行回收再利用。

有效的物流会展包装管理可以确保展品在运输和展示过程中的安全和完整性,提供良好的展示效果。良好的包装管理还可以降低展品损坏和丢失的风险,减少运输成本和环境影响;同时,为展商和观众提供良好的体验,保障会展成功举办。

任务二　包装作业

> **案例导入**

包装管理创新

某食品企业是一家生产酱醋等调味品的民营企业,是在1998年收购了一家乡镇集体企业的基础上发展起来的。到2021年,该企业资产达到1500万元,年产值达5000万元,实现利税760万元,现有员工170多人,走上了快速发展的道路。

第一,包装问题的发现。

1998年收购乡镇集体企业后,该企业的经营者组织人员对经营亏损原因进行了排查,结果显示,包装列在市场营销之后,成为亏损的第二大原因,具体表现为:一是包装成本高,原企业酱醋年产量200万瓶,包装成本高达318万元,平均每瓶包装成本达1.59元,企业全年包装成本约占总成本的45%;二是包装价值低,由于包装装潢设计效果差、包装材质差,高质量产品只能低价销售且缺乏竞争力;三是缺乏包装管理,企业没有专人负责包装,导致包装采购成本高,并且在使用包装时没有落实责任制度,包装损坏现象普遍。

经营者在深入分析后认为:包装已成为制约企业发展的"瓶颈",无论从市场促销角度看,还是从企业内部角度看,包装都存在非常明显的问题。包装管理成为加强内部管理,提高企业经济效益的重要突破口。

第二,包装的措施和效果。

经营者下定决心狠抓企业包装,并采取了以下五个主要措施。

①建立专门组织体系,统一企业包装。

②制定明确规范的包装制度。

③进行包装装潢的招标设计,提升产品包装价值,企业先后两次公开进行包装的招标

设计。

④采取包装采购联审方法,不断降低包装采购成本。

⑤针对不同包装需要,进行包装分类。

展望未来,该企业在强化包装管理的过程中,创造了包装的新价值,有力推动了企业的发展。该企业总结经验,不断完善企业包装,提高包装的技术含量;引进现代先进技术和设备,调整企业产品包装,把玻璃瓶、塑料瓶、复合纸盒、陶瓷等材质用于产品包装;提出发展和应用绿色包装,设计新的运销模式,逐步减少包装和不用包装(包装集成化);积极运用现代技术,完善企业包装运作体系,提高运作效率。

一、包装材料

包装材料是指用于制造包装容器和包装运输、包装装潢、包装印刷的材料及与包装有关材料的总称,它既包括金属、塑料、玻璃、陶瓷、纸、竹木、天然纤维、化学纤维、复合材料等主要包装材料,又包括涂料、黏合剂、捆扎带、装潢材料、印刷材料等辅助材料。包装材料与包装功能存在着不可分割的联系,无论是包装材质的选择,还是包装技术的实施,都是为了保证和实现产品包装的保护性、方便性等。包装材料在产品包装中占有重要的地位,是发展包装技术、提高包装质量、降低包装成本的重要基础。

(一)产品包装材料应具备的性能

一般来说,包装材料应具备下列性能。

1. 一定的机械性能

包装材料应能有效地保护产品,因此应具有一定的强度、刚度、韧性和弹性等,以适应压力、冲击、振动等静力和动力因素的影响。

2. 适当的阻隔性能

根据对产品包装的不同要求,包装材料应对水分、水蒸气、气体、光线、芳香气、异味、热量等具有一定的阻挡能力。

3. 良好的安全性能

包装材料本身的毒性要小,以免污染产品和影响人体健康;包装材料应无腐蚀性,并具有防虫、防蛀、防鼠、抑制微生物等性能,以保护产品安全。

4. 合适的加工性能

包装材料应宜于加工,易于制成各种包装容器;应易于实现包装作业的机械化、自动化,以适应大规模工业生产;应适于印刷,便于印刷包装标志。

5. 较好的经济性能

包装材料应来源广泛、取材方便、成本低廉、节省费用、提高包装效率;使用后的包装材料和包装容器应易于处理、回收利用,不污染环境,以免造成公害。

6. 合理的外观装饰性能

包装材料的形、色、纹理应具有美观性,能产生陈列效果,提高商品档次和激发消费者的购买欲望。

7. 方便的使用性能

包装材料应便于开启包装和取出内装物,便于再封闭,不易破裂。

另外,包装材料的性能不仅取决于包装材料本身的性能,还取决于各种材料的加工技术。随着科学技术的发展和新材料、新技术的不断出现,包装材料满足商品包装的有用性能会不断完善。

(二)产品包装材料的选用

产品包装材料应根据产品本身的特点及包装材料的特性来选用。一般来说,不同的产品对包装材料的要求也不相同。

1. 纸质包装材料

在包装材料中纸的应用最为广泛,一般占包装材料的30%~40%。商品的内包装、中包装、外包装可根据商品的要求采用纸或纸板包装。

纸用于包装的优点有:本身重量轻,不受温度影响,无毒、无味,易于加工,容易黏合,废弃物可回收利用,价格低、成型性和折叠性优良,便于机械化包装等。其缺点有:难于封口、防潮防湿性能差、透明性差等。

目前,纸质包装材料主要用于制作纸袋、纸盒、纸箱和瓦楞纸板等包装制品,还有标签、商标纸、防油纸、防潮纸、防锈纸等,如图2-1所示。

图2-1 包装用纸箱

2. 合成树脂(塑料)包装材料

塑料包装是指利用塑料薄膜、塑料袋及塑料容器进行产品的包装。塑料在包装中的应用大大改变了商品包装的面貌,是现代商品包装的重要标志之一。在整个包装材料中,塑料的使用比例仅次于纸质材料,并且有继续增加的趋势。

塑料包装的优点有:优良的机械性能(强度、弹性、防潮、气体阻隔、耐折叠、耐摩擦等),化学稳定性好(耐酸碱、耐油脂、防锈蚀、耐化学制剂),重量轻、成型简单且多样,透明、印刷和装饰性能良好,价格较低。其缺点有:在外界因素长期作用下易老化,有些塑料有异味、内部分子可能渗入内装物、耐热性差,易产生静电,废弃物难于处理、易产生公害,价格受石油价格的影响而波动。

目前,我国塑料包装容器主要有塑料包装薄膜、塑料袋与塑料编织袋、塑料箱、塑料瓶与塑料管、塑料打包带与捆扎绳等,如图2-2所示。

图 2-2　塑料打包带

3. 木制包装材料

木制包装材料历史悠久,在商品外包装中所占比重较大。木材是一种天然材料,它本身因树种不同、生长环境不同、在树干中的部位不同而在性质上有很大差异,因此使用时应进行合理的选择与处理。

木制包装材料的优点有:抗压、抗冲击,机械性能较好,加工方便,有一定的弹性。其缺点有:易吸收水分、易变形开裂、易腐烂、易受白蚁蛀蚀、有异味,不利于机械加工,受资源限制、价格高等。

木材通常制作成强度较高的包装容器,如木箱、木桶和木笼等,适用于那些批量小、体积小、重量大或体积大、重量大的产品,如图 2-3 所示。

图 2-3　包装用木箱

4. 玻璃与陶瓷包装材料

玻璃与陶瓷包装材料也是比较传统的包装材料。这两种包装材料都具有耐腐蚀性、紫外线屏蔽性、耐风化、不变形、无毒无异味、易于复用、便于洗刷和消毒、原材料资源丰富且便宜等优点,而且玻璃容器的透明性好、易于造型和加工。但耐冲击强度低、碰撞时易破碎、自身重量大、运输成本高等是这两种包装材料的最大缺点。

5. 金属包装材料

金属包装材料是把金属压制成薄片，用于产品包装的材料，主要有钢材和铝材。目前，在世界金属包装材料中，用量最大的是马口铁（镀锡薄钢板）和金属箔。

金属包装材料的优点有：易于再生，表面有特殊的光泽，使其具有良好的装潢效果，良好的延伸性、易加工成型、牢固、不易破碎、防光、不透气等。缺点有：成本高、能耗大、易变形、易生锈等。

6. 复合包装材料

复合包装材料是将两种或两种以上具有不同特性的材料通过各种方法复合在一起，以改进单一材料的性能，发挥更多优点的新材料。随着科学技术的不断发展，人们对包装材料的研究也不断深入，各种复合包装材料不断推陈出新，引领当代高科技包装材料浪潮。

目前已研制开发的复合包装材料有几十种，主要是由纸与塑料、纸与铝箔等复合而成的。

二、包装容器

包装容器是包装材料和造型综合的产物。现代包装容器有包装袋、包装盒、包装箱、包装瓶、包装罐五大类。

（一）包装袋

包装袋（packaging bag）按盛装重量分为如下种类。

第一，集装袋，盛装重量在1吨以上，装有金属吊架或吊环，便于起重机吊装、搬运，卸货时可打开袋底的卸货孔，即行卸货，非常方便。

第二，一般运输包装袋，盛装重量为50～100千克，大部分是由植物纤维或合成树脂纤维编织而成的织物袋，或者由几层挠性材料构成的多层材料包装袋。

第三，小型包装袋，也称普通包装袋，盛装重量较少，根据需要可用单层材料、多层同质材料或者多层不同材料复合而成。

（二）包装盒

包装盒（packaging box）是一种刚性或半刚性容器，呈规则几何形状，有关闭装置。包装盒通常用纸板、金属、硬质塑料以及复合材料制成。

（三）包装箱

包装箱（packaging case）是一种刚性或半刚性容器，一般呈长方体箱型，内部容积较大，通常用纸板、木材、金属、硬质塑料或复合材料等制成。包装箱的种类很多，常用的有瓦楞纸箱、木箱、托盘组合包装、集装箱等种类，可根据实际需要合理地加以选用。

（四）包装瓶

包装瓶（packaging bottle）主要包装液体和粉状货物。包装瓶的包装量一般不大，适合美化装潢，主要用作商业包装、内包装。包装瓶的材料要有较高的抗变形能力，刚性、韧性要求也较高。包装瓶按外形可分为圆瓶、方瓶、高瓶、矮瓶、异形瓶等若干种。瓶口与瓶盖的封盖方式有螺纹式、凸耳式、齿冠式、包封式等。

（五）包装罐（筒）

包装罐（筒）（packaging tin）是罐身各处横截面形状大致相同，罐颈内径比罐身内颈稍小或无罐颈的一种包装容器,是刚性包装的一种。包装罐(筒)要求包装材料强度较高,罐体抗变形能力强,通常带有可密封的罐盖。包装罐是典型的运输包装,适合包装液体、粉状及颗粒状物品,也可用作外包装、商业包装、内包装。

包装罐(筒)按容量可分为小型包装罐、中型包装罐和集装罐三种;按制造材料可分为金属罐和非金属罐两类,如图2-4所示。

图2-4 包装罐

三、包装技术

工业包装技术可分为包装容器设计和标记外包装技术。包装容器设计不属于物流管理研究范畴,因此本书只就各种标记外包装技术加以介绍。

(一)防震包装技术

防震包装又称缓冲包装,在各种包装技术中占有重要的地位。产品从生产出来到开始使用要经过一系列的运输、保管、堆码和装卸过程,置于一定的环境之中,在任何环境中都会有力作用在产品之上,并使产品发生机械性损坏。为了防止产品遭受损坏,就要设法减小外力的影响,所谓防震包装,就是指为减缓内装物受到冲击和振动,保护其免受损坏所采取的一定防护措施的包装。防震包装主要有以下三种方法。

1. 全面防震包装方法

全面防震包装方法是指内装物和外包装之间全部用防震材料填满来进行防震的包装方法。

2. 部分防震包装方法

对于整体性好的产品和有内装容器的产品,仅在产品或内包装的拐角或局部地方使用防震材料进行衬垫即可。所用防震材料主要有泡沫塑料防震垫、充气型塑料薄膜防震垫和橡胶弹簧等。

3. 悬浮式防震包装方法

对于某些贵重易损的物品,为了有效地保证其在流通过程中不被损坏,首先选用比较坚固的外包装容器,然后用绳、带、弹簧等将被装物悬吊在包装容器内。无论在物流的哪个操作环节,内装物都被稳定悬吊而不与包装容器发生碰撞,从而减少损坏。

(二)防破损包装技术

缓冲包装有较强的防破损能力,因而是防破损包装技术中较为有效的一类。此外,还可以采取以下几种防破损包装技术。

1. 捆扎及裹紧技术

捆扎及裹紧技术的作用是使杂货、散货形成一个牢固的整体,以增加整体性,便于处理及防止散堆,从而减少破损。

2. 集装技术

利用先进的包装技术进行集合包装,可以防止产品破损,节约包装费用,提高经济效益。现代集合包装主要有集装箱、托盘、集装袋等。

3. 选择高强保护材料

通过外包装材料的高强度来防止内装物受外力作用而破损。

(三)防锈包装技术

1. 防锈油防锈蚀包装技术

大气锈蚀是空气中的氧、水蒸气及其他有害气体等作用于金属表面引起电化学作用的结果。如果使金属表面与引起大气锈蚀的各种因素隔绝(即将金属表面保护起来),就可以达到防止金属生锈的目的。防锈油防锈蚀包装技术就是根据这一原理将金属涂封防止锈蚀的。

用防锈油封装金属制品,要求油层有一定厚度,油层的连续性好,涂层完整。不同类型的防锈油要采用不同的方法进行涂敷。

2. 气相防锈包装技术

气相防锈包装技术就是用气相缓蚀剂(挥发性缓蚀剂),在密封包装容器中对金属制品进行防锈处理的技术。气相缓蚀剂是一种能减慢或完全停止金属在侵蚀性介质中的破坏过程的物质。它在常温下即具有挥发性,在密封包装容器中,很短的时间内挥发或升华出的缓蚀气体能充满整个包装容器内的每个角落和缝隙,同时吸附在金属制品的表面,从而起到抑制大气对金属锈蚀的作用。

(四)防霉腐包装技术

在运输食品和其他有机碳水化合物货物时,货物表面可能生长霉菌,在流通过程中如遇潮湿环境,霉菌生长繁殖极快,甚至伸延至货物内部,使其腐烂、发霉、变质,因此要采取特别的包装防护措施。

防霉腐包装技术主要有冷冻包装、真空包装和高温灭菌包装等。冷冻包装的原理是减慢细菌活动和化学变化的过程,以延长储存期,但不能完全消除食品的变质;高温灭菌法可消灭引起食品腐烂的微生物,可在包装过程中用高温处理防霉。有些经干燥处理的食品包装应防止水汽浸入,以防霉腐,可选择防水汽和气密性好的包装材料,采取真空和充气包装。

真空包装法也称减压包装法或排气包装法,这种包装可阻挡外界的水汽进入包装容器内,也可防止在密闭着的防潮包装内存有潮湿空气,在气温下降时结露。采用真空包装法时要注意避免过高的真空度,以防损伤包装材料。

防止运输包装内货物发霉,还可使用防霉剂。防霉剂的种类很多,用于食品的必须选用无毒防霉剂。

机电产品的大型封闭箱,可根据实际需要,采取开设通风孔或通风窗等相应的防霉措施。

(五)防虫包装技术

防虫包装技术常用的是驱虫剂,即在包装中放入有一定毒性和嗅味的药物,利用药物在包装中挥发出的气体杀灭和驱除各种害虫;也可采用真空包装、充气包装、脱氧包装等技术,使害虫无生存环境,从而防止虫害。

(六)危险品包装技术

危险品有上千种,按其危险性质和交通运输及公安消防部门的规定,可将其分为十大类,即爆炸性物品、氧化剂、压缩气体和液化气体、自燃物品、遇水燃烧物品、易燃液体、易燃固体、毒害品、腐蚀性物品、放射性物品等。有些物品同时具有两种以上危险性能。

有毒商品的包装要明显地标明有毒的标志,防毒的主要措施是包装严密不漏、不透气。例如重铬酸钾(红矾钾)和重铬酸钠(红矾钠)为红色带透明结晶,有毒,应用坚固附桶包装,桶口要严密不漏,制桶的铁板厚度不能小于1.2毫米。有机农药一类的商品应装入沥青麻袋,缝口严密不漏;如用塑料袋或沥青纸袋包装,外面应再用麻袋或布袋包装。用作杀鼠剂的磷化锌有剧毒,应用塑料袋严封后再装入木箱中,箱内用两层牛皮纸、防潮纸或塑料薄膜衬垫,使其与外界隔绝。

对于有腐蚀性的商品,要注意商品和包装容器的材质发生化学变化。对于金属类的包装容器,要在容器壁涂上涂料,防止腐蚀性商品对容器的腐蚀。例如包装合成脂肪酸的铁桶内壁要涂有耐酸保护层,防止铁桶被商品腐蚀,从而商品随之变质。再如氢氟酸是无机酸性腐蚀物品,有剧毒,能腐蚀玻璃,不能用玻璃瓶作为包装容器,应将其装入金属桶或塑料桶,之后再装入木箱。甲酸易挥发,其气体有腐蚀性,应装入良好的耐酸坛、玻璃瓶或塑料桶中,严密封口,再装入坚固的木箱或金属桶中。

对于黄磷等易自燃商品,宜将其装入壁厚不小于1毫米的铁桶中,桶内壁须涂耐酸保护层,桶内盛水,并使水面浸没商品,桶口严密封闭,每桶净重不超过50公斤。对于遇水燃烧的物品,如碳化钙遇水即分解并产生易燃乙炔气,应用坚固的铁桶包装,桶内充入氮气;如果桶内不充氮气,则应装置放气活塞。

对于易燃、易爆商品,如有强烈氧化性的,遇有微量不纯物或受热即急剧分解引起爆炸的产品,防爆炸的有效方法是采用塑料桶包装,然后将塑料桶装入铁桶或木箱中,每件净重不超过50公斤,并应设有自动放气的安全阀,当桶内达到一定气体压力时,能自动放气。

(七)特种包装技术

1. 充气包装

充气包装是采用二氧化碳或氮气等不活泼气体置换包装容器中空气的一种包装方法,因此也称为气体置换包装。这种包装方法是根据好氧性微生物需氧代谢的特性,在密封的包装容器中改变气体的组成成分,降低氧气的浓度,抑制微生物的生理活动、酶的活性和鲜活商品的呼吸强度,达到防霉、防腐和保鲜的目的。

2. 真空包装

真空包装是将物品装入气密性容器后,在容器封口之前抽真空,使密封后的容器内基本没有空气的一种包装方法。

一般的肉类商品、谷物加工商品及某些容易氧化变质的商品都可以采用真空包装。真空包装不但可以避免或减少脂肪氧化,而且抑制了某些霉菌和细菌的生长。同时,在对其进行加热杀菌时,由于容器内部气体已排除,因此加速了热量的传导,提高了高温杀菌效率,也避免了加热杀菌时由于气体的膨胀而使包装容器破裂。某食品真空包装如图2-5所示。

图2-5 真空包装

3. 收缩包装

收缩包装就是用收缩薄膜裹包物品(或内包装件),然后对薄膜进行适当加热处理,使薄膜收缩而紧贴于物品(或内包装件)的包装方法。

收缩薄膜是一种经过特殊拉伸和冷却处理的聚乙烯薄膜,薄膜在定向拉伸时产生残余收缩应力,这种应力受到一定热量后便会消除,从而使薄膜的横向和纵向均发生急剧收缩,同时使薄膜的厚度增加,收缩率通常为30%~70%,收缩力在冷却阶段达到最大值,并能长期保持。

4. 拉伸包装

拉伸包装是20世纪70年代开始采用的一种包装技术,它是由收缩包装发展而来的。拉伸包装是依靠机械装置在常温下将弹性薄膜围绕被包装件拉伸、紧裹,并在其末端进行封合的一种包装方法。因为拉伸包装不需要进行加热,所以其消耗的能源只有收缩包装的1/20。拉伸包装可以捆包单件物品,也可用于托盘包装之类的集合包装。

5. 脱氧包装

脱氧包装是继真空包装和充气包装之后出现的一种新型除氧包装方法。脱氧包装是在密封的包装容器中使用能与氧气起化学作用的脱氧剂,从而除去包装容器中的氧气,以达到保护内装物的目的。脱氧包装方法适用于某些对氧气特别敏感的物品,如使用于那些即使有微量氧气也会导致品质变坏的食品包装中。

四、包装合理化

所谓包装合理化,是指在包装过程中使用适当的材料和适当的技术,制成与物品相适应的容器,节约包装费用,降低包装成本,既满足保护商品、方便储运、有利销售的要求,又能提高包装的经济效益的包装综合管理活动。

(一)包装轻薄化

由于包装只起保护作用,对产品使用价值没有任何意义,因此在强度、寿命、成本相同的条件下,更轻、更薄、更短、更小的包装可以提高装卸搬运的效率。

(二)包装单纯化

为了提高包装作业的效率,包装材料及规格应力求单纯化,其中包装规格还应标准化,包装形状和种类也应单纯化。

(三)包装集装单元化和标准化

包装的规格与托盘、集装箱关系密切,也应考虑到与运输车辆、搬运机械的匹配,从系统的观点制定包装的尺寸标准。

(四)包装机械化与自动化

包装机械化与自动化可以减轻人们的劳动强度,提高作业效率,各种包装机械设备的开发和应用是非常重要的。

(五)注意与其他环节的配合

包装是物流系统组成的一部分,需要和装卸搬运、运输、仓储等环节一起综合考虑,全面协调。

(六)提倡绿色包装

绿色包装是指对生态环境和人体健康无害,能循环复用或再生利用,符合可持续发展思想的包装。它具有以下优点:材料最省,废弃物最少,节约资源和能源;易于回收再利用和再循环;废弃物燃烧产生新能源而不产生二次污染;包装材料最少且能自行分解,不污染环境。土壤中可降解的绿色包装箱如图 2-6 所示。

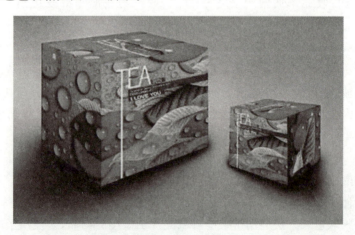

图 2-6 土壤中可降解的绿色包装箱

| 项目自测 |

1. 简述包装与其他物流环节的关系。
2. 产品包装材料应具备哪些性能?

3.观察你身边的商品,找出某一种或某几种商品中存在的包装问题,探求对该商品的包装设计的创新。(要求有自己的见解)

4.包装的功能主要有哪些?

5.请简述包装的主要技法。

6.包装管理的主要内容包括哪些?

项目三 装卸搬运管理

项目引言

装卸搬运在整个物流过程中起纽带作用,衔接整个物流系统。装卸搬运工作进展是否顺利,直接影响后续作业的进行。由于装卸搬运在物流运作过程中不断重复出现,因此其往往成为决定物流速度的主要因素。相关统计数据表明:远洋运输在美日两国之间往返需要25天,其中装卸搬运占据12天。我国生产物流统计表明:工厂每生产1吨成品,需要进行252吨次装卸搬运,装卸搬运成本占据加工成本的15.5%。可见,装卸搬运效率在很大程度上决定企业物流效率,并直接影响物流成本。

知识目标

◆ 掌握装卸搬运的概念。
◆ 了解装卸搬运作业的相关知识。

思政目标

结合物流管理教学内容,培养理想信念坚定,适应现代物流行业企业和社会发展需要的人才,使其具有良好的人文素养、职业道德和创新意识,具备精益求精的工匠精神。

  任务实施

任务一 装卸搬运概述

 案例导入

精密设备搬运

某集团承接了进口精密机床设备搬运业务,需要为客户提供卸车、拆箱、搬运、无尘室移位等一条龙服务。这套设备是直接从海外进口过来的新机床,属于整装精密设备,出厂时已进行初步调试,厂家技术人员随同设备抵达了作业现场,对作业过程中该设备的平衡保持及防震提出了很高、很严的要求。

针对精密机床设备特点,该集团仔细研究后提出两点方案。

一是高度重视客户精密进口设备防护。作业时恰逢下雨,作业人员应认真贯彻施工安全技术方案,以更严格的要求执行设备平衡与防震操作工艺和规程。针对此次作业难点,该集团专业团队选用了"随车吊＋机动叉车掏柜"作业方式,摆放好随车吊位置后,先把设备及其整个包装体吊装在随车吊车板上,再使用叉车进行卸车,顺利完成了设备搬运,取得了良好效果。

二是高度重视客户车间高等级地面保护。客户设备定位于无尘室,地面为高等级环氧树脂地面。因此,作业人员在作业前对无尘室地面做了高标准(无尘化)、严要求(设备搬运通道全覆盖)的保护措施,然后进行无尘化移位工序,整个作业一气呵成。

一、了解装卸搬运

装卸搬运一般是伴随着商品运输和储存而附带发生的作业,它本身并不能产生新的价值和新的效用,但由于在整个物流活动中,它不断出现、反复进行,出现频率高于其他各种物流活动,同时每次装卸搬运都需要占用很多的时间和消耗很多的劳动,导致其耗费的费用在物流总成本中占有相当大的比例。因此,装卸搬运不仅成为决定物流速度的关键,而且是影响物流费用高低的重要因素。开展对装卸搬运的研究,实现装卸搬运合理化,无疑对物流系统整体功能的发挥、降低物流费用、提高物流速度,都具有极其重要的意义。

(一)装卸搬运的概念

装卸(loading and unloading)和搬运(handling)是两个不同的概念。国家标准《物流术语》中对"装卸"的定义为"在运输工具间或运输工具与存放场地(仓库)间,以人力或机械方式对物品进行载上载入或卸下卸出的作业过程";对"搬运"的定义为"在同一场所内,以人力或机械方式对物品进行空间移动的作业过程"。一般来说,在同一地域范围内(如车站范围、工厂范围、仓库内部等)以改变"物"的存放、支承状态的活动称为装卸,以改变"物"的空间位置的活动称为搬运,两者合称装卸搬运。有时候或在特定场合,单称"装卸"或单称"搬运"也包含"装卸搬运"的完整含义。如习惯使用中,物流领域(如铁路运输)常将装卸搬运这一整体活动称作"货物装卸",生产领域常将装卸搬运这一整体活动称作"物料搬运"。

在实际操作中,装卸与搬运是密切相连、不可分割的,两者是相伴发生的。因此,在物流科学中并不过分强调两者的差别,而是将其作为一种活动来对待。

此外,搬运与运输的区别主要在于物流的活动范围不同,运输活动是在物流节点之间进行的,而搬运则在物流节点内进行,而且是短距离的移动。所以,搬运的"运"与运输的"运"虽然是同一个字,但所表示的内涵完全不同,不同之处就在于,搬运是在同一地域的小范围内发生的,运输则是在较大范围内发生的,两者是量变到质变的关系,中间并无一个绝对的界限。

(二)装卸搬运的地位

装卸搬运是构成物流活动的要素之一,是进行物流活动的必要条件,是降低物流成本、提高物流速度与物流效率、决定物流技术经济效果的关键环节。其地位的重要性主要表现在以下两个方面。

1. 装卸搬运制约着物流过程中的其他各项活动

装卸搬运是把物流各环节连接成一体的接口,是运输、保管、包装等物流作业得以顺利实现的根本。一旦忽视了装卸搬运,生产和流通领域轻则发生混乱,重则造成停顿。例如,我国铁路运输曾由于忽视装卸搬运,出现过"跑在中间、窝在两头"的现象;我国港口由于装卸设备、设施不足及装卸搬运组织管理不善等原因,曾多次出现压船、压港、港口堵塞的现象。所以装卸搬运在流通和生产领域具有"闸门"和"咽喉"的特点,制约着物流过程各环节的活动。

2. 装卸搬运对整个物流系统产生直接影响

装卸搬运的速度、效率、质量、费用直接影响整个物流系统效益的实现和功能的发挥。以我国为例,火车货运以 500 公里为分歧点,运距超过 500 公里,运输在途时间多于起止的装卸搬运时间;运距低于 500 公里,装卸搬运时间则超过实际运输时间;机械工厂每生产 1 吨成品,需进行 252 吨次的装卸搬运,其成本为加工成本的 15.5%。以美国与日本之间的远洋船运为例,一个往返需 25 天,其中运输时间 13 天,装卸搬运时间 12 天。要降低物流费用,装卸搬运是不可小视的环节。据我国统计,铁路运输的始发和到达的装卸搬运费占运费的 20% 左右,船运占 40% 左右。

此外,进行装卸搬运作业往往需要接触货物,因此,装卸搬运也是整个物流过程中造成货物破损、散失、损耗、混合等损失的主要环节。例如,袋装水泥纸袋破损和水泥散失主要发生在装卸搬运过程中,玻璃、机械、器皿、煤炭等产品在装卸时也最容易造成损失。同时,装卸搬运工具、设施、设备不先进,装卸搬运效率低,物品流转时间就会延长,商品破损的可能性就会增加,就会增大物流成本,从而影响整个物流过程的质量。

(三)装卸搬运的内容

装卸搬运是对物品进行搬运,以改变其存放状态和空间位置的活动。要完成这种移动,就要有移动的物品和实现这种移动所需要的人员、工作程序、设备、工具、容器、设施及其设施布置等构成的作业体系。所以构成装卸搬运的基本内容有三项,即物品、移动和方法体系。其中,物品是装卸搬运的对象,不同的物品由于其规格、重量、包装等各不相同,采用的移动和方法体系也不同。物品的移动既可以是上下、水平、斜行移动或其他混合移动的方式,也可以是装货、卸货、堆垛、拆垛、分拣、配货等作业;不同的移动对应着相应的方法和作业体系。

(四)装卸搬运的分类

可以按装卸搬运施行的物流设施、设备对象的不同,将其分为仓库装卸、铁路装卸、港口装卸、汽车装卸、飞机装卸等。

①仓库装卸配合出库、入库、维护保养等活动进行,并且以堆垛、上架、取货等操作为主。

②铁路装卸是对火车车皮的装进及卸出,特点是一次作业就实现一车皮的装进或卸出,很少有像仓库装卸时出现的整装零卸或零装整卸的情况。

③港口装卸包括码头前沿的装船,也包括后方的支持性装卸搬运,有的港口装卸还采用小船在码头与大船之间"过驳"的办法,因而其装卸的流程较为复杂,往往经过几次的装卸及搬运作业才能实现船与陆地之间货物过渡的目的。

④汽车装卸一般一次装卸批量不大,由于汽车的灵活性,可以减少或根本减去搬运活动,而直接、单纯利用装卸作业达到车与物流设施之间货物过渡的目的。

⑤飞机装卸一般是装卸工人先卸下集装箱,再根据行李集装箱的不同标签分类采取不同的处理方式。对于已到目的地的行李,拖车会将行李拉到行李转盘口,再由装卸工人卸下行李并放到传送带上,由于飞机在空中容易颠簸,因此一定要包装好物品。

(五)装卸搬运的作用

装卸搬运是连接物流各环节的纽带,是运输、仓储、包装等物流活动得以顺利实现的保证。

加强装卸搬运作业的组织,不断提高装卸搬运合理化程度,对提高物流系统整体功能有着极其重要的作用。

在物流过程中,装卸搬运活动是不断出现和反复进行的,它出现的频率高于其他各项物流活动,且每次装卸搬运都要花费很长时间,所以该环节的活动往往成为决定物流速度的关键。装卸活动所消耗的人力也很多,所以装卸费用在物流成本中占有较高的比重。以我国为例,铁路运输从始发站到目的站的装卸搬运作业费用大致占运费的20%,水路运输更高,占40%;再如,根据有关部门对我国生产物流的统计,机械工厂每生产1吨成品,需要进行252吨次的装卸搬运,其成本占加工成本的15.5%。因此,为了降低物流费用、提高经济效益,必须重视装卸搬运作业。同时,装卸搬运效率低,物品流转时间就会延长,商品就容易破损,物流成本就会增大,就会影响整个物流过程的质量。目前,我国企业的装卸搬运作业水平及机械化、自动化程度与发达国家相比还有很大差距,野蛮装卸造成包装破损、货物丢失现象时有发生,货损率和人工费用居高不下。实践证明,装卸搬运是造成物品破损、散失、损耗的主要环节。例如,袋装水泥纸袋破损和水泥散失主要发生在装卸搬运过程中,玻璃、机械、器皿、煤炭等产品在装卸时最容易造成损失。

可见,装卸搬运是构成物流活动的要素之一,是进行物流活动的必要条件,是降低物流成本和提高物流速度的关键环节。装卸搬运作业不仅影响货物的数量和质量,而且影响运输安全及运输设备的利用率。

总之,装卸搬运是物流各环节活动之间相互转换的桥梁,正是因为有了装卸搬运活动,物料或货物运动的各个环节才能连接成连续的"流",从而保证物流的正常运行。如果忽视装卸搬运,生产和流通领域轻则发生混乱,重则造成生产经营活动的停顿。所以,装卸搬运影响着物流的正常运行,决定着物流质量、物流技术水平、物流的效率和效益。

二、装卸搬运的特点

装卸搬运既是生产领域不可或缺的环节,又是流通领域物流活动的重要组成部分。与其他物流环节的活动相比,装卸搬运具有如下特点。

(一)附属性、伴生性

装卸搬运是物流每一项作业活动开始及结束时必然发生的活动,因而常被人们忽视。事实上,装卸搬运与其他物流环节密切相关,是其他物流作业不可缺少的组成部分。例如,汽车运输包含了必要的装车、卸载与搬运,仓储活动也包含了入库、出库及相应的装卸搬运活动。可见,装卸搬运具有附属性、伴生性的特点。

(二)保障性、服务性

装卸搬运对其他物流活动有一定的决定性,它影响着其他物流活动的质量和速度。例如,装车不当会引起运输过程中的损失;卸放不当会引起货物在下一阶段运动的困难。许多物流活动只有在高效的装卸搬运支持下才能实现高水平,从而保障生产经营活动顺利进行。同时,装卸搬运过程一般不消耗原材料,不占用大量的流动资金,它只提供劳务,所以具有服务性的特点。高效的物流活动要求提供安全、可靠、及时的装卸搬运服务。

(三)衔接性、及时性

一般而言,物流各环节的活动靠装卸搬运来衔接,因而,装卸搬运成为整个物流系统的"瓶颈"，它是物流各功能之间能否紧密衔接的关键。建立一个高效的物流系统，关键看这一衔接是否有效。同时，为了使物流活动顺利进行，物流各环节的活动对装卸搬运作业都有一定的时间要求，因而装卸搬运具有及时性的特点。

(四)均衡性、波动性

生产领域的装卸搬运必须与生产活动的节拍一致，因为均衡是生产的基本原则，所以生产领域的装卸搬运作业基本上也是均衡、平稳和连续的；流通领域的装卸搬运则是随车船的到发和货物的出入库而进行的，作业常呈突击性、波动性和间歇性。对作业波动性的适应能力是流通领域装卸搬运系统的特点之一。

(五)稳定性、多变性

生产领域装卸搬运的作业对象是稳定的，或略有变化但有一定的规律性，故生产领域的装卸搬运具有稳定性的特点。而流通领域装卸搬运的作业对象是随机的，货物品种、形状、尺寸、重量、体积、包装、性质等千差万别，车型、船型、仓库形式也各不相同。因此，对多变的作业对象的适应能力是流通领域装卸搬运系统的特点。

(六)局部性、社会性

生产领域装卸搬运作业的设施、设备、工艺、管理等一般只局限在企业内部，因而具有局部性的特点。而在流通领域，装卸搬运涉及的要素，如收货人、发货人、车站、港口、货主等都在变动，因而具有社会性的特点。这要求装卸搬运的设施、设备、工艺、管理、作业标准等都必须相互协调，以便使物流系统发挥整体作用。

(七)单程性、复杂性

生产领域的大多数装卸搬运作业仅改变物料的存放状态或空间位置，作业比较单一。而流通领域的装卸搬运是与运输、储存紧密衔接的，为了安全和充分利用车船的装载能力与库容，基本上都要进行堆码、满载、加固、计量、检验、分拣等作业，比较复杂，而这些作业又都成为装卸搬运作业的分支或附属作业，对这些分支作业的适应能力也成为流通领域装卸搬运系统的特点之一。

(八)效益性、经济性

装卸搬运活动的效益性、经济性体现在正反两方面：一是节约成本，即通过实现装卸搬运合理化，减少费用支出；二是增加成本，即不合理的装卸搬运不仅延长了物流时间，而且需要投入大量的活劳动和物化劳动，而这些劳动不能给物流对象带来附加价值，只是增大了物流成本。

装卸搬运作业的上述特点对装卸搬运作业组织提出了特殊要求，因此，为有效完成装卸搬运工作，必须根据装卸搬运作业的特点，合理组织装卸搬运活动，不断提高装卸搬运的效率和效益。

三、装卸搬运合理化

装卸搬运作业除了遵循上述基本原则外，还要遵循合理化原则。事实上，装卸搬运的基本原则是装卸搬运合理化经验的总结，也是合理化的基本要求。因此，装卸搬运合理化，首先必须坚持装卸搬运的基本原则，其次是按照装卸搬运合理化的要求进行装卸搬运作业。

(一)装卸搬运合理化的目标

1. 装卸搬运距离短

搬运距离的长短与搬运作业量大小和作业效率是联系在一起的。在装卸搬运作业中,装卸搬运距离最理想的目标是"零"。货物装卸搬运不发生位移应该说是最经济的,然而这是不可能办到的。从合理搬运的角度看,搬运距离越短越好,因为距离移动越长,费用越多;反之,距离移动越短,费用越少。

2. 装卸搬运时间少

装卸搬运时间少主要是指从开始装卸搬运到完成装卸搬运的时间少。如果能尽量压缩装卸搬运时间,就能提高物流速度,及时满足客户的需求。为此,应根据实际情况,实现装卸搬运机械化。装卸搬运实现机械化、自动化作业后,不仅大大缩短了时间、节约了费用、提高了效率,而且装卸、搬运环节的有效连接能激活整体物流过程。

3. 装卸搬运质量高

装卸搬运质量高是装卸搬运合理化目标的核心。高质量的装卸搬运作业是为客户提供优质服务的主要内容之一,也是保证生产顺利进行的重要前提。按客户要求的数量、品种,安全及时地将货物装卸搬运到指定的位置,这是装卸搬运合理化的主体和实质。

4. 装卸搬运费用省

装卸搬运合理化目标中,既要求距离短、时间少、质量高,又要求费用省,这似乎不好理解。实际上,如果真正实现装卸搬运机械化、自动化和物流现代化,既能大幅度削减作业人员,又能降低人工费用。装卸搬运的人工费用在国外企业中所占的比例非常高,在我国也会逐渐上升,这方面费用节省的潜力很大。为此,应合理规划装卸搬运工艺,设法提高装卸作业的机械化程度,尽可能实现装卸搬运作业的连续化,从而提高装卸搬运效率,降低装卸搬运成本。

(二)不合理装卸搬运的表现形式

对于装卸搬运合理化,不能简单处之,也很难有一个绝对的标准。但是,在进行装卸搬运作业时,必须避免由于不合理装卸搬运的出现而造成损失。因为有时某些不合理现象是伴生的,要追求大的合理,就可能派生小的不合理,所以,在此只概括论述不合理装卸搬运的表现形式,具体辨别时要防止绝对化。

1. 过多的装卸搬运次数

在物流过程中,装卸搬运环节是发生货损货差的主要环节,而在整个物流过程中,装卸搬运又是反复进行的,其发生的频率超过其他任何活动。过多的装卸搬运必然导致损失的增加,同时,每增加一次装卸搬运,就会较大比例地增加费用,大大减缓整个物流的速度。

2. 过大包装的装卸搬运

包装过大过重,在装卸搬运作业中,就会反复在包装上消耗较大的劳动。这一消耗不是必需的,因而会形成无效劳动。

3. 无效物质的装卸搬运

进入物流过程中的货物,有时混杂着没有使用价值或对用户来讲使用价值不高的各种掺杂物,如煤炭中的矸石、矿石中的水分、石灰中的未烧熟石灰等。在反复装卸搬运时,会对这些无效物质反复消耗劳动,从而形成无效劳动。

由此可见，无效装卸搬运增加了物流成本，增加了货物的损耗量，降低了物流速度，如能防止无效装卸搬运，则可节省劳动力，使装卸搬运合理化。

(三) 装卸搬运合理化的途径

实现装卸搬运合理化的途径主要包括以下几个方面。

1. 防止和消除无效装卸搬运作业

防止和消除无效装卸搬运作业的措施有：尽量减少装卸次数，减少人力、物力的浪费和货物损坏的可能性；努力提高被装卸物品的纯度，只装卸搬运必要的货物，如有些货物要去除杂质之后再进行装卸搬运比较合理；选择最短的作业路线；避免过度包装，减少无效负荷；充分利用装卸搬运机械设备的能力和装载空间，中空的物件可以填装其他小物品再进行搬运，以提高装载效率；采用集装方式进行多式联运等。

2. 提高装卸搬运的灵活性与可运性

提高装卸搬运的灵活性与可运性是实现装卸搬运合理化的一个重要途径。

装卸搬运的基本原则要求装卸搬运作业必须为下一环节的物流活动提供方便，即所谓的"活化"。因此，不断提高活化的程度是装卸搬运灵活性的重要标志。

装卸搬运的可运性是指装卸搬运的难易程度。影响装卸搬运难易程度的因素主要有物品的外形尺寸，物品的密度或笨重程度，物品形状，损伤物品、设备或人员的可能性，物品所处的状态，物品的价值和使用价值等。

3. 利用重力作用，减少能量消耗

在装卸搬运时应尽可能消除货物重力的不利影响；同时，尽可能利用重力进行装卸搬运，以减少劳动力和其他能量的消耗。消除重力影响的简单例子是在进行人力装卸时"持物不步行"，即货物的重量由台车、传送带等负担，人的力量只用于使载货车辆水平移动。利用重力装卸的实例很多，如将滑槽或无动力的小型传送带倾斜安装在货车、卡车或站台上进行货物装卸，使货物依靠本身重量完成装卸搬运作业。

4. 合理选择装卸搬运机械

装卸搬运机械化是提高装卸效率的重要手段。装卸搬运机械化程度一般分为三个级别：第一级是使用简单的装卸器具，第二级是使用专用的高效率机具，第三级是依靠电脑控制实行自动化、无人化操作。以哪一个级别为目标实现装卸机械化，不仅要从是否经济合理来考虑，而且要从加快物流速度、减轻劳动强度和保证人与物的安全等方面来考虑。此外，装卸搬运机械的选择必须根据装卸搬运的物品的性质来确定。对以箱、袋或集合包装的物品可以采用叉车、吊车、货车装卸，散装粉粒体物品可使用传送带装卸，散装液体物可以直接用装运设备或储存设备装取。

5. 合理选择装卸搬运方式

在装卸搬运过程中，必须根据货物的种类、性质、形状、重量来确定装卸搬运方式。在装卸时对货物的处理大体有三种方式：第一是"分块处理"，即按普通包装对货物逐个进行装卸；第二是"散装处理"，即对粉粒状货物不加小包装而进行的原样装卸；第三是"单元组合处理"，即将货物以托盘、集装箱为单位进行组合后的装卸。单元组合装卸可以充分利用机械进行操作，其优点是：操作单位大，作业效率高；能提高物流"活性"；操作单位大小一致，易于实现标准化；装卸不触及货物，对物品有保护作用。但这种装卸搬运方式并不是对所有货物都适用的。

6. 改进装卸搬运作业方法

装卸搬运是物流过程中重要的一环。合理分解装卸搬运活动,对于改进装卸搬运各项作业、提高装卸搬运效率有着重要的意义。例如,采用直线搬运,减少货物搬运次数,使货物搬运距离最短;避免装卸搬运流程的"对流""迂回"现象;防止人力和装卸搬运设备的停滞现象,合理选用装卸机具、设备等。在改进作业方法上,尽量采用现代化管理方法和手段,如排队论的应用、网络技术的应用、人-机系统等,实现装卸搬运的连贯、顺畅、均衡。

7. 创建"复合终端"

近年来,工业发达国家为了对运输线路的终端进行装卸搬运合理化的改造,创建了所谓的"复合终端",即针对不同运输方式的终端装卸场所,集中建设不同的装卸设施。例如,在复合终端内集中设置水运港、铁路站场、汽车站场等,这样就可以合理配置装卸搬运机械,使各种运输方式有机地联结起来。

"复合终端"的优点在于:第一,取消了各种运输工具之间的中转搬运,因而有利于物流速度的加快,减少装卸搬运活动所造成的货物损失;第二,由于各种装卸场所集中到复合终端,这样就可以共同利用各种装卸搬运设备,提高设备的利用率;第三,在复合终端内,可以利用大生产的优势进行技术改造,大大提高转运效率;第四,减少了装卸搬运的次数,有利于物流系统功能的提高。

装卸搬运在某种意义上是运输、保管活动的辅助活动。因此,特别要重视从物流全过程来考虑装卸搬运的最优效果。如果单独从装卸搬运角度考虑问题,不但限制了装卸搬运活动的改善,而且容易使装卸搬运与其他物流环节发生矛盾,影响物流系统功能的提高。

四、会展物流装卸搬运管理

会展物流装卸搬运管理是指在会展活动中对展品、设备和资料的装卸和搬运过程进行规划、组织、实施和控制的管理活动。它包括展品的装卸、搬运、摆放和布展等环节。以下是会展物流装卸搬运管理一些重要的方面。

(一)装卸计划

制订详细的装卸计划,包括装卸时间、地点和方式。根据展品的特性、数量和尺寸以及展位布局和展商要求,确定最佳的装卸方案。

(二)装卸设备准备

根据展品的特性和需求,选择和准备合适的装卸设备,如叉车、手推车、吊车等。确保装卸设备的可靠性和安全性。

(三)装卸团队协调

组织合适的装卸团队,协调他们的工作。确保装卸人员熟悉展品的操作和安全规范,并进行必要的培训。

(四)展品摆放与布展

根据展位布局和展商要求,安排展品的摆放顺序和方式。确保展品有序摆放,使其易于访问和观看。

(五)安全管理

在装卸和搬运过程中应采取必要的安全措施,防止人身伤害和展品损坏,例如,提供合适的人员保护装备以及保护垫和螺丝刀等工具。

(六)时间控制

确保装卸和搬运工作按计划进行,并控制好时间。合理安排工作流程,避免拖延和冲突,以确保高效、准时地完成工作。

(七)搬运信息管理

建立搬运信息系统,记录展品的装卸和搬运情况。实时更新和监控搬运过程中的相关信息,及时提供准确的数据支持。

(八)合作与沟通

与展商和其他相关方进行紧密的合作和沟通。了解其需求和要求,并根据实际情况进行调整和协调。

有效的装卸搬运管理可以确保展品的安全和顺利装卸,提供良好的展示效果。良好的装卸搬运管理还可以节省时间和成本,并提高工作效率和准确性。同时,保证展品的安全还可以提升展商和观众的满意度,保障会展成功举办。

任务二　装卸搬运作业

案例导入

粮油散装作业法

一般而言,建材、煤炭、矿石等大宗物资都采用散装作业法装卸。近些年来,随着作业量逐渐增加,为了提高装卸效率,水泥、化肥、谷物、食糖、原盐等也逐渐开始采用散装作业法装卸。通常情况下,散装作业需采用机械化方式,如利用各种挖掘机、铲车、输送机等机械进行装卸。

某粮油公司需要调运一批玉米,运输工具为自卸运输车,运输要求为装卸小组配合装载。装卸的大致流程如下:第一,装卸物流员接受任务;第二,装卸物流员选择装卸工人;第三,由装卸物流员和装卸工人利用仓库的带式运输机将仓库里的玉米直接装载到自卸运输车上;第四,任务完成。

一般情况下的散装作业程序如下:第一步,选择合适的设备。根据公司的实际情况和装卸对象的性质,合理选择合适的设备。第二步,组装、调试和检查设备。为了使设备具有良好的工作状态,应对所选定的设备进行组装和调试。同时,为了检查不安全因素并将其及时消除,还应在组装、调试设备后对整个场地、设备、设施进行综合检查。第三步,进行人员分工,并交代注意事项。明确工作任务后,需对参与作业的人员进行明确的分工,并交代和强调操作事项和安全事项,在这个过程中实行分工负责制。第四步,装卸作业。在装卸作业过程中,负责装卸的物流人员要对作业的操作和安全情况随时进行检查和监督,以及时发现并纠正问题。第五步,归还设备,清理现场,并进行总结和讲评。在装卸作业完成后,相关负责人员不仅要及时归还或者妥善保管所使用的设备,整理作业现场,而且要对整个装卸作业过程进行评估,目的在于指出和批评作业过程中存在的问题,表扬和肯定作业过程中做出的成绩,以不断优化整个作业流程。在以上操作流程中可能运用到的作业方法有重力作业法和倾翻作业法，其中前者运用更多。重力作业法可以用于卸车过程，如果使用的运输车为底开门车或者漏斗车，在卸车过程中运输车在高架线或者卸车坑道上自动开启车门，散装的玉米就可以依靠自身的重力，自行流出运输车。

为保证员工可以按标准作业流程装卸货物，该粮油公司定期举办技术培训班，交流相关经验。同时，该粮油公司将触角伸向国外，在印度等国家建立了最先进的中转码头，在传播先进技术的同时，也积累了宝贵的经验。

一、装卸搬运设备

（一）装卸搬运设备的选择与运用

装卸搬运设备是指用来搬移、升降、装卸和短距离输送物料或货物的机械设备，在物流机械设备中占很大比重。它不仅可用于完成船舶与车辆货物的装卸，而且可用于完成库场货物的堆码、拆垛、运输及舱内、车内、库内货物的起重和搬运。

1. 装卸搬运设备的选择

不同种类的货物、不同的装卸搬运场所，所需要的装卸搬运设备也不尽相同。合理选择装卸搬运设备，无论是在降低装卸搬运费用上，还是在提高装卸搬运效率上，都有着重要的意义。装卸搬运设备的选择，应本着经济合理、提高效率、降低费用的总要求。

（1）根据不同种类货物的装卸搬运特征和要求选择

要根据不同种类货物的装卸搬运特征和要求合理选择具有相应技术特性的装卸搬运设备。因为，各种货物的单件规格、物理化学性能、包装情况、装卸搬运的难易程度等各不相同，对装卸搬运设备的要求也不尽相同。因此，从作业安全和效率出发，尽可能选择符合货物特性要求的装卸搬运设备，以保证装卸搬运作业的安全和货物的完好无损。例如，对于表面粗糙、坚硬的货物，在选择输送机的构件材料时，应选择耐磨的材料；对于容易破碎的货物，不宜选用破碎作用较大的输送机；在输送散状货物时，为提高输送量，防止输送过程中货物撒落，应选用深槽形胶带输送机；对于包装物的输送，一般用带式输送机或辊子输送机。

（2）根据物流过程输送和储存作业的特点选择

在货物输送过程中，不同的运输方式具有不同的作业特点，对装卸搬运设备的选择具有特殊要求。例如，铁路、船、飞机的货物装卸搬运多数是在特定的设施内，使用特殊的专用机械进行或采用集装方式进行，以求得高效率；对散装物、流体货物、钢材等特殊货物进行大量的连续装卸时，分别采用各种专用装卸搬运设备进行作业；卡车的装卸作业有很多种情况，如在物流设施内外、卡车终端站、配送中心等进行装卸。因此，在选择装卸搬运设备时，应根据不同运输方式的作业特点选择与之相适应的装卸搬运设备。同样，货物在储运中也有相应的作业特点，诸如储存物品规格各异、作业类别较多、进出数量难以控制、装卸搬运次数较多和方向多变等。因此，为适应储存作业的特点，在选用机械作业时尽可能选择活动范围大、通用性强、机动灵活的装卸搬运设备。

（3）根据运输和储存的具体条件和作业需要选择

在选择装卸搬运设备时，一定要坚持进行技术经济可行性分析，根据运输和储存的具体条件和作业需要，在正确估计和评价装卸搬运的使用效益的基础上，合理选择装卸搬运设备。这样,使设备的选择建立在科学的基础上,以达到充分利用机械设备、合理使用运输工具、有效利用储存作业场所、提高作业效率的目的。

(4)根据装卸搬运作业性质和作业场合选择

明确作业是单纯的装卸或单纯的搬运,还是装卸、搬运兼顾,从而可选择更合适的装卸搬运设备。作业场合不同,也需要配备不同的装卸搬运设备,例如在铁路专用线、仓库等场合可选择龙门起重机,在库房、车间内可选择桥式起重机,在集装箱港口、码头可选择岸边集装箱装卸桥、集装箱跨运车等。

(5)根据装卸搬运作业运动形式和作业量选择

装卸搬运作业运动形式不同,需配备不同的机械设备:水平运动可选用卡车、连续运输机、牵引车、小推车等机械,垂直运动可选用提升机、起重机等机械,倾斜运动可选用连续运输机、提升机等机械,垂直及水平运动可选用叉车、起重机、升降机等机械,多平面式运动可采用旋转起重机等机械。

装卸搬运作业量大小关系到机械设备应具有的作业能力,从而影响到所需配备的机械设备的类型和数量。作业量大时,应配备作业能力较高的大型专用机械设备;作业量小时,最好采用构造简单、造价低廉而又能保持一定生产能力的中小型通用机械设备。

(6)根据搬运距离选择

长距离搬运一般选用火车、船舶、载货汽车、牵引车和挂车等运输设备,较短距离搬运可选用叉车、跨运车、连续运输机械等机械设备。水平输送一般选用胶带输送机;垂直输送多采用斗式提升机;既要求水平输送又要求垂直输送的散装货物,一般可用斗式提升机或刮板输送机。为了提高机械设备的利用率,应当结合设备种类和特点,使行车、货运、装卸、搬运等工作密切配合。

(7)根据装卸搬运设备本身要求选择

选择装卸搬运设备时应考虑其自身的基本用途,设备应可靠耐用,效率高,操作方便安全,便于装配和拆卸,自重轻,动力消耗小;选择的装卸搬运设备能适应不同的工作条件,机械的生产率应满足现场作业的要求;对于同类货物,应尽量选择同一类型的标准机械,便于维护保养。应尽可能避免整个货场或仓库内的装卸搬运设备的多样化,以减少这些设备所需要的附属设备并简化技术管理工作;在作业量不大而货物品种复杂的场所,应发展一机多用,扩大设备使用范围,以适应多种货物的装卸作业,提高设备的利用率。

(8)根据作业费用选择

装卸搬运的作业费用包括设备投资额、装卸搬运设备的运营费用和装卸搬运作业成本。在选择装卸搬运设备时,除考虑设备本身及货物特点外,还应合理控制作业费用,在保证装卸搬运作业安全、完好、高效的同时,使整个装卸搬运系统的作业费用最低。

2. 装卸搬运设备的运用

在配置装卸搬运设备时应满足以下基本要求。

①选取的作业设备尽可能合乎标准。

②尽可能把资金投在移动货物的设备上,而不是投在固定不动的设备上。

③设备性能必须能满足系统要求,以保证设备的使用率,不让设备闲置。

④选取搬运设备时,应选净载重量与总重量之比尽可能大的设备。

⑤系统设计时应该考虑重力流。

项目三 装卸搬运管理

⑥建成的系统应能提供尽可能大的连续的货物流。

(二)常见的装卸搬运设备

目前,比较常见的装卸搬运设备主要有以下几种。

1. 叉车

叉车是一种前面有两个长牙的车子,可以将物品叉在前面拿走或者抬到高处,是仓库装卸货物的一种车。叉车按构造可分为平衡重式、前移式、侧面式三种类型,如图 3-1 所示。

图 3-1 叉车

2. 牵引车

简单地说,牵引车就是车头和车厢之间是用工具牵引(也就是该车车头可以脱离原来的车厢而牵引其他的车厢,而车厢也可以脱离原车头被其他的车头所牵引)的一种车,如图 3-2 所示。

3. 输送机

输送机是在一定的线路上连续输送物料的搬运机械,又称连续输送机,如图 3-3 所示。输送机可进行水平、倾斜和垂直输送,也可组成空间输送线路,输送线路一般是固定的。输送机输送能力大、运距长,还可在输送过程中同时完成若干工艺操作,所以应用十分广泛。

输送机一般按有无牵引件来进行分类。具有牵引件的输送机主要有带式输送机、板式输送机、小车式输送机、自动扶梯、自动人行道、刮板输送机、埋刮板输送机、斗式输送机、斗式提升机、悬挂输送机和架空索道等。没有牵引件的输送机主要有辊子输送机和螺旋输送机。

图 3-2 牵引车

图 3-3 输送机

4. 起重机

起重机是在一定范围内垂直提升和水平搬运重物的多动作起重机械,又称吊车,如图 3-4 所示。它主要用来吊运成件物品,配备适当吊具后也可吊运散状物料和液态物料。

起重机的工作特点是做间歇性运动,即在一个工作循环中,进行取料、运移、卸载等动作的相应机构是交替工作的。各机构经常处于启动、制动和正反方向运转的工作状态。

起重机通常按结构分为臂架型起重机和桥架型起重机。臂架型起重机通过外伸的长臂架,可将重物搬运到离机座较远的地方,主要用于车、船的装卸作业。桥架型起重机具有水平桥架,能越过地面障碍物吊运重物或完成一定的工艺操作,它广泛应用于机械制造和冶金等部门的车间和室内外仓库。

(三)装卸搬运的设备系统

1. 半自动化设备系统

物料处理的半自动化系统是指在机械化的基础上,在局部关键的作业面上采用自动化设备,以提高作业效率,一般在分拣、运输环节实现自动化。比较常用的自动化设备主要有自动引导搬运车、自动分拣设备、机器人和活动货架。

图 3-4 起重机

2. 自动化设备系统

当库区的物料处理的全部功能都实现自动作业,并且各作业环节相互连成一体,从入库到出库在整体上实现自动控制时,这样的物料处理系统称为自动化系统。自动化的优势来自应用大量的自动化设备。它的缺点也是十分明显的,主要是投资额大,开发和应用技术比较复杂,维护工作难度高。

二、装卸搬运作业

(一)装卸搬运作业的内容

装卸搬运作业是指物料在短距离范围内的移动、堆垛、拣货、分选等作业。具体而言,装卸搬运作业主要包括以下内容。

1. 装货卸货作业

装货卸货作业是指向载货汽车、铁路货车、货船、飞机等运输工具装货以及从这些运输工具上卸货的活动。

2. 搬运移送作业

搬运移送作业是指对物品进行短距离移动的活动,包括水平、垂直、斜行搬运或由这几种方式组合在一起的搬运移送活动。显然,这类作业是改变物品空间位置的作业。

3. 堆垛拆垛作业

堆垛是指将物品从预先放置的场所移送到运输工具或仓库内的指定位置,再按要求的位置和形状放置物品的作业活动;拆垛是与堆垛相反的作业活动。

4. 分拣配货作业

分拣是在堆垛、拆垛作业之前发生的作业,它是将物品按品种、出入库先后顺序进行分门别类堆放的作业活动;配货是指把物品从指定的位置,按品种、作业先后顺序和发货对象等整理分类所进行的拆垛、堆放作业,即把分拣出来的物品按规定的分类要求集中起来,然后批量移动到分拣场所指定位置的作业活动。

(二)装卸搬运作业的分类

1. 按照使用的物流设施、设备分类

按照使用的物流设施、设备的不同,可将装卸搬运作业划分为以下五种类型:

①铁路装卸。这是指对火车车皮进行装进及卸出,其特点是一次作业就能实现一车皮货物的装进或卸出,很少有像仓库装卸时出现的整装零卸或零装整卸的情况。

②港口装卸。港口装卸包括码头前沿的装船,也包括后方的支持性装卸搬运。有的港口装卸还采用小船在码头与大船之间"过驳"的办法,因而其装卸的流程较为复杂,往往经过几次装卸及搬运作业才能实现船舶与陆地之间货物过渡的目的。

③汽车装卸。汽车装卸是指对汽车进行的装卸作业。由于汽车装卸批量不大,加上汽车具有机动灵活的特点,因而可以减少或省去搬运活动,直接利用装卸作业达到车与物流设施之间货物过渡的目的。

④仓库装卸。仓库装卸是指在仓库、堆场、物流中心等处所进行的装卸搬运作业,如堆垛拆垛作业、分拣配货作业、挪动移送作业等。

⑤车间装卸。车间装卸是指在企业车间内部各工序之间进行的各种装卸搬运活动,一般包括原材料、在制品、半成品、零部件、产成品等的取放、分拣、包装、堆码、输送等作业。

2. 按照设备及其作业方式分类

按照装卸搬运设备及其作业方式的不同,可将装卸搬运作业划分为以下四种类型:

①吊上吊下方式。该方式是采用各种起重机械从货物上部起吊,依靠起吊装置的垂直移动来实现装卸,并在吊车运行的范围内或回转的范围内实现物品搬运或依靠搬运车辆实现小规模的搬运。由于吊起及放下属于垂直运动,故这种装卸方式属于垂直装卸。

②叉上叉下方式。该方式是采用叉车将货物从底部托起,并依靠叉车的运动来实现货物的位移。整个搬运过程完全依靠叉车,货物不落地就可直接放置于指定的位置。这种方式垂直运动的幅度不大,主要是发生水平位移,故属于水平装卸方式。

③滚上滚下方式。这种方式主要发生在港口装卸中,属于水平装卸方式。它是利用叉车、半挂车或汽车承载货物,载货车辆开上船,到达目的地后再从船上开下,故人们形象地称之为"滚上滚下"方式。该方式若借助叉车进行,在船上卸货后,叉车必须离船;若利用半挂车、平车或汽车进行,则拖车将半挂车、平车拖拉至船上后,拖车开下离船,而载货车辆连同货物一起运至目的地,然后原车开下或拖车上船拖拉半挂车、平车开下。滚上滚下方式需要有专门的船舶(如滚装船),对港口、码头也有特殊要求。

④移上移下方式。该方式是在两车(如火车与汽车)之间进行靠接,通过水平移动将货物从一辆车推移至另一辆车上,故称移上移下方式。采用这种方式,需要使两种车辆实现水平靠接,因此,对站台或车辆货台有特殊要求,并需要有专门的移动工具来配合实现。

集装箱货物的装卸主要采用"吊上吊下"和"滚上滚下"两种作业方式。前者借助起重机械进行集装箱装卸,是目前使用最广的一种作业方式;后者采用牵引车拖带挂车或叉车等装卸搬运设备,往滚装船或铁路平车上装卸集装箱。与这两种装卸作业方式相匹配的机械主要有岸边装卸机械、水平运输机械和场地装卸机械。

集装箱码头装卸工艺是指根据港口、码头的条件,使用不同的装卸搬运设备,按照一定的方法和操作程序,以经济合理的原则来完成集装箱货物的装卸、搬运和堆码任务。集装箱码头的装卸工艺主要有六种典型方式:底盘车方式、跨运车方式、轮胎式龙门起重机方式、轨道式龙门起重机方式、正面吊运机方式、跨运车-龙门吊混合方式。

3. 按照被装货物的主要运动形式分类

按照被装货物主要运动形式的不同,可将装卸搬运作业划分为以下两种类型:

①垂直装卸搬运。这是指采取提升和降落的方式对货物进行装卸搬运。这种装卸搬运方式较常用,所用的设备(如起重机、叉车、提升机等)通用性较强,应用领域较广,但耗能较大。

②水平装卸搬运。这是指采取平移的方式对货物进行装卸搬运。这种装卸搬运方式不改变被装物的势能,比较省力,但需要有专门的设施,如和汽车水平靠接的适高站台、汽车和火车之间的平移工具等。

4. 按照装卸搬运对象分类

按照装卸搬运对象的不同,可将装卸搬运作业划分为以下三种类型:

①单件货物装卸。这是指对货物进行单件、逐件装卸搬运的方式。目前,对于长大笨重的货物,或集装会增加危险的货物,仍采用这种传统的作业方式。

②散装货物装卸。这是一种集装卸与搬运于一体的装卸搬运方式。在对煤炭、粮食、矿石、化肥、水泥等块、粒、粉状货物进行装卸搬运时,从装点至卸点,中途货物不落地。这种作业方式常采用重力法、倾翻法、机械法、气力法等方法。

③集装货物装卸。这是先将货物聚零为整,再进行装卸搬运的作业方法,包括集装箱作业法、托盘作业法、货捆作业法、滑板作业法、网装作业法以及挂车作业法等。这种装卸搬运方式可以提高装卸搬运效率、减少装卸搬运损失、节省包装费用、提高顾客服务水平,便于实现储存、装卸搬运、运输、包装一体化,物流作业机械化、标准化。

5. 按照装卸搬运的作业特点分类

按照装卸搬运作业特点的不同,可将装卸搬运作业划分为以下两种类型:

①连续装卸。这是指以连续的方式、沿着一定的线路,从装货点到卸货点均匀输送、装卸搬运货物的作业方式。这种方式作业线路固定、负载均匀、动作单一,便于实现自动控制。在装卸量较大、装卸对象固定、货物对象不易形成大包装的情况下,适合采取这种方式。

②间歇装卸。这是指以间歇运动完成对货物装卸搬运的作业方式。这种作业方式有较强的机动性,装卸地点可在较大范围内变动,主要适用于货流不固定的各种货物,尤其适合包装货物和大件货物。对于散粒状货物,也可采取这种方式。

6. 按照装卸搬运的方法和手段分类

按照装卸搬运方法和手段的不同,可将装卸搬运作业划分为人力装卸和机械装卸两种。

人力装卸即利用人工进行装卸搬运,如肩担背挑等。机械装卸即利用装卸搬运设备进行装卸作业,如起重机装卸等。

(三)装卸搬运作业方法

常见的装卸搬运作业方法有如下几种:

①单件作业法,即逐件装卸搬运的人工方法,主要适用于以下三种情况:一是由于某些物资的特有属性,采取单件作业有利于安全;二是在某些装卸搬运场合没有或难以设置装卸机械,只能采取单件作业;三是某些物资体积过大、形状特殊,适合单件作业。

②重力作业法,即利用货物的位能来完成装卸作业的方法,如采取重力作业法卸车。

③倾翻作业法,即将运载工具的载货部分倾翻,进而将货物卸出的方法。

④集装作业法,即先将物资进行集装,再对集装件进行装卸搬运的方法,主要包括集装箱作业法、托盘作业法以及滑板作业法等。

⑤机械作业法,即采用各种专用机械,通过舀、抓、铲等作业方式,达到装卸搬运的目的。

⑥气力输送法,即利用风机在气力输运机的管道内形成单向气流,依靠气体的流动或气压差来输送货物的方法。

⑦人力作业法,即完全依靠人力,使用无动力机械来完成装卸搬运作业的方法。

⑧间歇作业法,即在两次作业中存在一个准备过程的作业方法,包括重程和空程两个阶段,如门式和桥式起重机作业。

⑨连续作业法,即在装卸过程中,设备不停地作业,物资可连绵不断,持续流水般地实现装卸作业的方法,如带式输送机、链头装卸机作业。

(四)单元装卸

单元装卸(unit loading and unloading)是指用托盘、容器或包装物将小件或散状物品集成一定质量或体积的组合件,以便利用机械进行作业的装卸方式。换言之,单元装卸是把许多单件物品集中起来作为一个运送单位(即集装单元),放置在集装设备上进行一系列运送、保管、装卸的装载方式。它可以提高装卸搬运效率,减少装卸搬运损失,节省包装费用,提高客户服务水平。

根据使用的装载工具的不同,可将单元装卸划分为托盘物品装载方式、全程托盘物品装载方式和集装箱物品装载方式三种。

1. 托盘物品装载

这是指将多个单件物品集中在托盘上作为运送单位的单元装卸方式。托盘物品装载一般有整齐码放、交错码放、砌砖式码放、针轮式码放和裂隙式码放等几种码放方式。

①整齐码放,即各层码放物品的形状和方向均相同的托盘码放方式,也叫直装或顺装。

②交错码放,即头一层的物品均为统一方向,第二层将方向转90°码在上边,互相交错,依此向上码放的托盘码放方式。

③砌砖式码放,即头一层将物品纵横交错摆放,第二层将方向转180°码在上边,逐次向上码放的托盘码放方式。

④针轮式码放,即中间留出空隙,围着空隙按风车形码放的托盘码放方式。一般各层之间改变方向向上码放。

⑤裂隙式码放。该方式与砌砖式码放相同,只是物品相互间留有空隙。

按照使用的托盘形态来划分,托盘物品装载方式有平板托盘和箱式托盘两种类型。平板托盘一般由叉车进行装卸,箱式托盘一般由托盘卡车进行装卸。采用托盘物品装载方式的典型例子是航空货运,在航空货物运输中,物品被运送到机场的货运仓库后,按到达地、机种对物品进行分拣整理,然后把分拣好的物品放置在航空托盘上,用网罩罩住,再把整个托盘装进飞机的货仓进行运输,到达目的地后,从飞机上卸下托盘,将其搬运至机场的货运仓库,并进行货物分拣、交货、运送等作业。

2. 全程托盘物品装载

这是指从发货地至目的地的整个物流过程全部采用托盘进行物品装载的作业方式。采用该方式可以缩短装卸作业时间,防止物品破损,降低物流成本;同时易于实现装卸作业的标准化、机械化和自动化。目前,欧美、日本等发达国家已经在积极推广全程托盘物品装载方式,并广泛应用于各个行业。

虽然全程托盘物品装载方式有许多优点,但也存在一些亟须解决的问题:

①目前使用的托盘的规格多种多样,有些企业甚至独自采用特殊规格的托盘,托盘的规格亟须实现统一化和标准化。

②托盘随物品被送到目的地后,其回收需要花费一定的时间和费用,并且回收的效率需要提高。

③这种装载方式虽然提高了装载作业的效率,但同时可能造成运载卡车的装载率下降,增加运输成本。

3. 集装箱物品装载

这是指把一定数量的单件物品集装在一个特定的箱子内作为一个运送单元而进行一系列运输、保管、装卸的作业方式。与托盘物品装载方式相比,该方式易于实现各种不同形状物品的集装化。这种广泛使用的物品装载方式通常包括整箱货装箱和拼箱货装箱两种装箱方式。前者是发货人在工厂货仓自行装箱(也可以由承运人代为装箱),然后直接送往集装箱堆场等待装运(或者由承运人在内陆货运站接箱),到达目的港后,收货人直接提走整箱货。后者则是发货人把物品送到集装箱货运站,由承运人进行装箱,到达目的港后,承运人在目的港的集装箱货运站或港口外的内陆货运站掏箱,并把货物分送给不同的收货人。

(五)装卸搬运作业的原则

为了做好装卸搬运工作,在组织装卸搬运作业时,应遵循如下原则。

1. 减少环节,装卸程序化

装卸搬运活动本身并不增加货物的价值和使用价值,相反地,其增加了货物损坏的可能性和成本。因此,首先应从研究装卸搬运的功能出发,分析各项装卸搬运作业的必要性,千方百计地取消、合并装卸搬运作业的环节和次数,消灭重复无效、可有可无的装卸搬运作业。例如,车辆不经换装直接过境、大型的发货点铺设专用线、门到门的集装箱联运等,都可以大幅度减少装卸环节和次数。

对于必须进行的装卸搬运作业,应尽量做到不停顿、不间断,像流水一样地进行。工序之间要紧密衔接,作业路径应当最短,消灭迂回和交叉,要按流水线形式组织装卸作业。例如,铁路车辆的装卸可组织1~2条流水线;船舶的装卸,可根据吨位的大小,开一条至几条流水线作业。装卸搬运作业流程要尽量简化,作业过程不要移船、调车,以免干扰装卸搬运作业的正常进行。对于必须进行换装作业的,尽量不使货物落地,直接换装,以减少装卸次数,简化装卸程序等。

2. 文明装卸,运营科学化

杜绝"野蛮装卸"是文明装卸的重要标志。在装卸搬运作业中,要采取措施保证货物完好无损,保障作业人员人身安全,坚持文明装卸。同时,不因装卸搬运作业而损坏装卸搬运设备和设施、运载与储存设备和设施等。

由装卸搬运作业造成的各种环境污染,应采取措施使其污染限制在有关标准的范围内;各种装卸搬运作业一定要遵循工艺要求,缓起轻放,不碰不撞;堆码定型化,重不压轻,货物标志面放置在外;通道和作业场地的各种号码标志要明显;设备安全装置和安全标示要齐全、有效;装卸搬运职工按劳动保护要求配备整洁美观的工作服装,体力劳动、脑力劳动强度和负荷都应控制在合理的范围内;在组织装卸搬运作业时,作业环境的色调、光线、温湿度、卫生状况等要符合人体工程学、劳动心理学的科学原理。

装卸搬运设备和设施的负荷率和繁忙程度要合理,应控制在设计范围之内,严禁超载运转;能源消耗和成本要达到合理甚至先进水平;设备与设施采用科学的综合管理和预修保养制度;按照经济合理的原则,确定设备和设施的寿命周期,及时更新改造,设备和设施都应具有合理的储备能力,留有发展潜力。同时,要改变装卸搬运只是一种简单的体力劳动的过时观念,积极推行全面质量管理等现代化管理方法,使装卸搬运作业的运营组织工作从经验管理上升到科学管理。

3. 集中作业,集装散装化

集中作业是指在流通过程中按照经济合理原则适当集中货物,使其作业量达到一定的规模,为实现装卸搬运作业机械化、自动化创造条件。集中作业的措施有:只要条件允许,流通过程中的装载点和卸载点应当尽量集中;在货场内部,同一类货物的作业尽可能集中,建立相应的专业协作区、专业码头区或专业装卸线;一条作业线能满足车船装卸作业指标,就不采取低效的多条作业线方案;在铁路运输中,关闭业务量很小的中间小站的货运装卸作业,建立厂矿、仓库共用专用线等。

成件货物集装化作业,粮食、盐、糖、水泥、化肥、化工原料等粉粒状货物散装化作业,是装卸搬运作业的两大发展方向。实际上,集装化和散装化也是一种集中作业形式,以便把小件集中为大件,提高装卸作业效率。所以,各种成件货物应尽可能集装成集装箱、托盘、货捆、网袋等货物单元,然后装卸搬运;各种粉粒状货物应尽可能散装入专用车、船、库,以提高装卸搬运效果。

4. 省力节能,努力促"活化"

节约劳动力,降低能源消耗,是装卸搬运作业的最基本要求。因此,要求作业场地尽量坚实平坦,这对节省劳力和减少能耗都能起到良好的作用;在满足作业要求的前提下,货物净重与货物单元毛重之比尽量接近1,以减少无效劳动;尽量采取水平装卸搬运和滚动装卸搬运,达到省力化。

提高货物装卸搬运的灵活性也是对装卸搬运作业的基本要求。装卸搬运作业的灵活性是指货物的存放状态对装卸搬运作业的方便(或难易)程度,亦称为货物的"活性"。在物流过程中,为了对货物活性进行度量,常用"活性指数"来表示货物装卸搬运的方便程度。工厂的物料处于散放状态的活性指数为0,集装、支垫、装载和在传送设备上移动的物料,其活性指数分别为1、2、3、4。我们把作业中的某一步作业比其前一步作业的活性指数高的情形,即该项作业比它前一项作业更便于装卸搬运的状况,称为"活化"。对装卸搬运工艺的设计,应使货物的活性指数逐步增加,这就是要努力促"活化"的基本含义。

5. 兼顾协调,通用标准化

装卸搬运作业既涉及物流过程的其他各环节,又涉及它本身工艺过程的各工序、各流程以及装卸搬运系统各要素。因此,装卸搬运作业与其他物流活动之间,装卸搬运作业本身各工序、各流程之间,以及装、卸、搬、运之间和系统内部各要素之间,都必须相互兼顾、协调统一,这样才能发挥装卸搬运系统的整体功能。例如,铁路车站在实践中总结的"进货为装车做准备,装车为卸车做准备,卸车为出货做准备"的作业原则,正是兼顾协调原则的体现和应用。

标准化最简洁的解释是对重复性事物和概念,通过制定、发布和实施标准来达到统一,以获得最佳的秩序和社会效益。标准化往往与系列化、通用化相联系。装卸搬运标准化是指对装卸搬运的工艺、作业、装备、设施、货物单元等所制定、发布统一标准。装卸搬运标准化对促进装卸搬运合理化起着重要作用,它又是实现装卸搬运作业现代化的前提。

6. 巧装满载,安全效率化

装载作业一般是运输和存储的前奏。运载工具满载和库容的充分利用是提高运输效率和存储效益的主要因素之一,在运量大于运能、储量大于库容的情况下尤为重要。所以,进行装卸搬运时,要根据货物的轻重、大小、形状、物理化学性质,以及货物的去向、存放期限、车船库的形式等,采用恰当的装卸方式,巧妙配装,使运载工具满载,库容得到充分利用,以提高运输效率、存储效益。

装载作业完成之后,或者运输或者储存。为了保证运输、储存安全,在装载时要采取一定的方法保持货物稳固,以克服运输或储存过程中所产生的各种外力的破坏作用,诸如纵向、横向、垂直惯性力及风力、重力、摩擦力等。同时,对于运输工具、集装工具、仓库地面、货架等,既要求满载,以提高其利用率和效率,又要求承载能力在一定的限制下,并采取一定的方法,使装货载荷均匀地分布在承受的载面上,从而保证运输、装卸搬运设备和仓储设施的安全,并能达到延长设备设施使用寿命的目的。

|项目自测|

1. 简述物流装卸搬运设备有哪些。
2. 常见的叉车有哪些特性?
3. 简述装卸搬运合理化的方法。
4. 装卸搬运作业有哪些内容?影响装卸搬运效率的因素有哪些?
5. 简述装卸搬运的基本原则。
6. 你身边的装卸搬运作业有哪些?试分析一下专门的装卸搬运企业的市场前景,以及该类企业如何运作才能求得生存和发展。
7. 如果你是某家食品生产企业的物流经理,你会采取哪些措施来提高企业的装卸搬运效率?
8. 对于企业而言,在选择装卸搬运设备时应考虑哪些因素?在这些因素中,你认为最重要的因素是什么?

项目四 运输管理

·项目引言·

运输是实现物流目的的手段。传统的运输管理重视的是运输本身的合理化,没有将其同物流系统整体的合理化联系在一起。目前,货物运输系统正逐渐融入社会物流体系,并成为社会物流体系的一个有机组成部分。

·知识目标·

◆ 了解运输的概念和作用。
◆ 理解运输方式及特点。
◆ 了解运输合理化的内容。
◆ 熟悉运输决策。

·思政目标·

结合物流管理教学内容,培养理想信念坚定,适应现代物流行业企业和社会发展需要的人才,使其具有良好的人文素养、职业道德和创新意识,具备精益求精的工匠精神。

 任务实施

任务一 运输概述

·案例导入·

沃尔玛:做好物流和配送是成功之道

沃尔玛公司作为全美零售业年销售收入位居第一的著名企业,连续7年在美国《财富》杂志500强企业中居首位,我国现在许多大中城市也可以看见沃尔玛的身影。沃尔玛的成功除了因为其在全世界拥有众多店铺进行规模化发展外,还有一个决定性的因素,就是其拥有一个强大的物流配送与支撑系统。这种强大的后勤支撑系统大大降低了沃尔玛的运营成本,扩大了其利润空间,是沃尔玛达到最大销售量和低成本存货周转的核心。沃尔玛前任总裁大卫·格拉斯曾说过:"配送设施是沃尔玛成功的关键之一,如果说我们有什么比别人干得好的话,那就是配送中心。"

沃尔玛素以精确掌握市场、快速传递商品和最好地满足客户需要著称,这与沃尔玛拥有自己庞大的物流配送系统并实施了严格有效的物流配送管理制度有关,因为这确保了公司在效率和规模成本方面的最大竞争优势,也保证了公司顺利扩张。

沃尔玛在美国的成功经验是任何地点都要有同样的运营体系。一般来说,货物会送到各个配送中心,再送到终端客户的手中。沃尔玛会分析在哪个环节上可以降低成本、减少时间、提高效率。在美国,沃尔玛有完整的物流系统,该系统是24小时运作的,并且采用了最新的技术;另外,还有13个地区分销中心、7个配送中心。沃尔玛有不同样式的配送中心,它们的价格非常低廉,工作效率也很高。比如,沃尔玛的服装配送中心侧重于高档的服装产品业务。沃尔玛还使用产品返还的方式提高物流效率,通过退回某些产品,促使供货商降低成本。沃尔玛的进货渠道很多,在美国也有进货的配送中心,比方说希望在一个固定的时间段进货,就采取大批量的进货方式。沃尔玛有一个内部配送系统,所有有关的货物都要通过这个系统送达,从而降低了成本。

沃尔玛是墨西哥最大的零售商。它在墨西哥有一个配送中心,还有一个现代化的车队,这是其在运货方面降低成本的手段之一。沃尔玛还实现了运输310万公里无事故的成绩,没有事故当然就能降低成本,这个方式也是节约成本的一种手段。同时,通过建立网络,一辆卡车能够到不同的配送中心去。沃尔玛还把车队和司机当成向顾客展示公司形象的重要渠道。

沃尔玛运货的策略主要是以集装箱的方式运货,它觉得低于集装箱容量的运输是不经济的。沃尔玛也有在夜间运货的方式。沃尔玛会事先制订运货计划,与用户做好沟通,也就是说配送程序要非常准确,这样就能避免有关的检查成本,货物运到配送中心后立马就可以入库。

目前在中国,沃尔玛在物流方面面临的挑战就是要建立一个无缝的物流系统,能够及时、方便地把货物配送到各地,这与沃尔玛在其他地区面临的挑战是一样的。

随着我国流通业不断向高度化和纵深化发展,现代物流已成为世人关注的热点。而现代物流的两大核心功能——运输与配送,也被众多的企业管理者、学者和政府管理者所重视。可以这样说,在强调物流周转率的今天,运输与配送效率的高低将直接决定企业物流水平的高低。

一、了解运输

运输是物流的主要功能要素之一。按物流的概念,物流是"物"的物理性运动,这种运动不但改变了物的时间状态,也改变了物的空间状态。而运输承担了改变空间状态的主要任务,是改变空间状态的主要手段,运输再配以搬运、配送等活动,就能圆满完成改变空间状态的全部任务。

(一)运输的概念

运输是实现人和物空间位置变化的活动,与人类的生产生活息息相关,因此,可以说运输的历史和人类的历史同样悠久。运输一词自古有之,汉代司马相如的《喻巴蜀檄》中有"今闻其乃发军兴制,惊惧子弟,忧患长老,郡又擅为转粟运输,皆非陛下之意也",宋代张齐贤的《洛阳缙绅旧闻记·张太监正直》中有"今上方知其有才,力欲擢用之,忽遘疾于路,时自荆湖运输旋也"。今天,从社会经济的角度讲,运输功能的发挥缩小了物质交流的空间,扩大了社会经济活动的范围,并实现了在此范围内价值的平均化、合理化。运输是国民经济的命脉,任何跨越空间的物质实体的流动都可称为运输。

运输是物流作业中最直观的要素之一,也是物流最重要的职能之一。运输提供两大功能:产品转移和产品储存。

第一,产品转移。

无论产品处于哪种形式,是材料、零部件、装配件、在制品,还是制成品,也不管其是在制造过程中,将被转移到下一阶段,还是实际上更接近最终的顾客,运输都是必不可少的。运输的主要功能就是使产品在价值链中来回移动。既然运输利用的是时间资源、财务资源和环境资源,那么,只有当它确实提高产品价值时,该产品的移动才是重要的。

运输的主要目的就是以最低的时间、财务和环境资源成本,将产品从原产地转移到规定地点。此外,产品灭失、损坏的费用也必须是最低的。同时,产品转移所采用的方式必须能满足顾客有关交付履行和装运信息的可得性等方面的要求。

第二,产品储存。

对产品进行临时储存是一个不太寻常的运输功能,即将运输车辆临时作为相当昂贵的储存设施。然而,如果转移中的产品需要储存,但在短时间内(如几天后)又将重新转移的话,那么,该产品在仓库卸下来和再装上去的成本也许会超过储存在运输工具中每天所支付的费用。

在仓库空间有限的情况下,利用运输车辆进行储存不失为一种可行的选择。可以采取的一种方法是,将产品装到运输车辆上去,然后采用迂回线路或间接线路运往目的地。在本质上,这种运输车辆被用作一种储存设施,但它是移动的,而不是处于闲置状态。

实现产品临时储存的第二种方法是改道,这当交付的货物处于转移之中,而原始的装运目的地被改变时才会发生。概括地说,尽管用运输工具储存产品可能是昂贵的,但当需要考虑装卸成本、储存能力限制,或延长前置时间的能力时,那么从总成本或完成任务的角度来看往往是正确的。

在物流的所有活动中,运输和储存是物流系统的两大支柱,物流过程中其他环节的活动都是围绕着运输和储存而进行的。运输活动可实现商品的位置移动,解决商品的供应者与需求者之间在空间上的背离,创造商品的"空间效用"。

运输是指物品或人借助运力在空间上所发生的位置移动,是利用设备和工具,将人或物从一地移到另一地的物流活动。所谓运力,是由运输设施、路线、设备、工具和人力组成的具有从事运输活动能力的系统。国家标准《物流术语》中对运输(transportation)的定义:利用载运工具、设施设备及人力等运力资源,使货物在较大空间上产生位置移动的活动。运输包括集货、分配、搬运、中转、装入、卸下、分散等一系列操作。

(二)运输的分类

第一,按运输对象分类。

按运输对象的不同,运输可分为货物运输和旅客运输。物流企业所从事的是货物运输,货物运输又可分为散货运输、杂货运输和集装箱运输。

第二,按运输方式分类。

从运输方式来分类,运输可分为铁路运输、水路运输、公路运输、航空运输和管道运输五种运输方式。

第三,按运输线路分类。

按运输线路的不同,运输可分为干线运输、支线运输、城市运输和生产企业厂内运输。

干线运输是利用铁路、公路的干线和大型船舶的固定航线进行的长距离、大批量的运输，是物品进行远距离空间位置转移的重要运输形式。干线运输的速度一般较同种工具的其他运输线路的速度要快，成本也较低。干线运输是运输的主体。

支线运输是与干线相接的分支线路上的运输，是干线运输与收、发货地点之间的补充性运输形式，路程较短，运输量相对较小，运输工具水平也往往低于干线运输，因而速度较慢。

第四，按运输地理范围分类。

按运输地理范围的不同，运输可分为市内运输、省际运输、国内运输及国际运输。

第五，按运输作用分类。

按运输作用分类，运输可分为集货运输、配送运输。

集货运输是将分散的货物进行集中的运输形式，一般是短距离、小批量的运输。货物集中后才能利用干线运输形式进行远距离及大批量运输，因此，集货运输是干线运输的一种补充形式。

配送运输是将节点中已按用户要求配好的货物分送至各个用户的运输；一般是短距离、小批量的运输。从运输的角度讲，配送运输是对干线运输的一种补充和完善。

第六，按运输协作程度分类。

按运输协作程度的不同，运输可分为一般运输、联合运输和多式联运。

孤立地采用不同运输工具或同类运输工具而没有形成有机协作关系的运输称为一般运输，如汽车运输、火车运输等。

联合运输简称联运，是指一次委托，由两家以上运输企业或用两种以上运输方式共同将某一批货物运送到目的地的运输方式；也就是使用同一运送凭证，由不同运输方式或不同运输企业进行有机衔接以接运物品，利用每种运输手段的优势，以充分发挥不同运输工具效率的一种运输形式。采用联合运输可以简化托运手续，方便用户，同时可以加快运输速度，节省运费。经常采用的联合运输形式有铁海联运、公铁联运、公海联运，等等。

多式联运是联合运输的一种现代形式。一般的联合运输规模较小，在国际大范围物流领域内，往往需要反复地使用多种运输手段进行运输。在这种情况下，进行复杂的运输方式衔接并具有联合运输优势的运输方式称作多式联运。其主要采用集装箱运输，同时，在集装箱内的货物又大量采用托盘，使运输中的装卸更为方便、高效。

(三)运输的计量

货运量是指运输企业在一定的时期内实际运送的货物数量，其计量单位为吨。不论货物运输距离长短或货物种类如何，凡货物重量达到一吨者，即计算为一个货物吨。货运量是反映运输生产成果的指标，体现着运输业为国民经济服务的数量。一定时期货运数量的大小，也是反映国力状况的一个重要指标。货物周转量是运输企业所运货物吨数与其运送距离的乘积，以复合指标吨公里或吨海里为单位表示，它是货物运输产品数量的实物指标，综合反映一定时期内国民经济各部门对货物运输的需要以及运输部门为社会提供的货物运输工作总量。

(四)运输的功能

运输具有两项功能：商品转移和商品临时储存。

1. 商品转移功能

商品转移是运输的主要功能。在组织商品运输时必须注意三个问题：一是运输时间。运输时间应尽量缩短。二是运输成本。运输成本包括运输过程中的燃料消耗、人员工资、各种管理费用、商品损坏的补偿费用等，应力求节约运输成本。三是环境资源成本。运输是能源消耗很大的行业，在运输成本中能源消耗成本占很大比重，因此应采用效率更高的运输工具，以减少能源的消耗。另外，运输行业还会造成交通拥挤、空气污染和噪声污染，随着环保概念的不断普及，运输业需要在防止环境污染方面进行投资。总之，运输的主要目的是以最短的运输时间、最低的运输成本和环境资源成本，将商品从供给地转移到需要地，并且使商品损耗达到最小。同时，商品转移所采用的运输方式必须能够满足顾客的要求。

2. 商品临时储存功能

商品临时储存功能是运输的一项特殊功能。在运输过程中频繁的装货和卸货会增加运输成本，因此对于短时间内需要转移的商品，将运输工具作为暂时的储存工具是可行的，有时甚至是必要的。只有当正在转移中的商品需要暂时储存，在很短的时间内又将重新转移时，为了节约装卸成本，才可能利用运输工具作为临时储存的设施。

(五) 运输的基本原理

运输原理的实质是每次运输中如何降低成本、提高经济效益的途径和方法，是指导运输管理和运输营运的最基本的原理。

第一，规模原理。

规模原理是指随着一次装运量的增大，每单位重量的运输成本下降，即运输规模越大，单位重量商品的运输成本越低。规模原理体现在两个方面：一是在一种运输方式中，整车运输的单位重量商品运输成本要低于零担运输的单位重量商品运输成本。二是在不同运输方式中，运输能力较大的运输工具，其单位重量商品的运输成本要低于运输能力较小的运输工具，比如铁路或水路运输要比公路或航空运输更具规模优势。

既然单位重量货物的运输成本与装载工具的一次装载量有关，那么在运载工具容积一定的情况下，货物密度也会影响运输成本，密度低的货物可能无法达到运载工具的额定载重量，导致单位重量货物的运输成本较高。要解决低密度货物运输成本高的问题，可通过包装来增加货物密度。

可在满足用户要求的前提下，通过选择装载量大的运输工具和对密度低的货物进行包装提高密度，达到降低运输成本的目的。

第二，距离原理。

距离原理是指商品每单位距离的运输成本随运输距离的增加而减少。其原因与规模原理相似，也是由于随着运输距离的增加，平均分摊到单位距离的固定成本逐渐减少。在运输距离为零时，运输成本并不为零，这是因为存在一个与货物提取与交付有关的固定费用。运输成本的增加随运输距离的增加而降低，这是因为随着运输距离的增加，分摊到单位运输距离上的与货物提取与交付有关的固定费用会降低。

根据距离经济原理，长途运输的单位运距成本低，短途运输的单位运距成本高。配送一般属于短途运输，而且受多批次、少批量需求的限制，运量不可能大，运输工具的装载率也较低，因此单位运距的成本肯定高于一般运输。但是，配送可以通过优化配货和运输路线，尽可能降低本身的运输成本，更重要的是，配送可能降低库存、缩短提前期，并通过为用户提供更多的服务来降低整个物流系统的成本和提高社会效益。

第三，速度原理。

速度原理是指完成特定的运输所需的时间越短，其效用价值越高。首先，运输时间的缩短实际上相当于单位时间内的运输量增加，与时间有关的固定费用分摊到单位运量上的费用减少，如管理人员的工资、固定资产的使用费、运输工具的租赁费等；其次，由于运输时间短，物品在运输工具中停滞的时间缩短，从而使到货提前期变短，有利于减少库存、降低存储费用。因此，快速运输是提高运输效用价值的有效途径。快速运输不仅指提高运输工具的行驶速度，还包括其他辅助作业的速度及相互之间的衔接，如分拣、包装、装卸、搬运及中途换乘转装等。快速的运输方式当然是影响快速运输的重要因素，但是运输速度快的运输方式一般运输成本较高，如铁路运输成本高于水路，航空运输成本最高。因此，通过选择高速度的运输方式来实现快速运输时，应权衡运输速度与成本之间的关系，在运输方式一定的情况下，应尽可能加快各环节的速度，并使它们更好地衔接。

二、运输的特征和作用

（一）运输的特征

运输业与国民经济的其他部门相比较，具有以下主要特征。

1. 公用性

运输业涉及社会的各个方面，从原料的采购到成品的输送，从人们出差到休闲度假，都必须依靠运输来完成。因此，无论是铁路运输，还是水路、公路、航空和管道运输，都具有公用性。经济越发展，市场对运输的需求越旺盛。正是由于运输的公用性特点，世界各个国家都对运输进行严格管制，以保护广大人民的利益，其中最重要的管制是运输价格和运输安全。

2. 不可储存性

运输业同工农业等其他部门一样，也是借助于劳动工具，对劳动对象进行物质变化的物质生产部门。但运输业的生产过程既不改变商品的实物形态，也不增加商品的数量，运输的产品是商品实体的空间转移，它提供的是一种服务效用，而效用是不能储存的。我们只能通过运输能力的储存，来满足需求高峰和特殊时期的运输需要。

3. 配合性

各种运输方式都有自己的经济技术特征和适用范围，因此必须配合运用、协调发展。此外，无论是货物运输还是旅客运输，由于客观条件的限制，往往都需要几种运输方式的配合使用才能最终完成。因此需要建立完善的综合运输体系，以充分发挥各种运输方式的优势。

4. 统一性

运输的统一性是指有关运输的标志、运输的规则、运输的信号等要统一。只有这样，才能实现各种运输方式的配合使用。运输的统一性不但表现在一个国家的运输中，而且表现在国际运输中。

（二）运输的作用

（1）运输是物流系统的动脉系统，是物流的主要功能要素之一

物品流动的过程，从原材料或零部件的采购、生产领域的生产、产成品的储存与销售，直至商品到达消费者手中，都要靠运输来连接。因此，运输是生产和流通过程的重要组成部分，是连接产销、沟通城乡的纽带，是物流系统的动脉系统。

(2) 运输创造物流的空间效用

现代物流活动通过时间价值、空间价值和加工附加价值来实现自身的价值增值,其中的空间价值由运输来创造。同种物品由于所处的空间场所不同,其使用价值的实现程度不同,其效益的实现也不同。通过运输,将物品运到场所效用最高的地方,就能发挥物品的潜力,既实现了资源的优化配置,又让物品的使用价值得到了充分体现。

(3) 运输是降低物流费用、提高物流速度、发挥物流系统整体功能的中心环节

运输是物流活动的主要环节,其费用占总物流费用的比重较大,一般在50%左右,甚至有些产品的运费还高于其自身的生产成本。同时,运输不畅、货物滞留会影响其他物流环节的功能实现,造成整体物流速度放慢。因此,要发挥物流系统的整体功能,降低物流费用,提高物流速度,首先应考虑的是围绕运输这个中心展开。

(4) 运输是加快资金周转速度、减少资金占用时间、提高物流经济效益的重点所在

库存物品要占用资金,如果企业大量的资金沉淀在库存,势必造成流动资金的短缺,影响企业正常运营和经济效益的实现。增加运输次数,提高运输速度,可以减少存储据点及相应的库存量,使库存物品流动速度加快,资金周转率上升,资金占用时间缩短,从而提高企业的经济效益。

三、会展物流运输管理

会展物流运输管理是指在会展活动期间对展品、设备和资料的运输过程进行规划、组织、实施和控制的管理活动。它涉及展品的采购、运输准备、运输执行以及到达目的地的交付等环节。以下是会展物流运输管理一些重要的方面。

(一) 运输计划

制订详细的运输计划,包括运输时间、出发地和目的地,考虑展品的特性、数量、尺寸和重量,以及展会场地的需求。

(二) 运输方式选择

根据展品的特性和需求,选择适合的运输方式,如航空运输、陆地运输(公路或铁路)或海运。选择运输方式时应考虑时间、成本、安全和可靠性等因素。

(三) 运输准备

确保展品得到适当的包装和标记,以保护展品的安全和完整性。选择和安排合适的运输工具和设备,如货车、集装箱或航空货运器材。

(四) 货物跟踪与控制

通过运输信息系统,实时跟踪和监控货物的运输过程。确保货物按照计划进行运输,并及时获取货物位置和状态的信息。

(五) 运输协调与沟通

与物流供应商和展会组织者进行紧密的协调和沟通。确保双方对运输安排和需求有清晰的了解,并及时解决运输过程中的问题和变更。

（六）安全与风险管理

采取必要的安全措施和风险管理手段，确保展品在运输过程中的安全，例如，购买货物保险，使用密封封条，采取防盗、防损措施等。

（七）运输成本控制

优化运输计划和运输工具的利用，控制运输成本，例如，合理规划运输路线、合并运输等措施。

（八）运输文件管理

确保运输文件处理的准确和及时，如托运单据、物流文件、清关文件等。与物流供应商和相关机构保持良好的文件交流。

良好的会展物流运输管理可以确保展品按时、安全地运输到展会场地，给参展商提供最好的展示环境，并为观众提供良好的参观体验。同时，高效的运输管理可以降低运输成本，提高运输的可靠性和效率。

任务二　运输作业

案例导入

货运站运输作业

陕西某货运站经营已有10余年。它与我国其他各地的货运站类似，早期只是长途货运司机歇脚的地方，大大小小的车辆停在这里，司机在这里住宿、吃饭、休息，货运站赚的是司机的住宿费、停车费。经过几年的发展，这个货运站通过资源、信息与服务的整合，经营模式发生了巨大变化。

首先是资源的整合。资源，包括需方（如货主、货代），也包括供方（如车主、物流商），此外，还有信息中介、加油站、工商、税务等多种资源都被吸纳到货运站来。资源的整合促进了服务功能的整合。

其次是服务的整合。除了整合原来的住宿、停车、维修、物业租赁等服务外，服务融合的主要特点是业务的延伸和创新，目前已经扩展到担保、代办保险、结算、信息、法律、税收、鉴定证件等众多增值服务领域。实践证明，整合的市场会出现1＋1＞2的现象，会有新的经济增长点创造出来。

最后是信息的整合。一方面，货运供求信息通过计算机网络集中起来，可以及时发布、随时查询、快速成交；另一方面，通过信息化实现了服务的标准化、管理的标准化。该货运站采用办理会员卡的方式，统一了结算、客户管理和货运信息管理等，在这里可以看到标准和整合的相互促进，现在这里的车辆停留时间平均仅为2～3个小时，周转率非常高。通过采用信息系统，有关司机、货主、管理、服务项目的所有信息都储存在数据库中，对这些信息进行跟踪与分析，可以发现区域货运量的分布与运载规律以及其他重要信息。

一、运输方式

(一) 运输方式及特点

运输决策的一个重要内容是根据运输商品对运输时间与运输条件的具体要求，选择适当的运输方式和运输工具，使企业能用最少的时间，走最短的路线，花最少的费用，安全地把商品从产地运送到销售地。目前常见的运输方式主要有五种，即铁路运输、公路运输、水路运输、航空运输和管道运输。另外，为了提高运输效果，在五种基本运输方式的基础上，还形成了联合运输、散装运输、集装箱运输等具有特殊功能的运输方式。

1. 铁路运输

铁路运输是使用铁路列车运送客货的一种运输方式，铁路是我国国民经济的大动脉。作为我国货物运输的主要方式之一，铁路运输主要承担长距离、大数量的货运，在没有水运条件的内陆地区，几乎所有大批量货物都是依靠铁路来进行运送的。铁路运输是在干线运输中起主力作用的运输方式。

(1) 特点

铁路运输的最大特点是适于长距离的大宗货物的集中运输，并且以集中整列为最佳，整车运输次之。其优点是：运量大、速度快(仅次于航空)、可靠性高，准确性和连续性强，节能，承运商品不受重量和容积的限制，远距离规模运输费用低，一般不受气候因素的影响等。其缺点是：近距离运输费用较高，且没有伸缩性；灵活性差，由于铁路线路和场站固定，不够灵活机动，不能实现"门到门"运输，如果销售地点或使用单位不在铁路沿线，就需要再转运，不但会增加运输费用和时间，还会增加损耗；同时，铁路运输受运行时刻、配车、编列或中途编组等因素的影响，不能适应客户的紧急需要，且货物滞留时间长。

(2) 担负的主要功能

铁路运输主要担负大宗低值货物的中长距离(经济里程一般在 200 公里以上)的运输，也较适合运输散装货物(如煤炭、金属、矿石、谷物等)、罐装货物(如化工产品、石油产品等)。这些产品都有一个共同的特点，那就是低价值和高密度，且运输成本在商品售价中所占的成本比较大。

2. 公路运输

公路运输的通道是公路，工具主要是汽车，因此又称为汽车运输，主要承担近距离、小批量的货物运输和水运、铁路运输难以到达地区的长途、大批量货物运输及铁路运输、水运优势难以发挥的短途运输。公路运输也是我国货物运输的主要形式，在我国货运中所占的比重较大。同时，公路运输与铁路、水路运输联运，就可以形成以公路运输为主体的全国货物运输网络。

(1) 特点

公路运输最显著的特点是其灵活性在所有运输方式中最强。其优点是：运输速度快(无须中转)、换装环节少、范围广，适宜于近距离、中小批量的运输，运费相对较低，在短途货物集散转运上，比铁路、航空运输灵活性大，容易实现"门到门"运输。其缺点是：运量小，长途运输成本高，环境污染严重，运输过程中货物震动较大，易造成货损货差事故，受自然环境影响较大。

(2)担负的主要功能

①独立担负经济运距内的运输,主要是中短距离运输(我国规定50公里以内为短途运输,200公里以内为中途运输)。由于高速公路的兴建,汽车运输从中、短途运输逐渐形成短、中、远程运输并举的局面,这是一个不可逆转的趋势。

②补充和衔接其他运输方式。所谓补充和衔接,即当其他运输方式担负主要运输任务时,由汽车担负起点和终点处的短途集散运输,完成其他运输方式到达不了的地区的运输任务。

3. 水路运输

水路运输又称为船舶运输,它是利用船舶运载工具在水路上的运输,简称为水运。水路运输既是一种古老的运输方式,又是一种现代化的运输方式。在铁路出现以前,水路运输同以人力、畜力为动力的陆上运输方式相比,无论在运输能力还是运输成本方面都处于优势地位。水运主要承担大批量、长距离的运输,是在干线运输中起主力作用的运输形式。在内河及沿海,水运也常作为小型运输工具使用,担任补充及衔接大批量干线运输的任务。水运在我国运输业中也占有重要的地位。

(1)特点

水运的速度一般比航空、铁路运输等要慢,但船舶的载运量远大于飞机和火车,可以运输超重、超大型设备。其优点是:运输能力大、运费低、能耗小、航道投资省,不占用耕地面积,能够以最低的单位运输成本提供最大的货运量。因此适合于运输体积大、价值低、不易腐烂、便于用机械设备搬运的大宗货物或散装货物,如沙、煤、矿产、粮食、石油等。其缺点是:连续性差、速度慢、时间长、装卸搬运费用较高,而且航运和装卸作业受到水域、码头、港口、船期等条件的限制和季节、气候、潮汐等自然条件的制约等,因而一年中中断运输的时间较长。

(2)担负的主要功能

①承担大批量特别是散装货物的运输及原料、半成品等低价货物的运输,如建材、石油、煤炭、矿石、粮食等。

②承担国际贸易运输,系国际商品贸易的主要运输工具之一。

4. 航空运输

航空运输又称为飞机运输,它是在具有航空线路和航空港(飞机场)的条件下,利用飞机运载工具进行货物运输的一种运输方式。在我国运输业中,航空运输的货运量占全国货运量的比重还不是很大,但其重要性越来越明显。对于那些体积小、价值高的贵重物品,以及要求迅速交货、紧急需要的物资(如救灾抢险物资)等,航空运输是一种较为理想的运输方式。

(1)特点

航空运输最大的特点是高速直达性,适合于运输费用负担能力强、货运量小的中、长距离运输。其优点是:速度快,运输过程中产生的震动和冲击力小,对包装要求较低,可以飞跃各种天然障碍,机动性大,可以定期或不定期飞行,尤其在灾区的救援、供应、边远地区的急救等紧急任务方面,航空运输已成为必不可少的手段。其缺点是:载运能力小,受气候条件限制大,可达性差,需要必要的航空港设施,运输成本高。

(2)担负的主要功能

航空运输主要承担体积小、价值高的贵重物品(如科技仪器、珠宝)和鲜活商品(如鲜花、活鱼、珍贵动物)的运输,以及要求迅速交货或要长距离运输的商品和紧急需要的物资(如抢险救灾物资)等的运输。

5. 管道运输

管道运输是借助高压气泵的压力把货物经管道向目的地输送的运输方式。管道运输是一种不需要动力引擎,运输通道和运输工具合二为一的一种专门运输方式,其原理相当于自来水管道将水输送到各家各户。管道运输和其他运输方式的区别在于,运输工具(管道设备)是静止不动的。

管道运输的优点是:运输量大、迅速、安全、货损货差小,运输货物无须包装,费用省、成本低、耗能低,管理较简单,不受地面气候条件影响,可连续作业,有利于环保。其缺点是:单向运输,灵活性差,一次性固定资产投资大(为了进行连续运输,还需要在各中间站建立储存库和加压站),承运的货物种类比较单一,一般只适用于气体和液体运输。管道运输在我国目前多用于运输原油和天然气。

6. 集装箱运输

集装箱运输是利用集装箱作为运输单位进行货物运输的一种先进的现代化运输方式。在集装箱运输过程中,一般使用集装箱装载货物,通过一种或几种交通运输工具的联合,将货物直接运达收货地。集装箱运输是社会化大生产的产物,是一种既方便又灵活的运输方式,可以在最大限度上减少运输过程中的货损,因而被众多货主所采用,现已成为各国货物运输的共同趋势,适用于水路运输、铁路运输及多式联运等。在我国,集装箱运输,尤其是集装箱海运已经成为一种普遍采用的重要的运输方式。

(1)发展

第二次世界大战之后,世界上各个国家都处在经济的恢复和发展期,企业为了降低产品的成本,增加利润,提高市场竞争力,纷纷采用机械化方式和提高原材料、设备的利用率的措施。运输业也不例外,许多海运国家都把船舶的大型化和专业化作为降低运输成本的重要手段之一。但这些新技术不能应用在件杂货的运输上,造成船舶在港的停留时间过长。件杂货的特点是品种繁多、包装各异,单件货物的重量差异很大。集装箱运输是件杂货成组运输的最理想形式,是交通运输现代化的产物,是运输史上的革命,经过几十年的努力,集装箱运输已经发展成为软件、硬件技术日渐完善的现代化的先进运输方式。

(2)特点

集装箱运输是现代运输业的一项重要技术改革,具有装卸效率高、加速车船周转、货损货差小、包装费用省、简化货运手续、降低货运成本、劳动强度低、有利于多式联运的开展等优点,是目前发展迅速,并在商品运输中占有重要地位的一种运输方式。集装箱运输的各环节都使用专用设施和设备,是实现全部机械化作业的高效率运输方式;集装箱是坚固的箱体且运输全程都处于封闭状态,对货物起到了保护作用,对包装的要求不高;集装箱运输的重要作用还在于它是发展多式联运的基础。我国目前集装箱运输发展较慢,与国际发展水平有一定的差距。

集装箱运输是比较复杂的综合运输系统工程,它要求船舶周转快、港口装卸效率高、集疏运网络健全、单证流转科学简捷、信息传递及时准确等,只有各方面、各个环节协作配合,才能发挥其优越性。因此,集装箱运输要求管理人员、技术人员、业务操作人员等具有较高的业务素质。

①集装箱运输条款。

集装箱运输条款是指在集装箱运输中实行适合其本身特点,符合国际惯例,保证运输顺利进行的规定和约定,主要包括箱货交接方式条款、价格条款、责任划分条款、保险条款、索赔条款。

②集装箱运输的主要单证。

集装箱运输单证是整个集装箱运输过程中有关各方责任、权利、义务转移的凭证和证明，主要有联运提单、装箱单、设备交接单、场站收据、提货单、交货记录、实装船图等。

7. 联合运输（多式联运）

联合运输是将两种或两种以上的运输方式和运输工具连接起来，实行多环节、多区段相互衔接的接力式运输。

(1) 条件

联合运输必须具备一定的条件，一是联合运输路线上必须建立有"联运"的车站、码头，必须是两种或两种以上不同运输方式的连续运输；二是使用一份包括全程的多式联运单据并有联运人对全程运输负责；三是必须有一份多式联运合同，且采用全程单一运费费率，其中包括全程各段运费的总和、经营管理费用和合理利润。

(2) 特点

联合运输手续简便，签订一个运输合同，实行全程一次托运、一单到底、一次收费、统一理赔、全程负责；便于实现"门到门"运输；单一费率，比分段运输的运费低廉；与集装箱运输相结合可真正发挥其优越性。

8. 散装运输

散装运输是指物质产品直接通过专用的运输工具，不需要进行产品包装的一种运输方式。目前我国主要对水泥、石油、粮食等货物采用散装运输。其特点是：由于采用了机械化装卸技术，减轻了装卸搬运的劳动强度，从而提高了劳动生产率；节约包装材料，降低物流成本；途中损耗少，有利于提高运输工作质量等。

(二) 运输方式的选择

1. 影响运输方式选择的因素

各种运输方式都有其优点和缺点，企业进行选择时，必须结合自己的经营特点和要求、商品性能、市场需求的缓急程度，对各种工具的运载能力、速度、频率、可靠性、可用性和成本等因素做综合考虑和合理筛选。一般来说，应重点考虑以下因素。

(1) 商品性能特征

这是影响企业选择运输方式的重要因素。一般来讲，粮食、煤炭等大宗货物适宜选择水路运输；水果、蔬菜、鲜花等鲜活商品、电子产品、宝石及节令性商品等适宜选择航空运输；石油、天然气、碎煤浆等适宜选择管道运输。

(2) 运输速度和路程

运输速度的快慢、运输路程的远近决定了货物运送时间的长短，而在途运输货物犹如企业的库存商品，会造成资金占用。因此，运输时间的长短对能否及时满足销售需要、减少资金占用有重要影响。由此看来，运输速度和路程是选择运输方式时应考虑的一个重要因素，一般来讲，批量大、价值低、运距短的商品适宜选择水路或铁路运输；批量小、价值高、运距长的商品适宜选择航空运输；批量小、距离近商品适宜选择公路运输。

(3) 运输能力和密度

运输能力一般以能够应付某一时期的最大业务量为标准。运输能力的大小对企业分销影响很大,特别是一些季节性商品,旺季时会使运输达到高峰状态,若运输能力小,不能合理、高效率地安排运输,就会造成货物积压,商品不能及时送往销地,进而使企业错失销售良机。运输密度包括各种运输工具的班次,如车、船、飞机的班次,以及各班次的间隔时间。运输密度对于商品能否及时运送,使其在顾客需要的时间到达顾客手中,争取顾客,及时满足顾客需要和扩大销售至关重要。因此它是影响企业运输决策的一个重要因素。企业在选择运输方式时,必须了解各种运输方式的运输密度,使企业能尽量压缩商品的待运期,抢时间争速度,加快货物运输。

(4)运输费用

企业开展商品运输工作,必然要支出一定的财力、物力和人力,各种运输方式的运用都需要企业支出一定的费用。因此,企业进行运输决策时,会受其经济实力及运输费用的制约。如企业经济实力弱,就不可能使用运费高的运输方式,如航空运输,也不能自设一套运输机构来进行商品运输工作。

(5)市场需求的缓急程度

在某些情况下,市场需求的缓急程度也决定着企业应当选择何种运输方式。如市场急需的商品须选择速度快的运输方式,如航空或汽车直达运输,以免贻误时机;反之,可选择成本较低而速度较慢的运输方式。

2. 运输方式的选择方法

各种运输方式和运输工具都有各自的特点,不同种类的货物对运输的要求也不尽相同。选择运输方式时必须进行综合考虑,权衡运输系统所要求的运输服务和运输成本,可以使用单一运输方式,也可以将两种以上的运输方式组合起来使用。合理选择运输方式是合理组织运输、保证运输质量、提高运输效益的一项重要内容。

(1)单一运输方式的选择

单一运输方式就是选择一种运输方式提供运输服务。可以根据基本运输方式的特点,结合自身运输需求进行恰当的选择。

(2)多式联运的选择

多式联运的主要特点是在不同运输方式间自由变换运输工具,以最合理、最有效的方式实现货物运输过程,例如,将卡车上的集装箱装上飞机,或将铁路车厢运上船等。多式联运的组合方法有很多,但在实际中,并不是所有组合都是实用的,一般只有铁路与公路联运、公路或铁路与水路联运得到较为广泛的采用。

铁路与公路联运,即公铁联运,或称驮背运输,是指在铁路平板车上载运卡车拖车或集装箱,由铁路完成城市间的长途运输,余下的城市间的运输由卡车来完成。这种运输方式非常适合城市间物品的配送,对于配送中心或供应商在另一个比较远的城市,我们可以采用这种运输方式,实现无中间环节的一次运输作业,完成运输任务。公铁联运通常运距比正常的卡车运输长。它综合了卡车运输的方便、灵活与铁路长距离运输经济的特点,运费通常比单纯的卡车运输要低。这样,卡车运输公司可以延伸其服务范围,而铁路部门也能够分享到某些一般只由卡车公司单独承接的业务,同时托运人也可以在合理价格下享受到长距离"门到门"服务的便利。因此,铁路与公路联运成为最受欢迎的多式联运方式。

公路或铁路与水路联运,即陆海联运,也称鱼背运输,是指陆路运输(铁路、公路)与海上运输一起组成一种新的联合运输方式,即将卡车拖车、火车车厢或集装箱转载至驳船或船舶上进行长途运输。这也是中国近年来采用的运输新方式。这种使用水路进行长途运输的方式是最便宜的运输方式之一,在国际多式联运中应用广泛。

陆空(海空)联运是一种陆(或海)路与航空两种运输方式相结合的联合运输方式。中国在1974年开始应用这种方式,而且发展速度很快,运输的商品也从单一的生丝发展到服装、药品、裘皮等多种商品。通常做法是先在内地起运地把货物用汽车装运至空港,然后从空港空运至国外的中转地,再装汽车陆运至目的地。陆空(海空)联运方式具有手续简便、速度快、费用少、收汇迅速等优点。

大陆桥运输是指使用铁路或公路系统作为桥梁,把大陆两端的海洋运输连接起来的多式联运方式。目前世界上主要的陆桥有西伯利亚大陆桥、新亚欧大陆路桥、北美大陆桥等。西伯利亚大陆桥又称第一欧亚大陆桥,其以俄罗斯东部的符拉迪沃斯托克为起点经西伯利亚大铁路通向莫斯科,然后通向欧洲各国,最后到荷兰鹿特丹港,贯通亚洲北部,整个大陆桥共经过俄罗斯、中国、哈萨克斯坦、白俄罗斯、波兰、德国、荷兰7个国家,全长13000公里左右。新亚欧大陆桥又名第二亚欧大陆桥,是指东起中国连云港、西至荷兰鹿特丹的国际化铁路干线,全长10900公里。其中,中国国内部分为陇海兰新线。

由于两种以上运输方式的连接具有较大的经济潜力,因此多式联运吸引了托运人和承运人。多式联运的发展增加了系统设计中的可选方案,从而可以降低物流成本、改善服务。

(3)自用运输的选择

所谓自用运输,就是使用自有的运输设备运输自有的、承租的或受托的货物的活动。拥有自用运输设备,企业可以具有更大的控制力和灵活性,能够随时适应顾客的需要,这种高度的反应能力可以使企业缩短交货时间,减少库存和减少缺料的可能性,而且可以不受商业运输公司服务水平和运价的限制,并有利于改善和顾客的关系。但是自用运输有一个很大的弊端,就是运输成本较高,主要原因就是回空问题。回空成本要计入运出或运入的单程货运成本内,这样货运成本实际是单程成本的2倍。因此,企业在选择运输方式时,一定要做好成本的比较工作,选择最佳的运输方式。

(4)运输方式的定量分析

上面是对各种运输方式选择的定性分析,除此之外,我们还需要做一定的定量分析,将指标量化,使所选择的运输方式的优劣一目了然。所谓定量分析,就是对所选择的运输方式的各种指标(即影响因素,如成本、可达性、安全性、中转时间长度等)绩效进行评分,给出衡量值,然后物流管理运输部门根据各种指标的重要程度给出不同权重,用权重乘以运输方式的绩效衡量值就得到运输方式在该评估因素中的等级,将个别因素等级累积起来,就得到运输方式的总等级。如果绩效的衡量值和权重值越高,表示绩效越好,评估指标越重要,那么总等级分值越高的运输方式越好;反之,如果绩效衡量值和权重值越低,表示绩效越好,评估指标越重要,那么总等级分值越低的运输方式越好。

在目前的物流环境中,由于各种新运输形式的出现,各种承运方式的服务能力也在不断提升,这就使选择运输方式比过去更加复杂,评估也变得更加困难。因此物流公司必须慎重考虑许多因素,对运输方式进行定性和定量分析,以求选择最佳运输方式。

二、运输合理化

运输合理化从整体上看是指以最少的运力、最快的速度、最短的线路、最优的服务、最少的费用,满足国民经济对货物运输的需要。从运输企业来看,运输合理化是指在完成相同货物运输量的情况下,投入运力最少、服务质量最好、运输费用最低的运输。

(一)影响运输合理化的因素

运输合理化的影响因素很多,起决定性作用的有五方面的因素,称作合理运输的"五要素"。

1. 运输距离

在运输时,运输时间、运输货损、运费、车辆或船舶周转等运输的若干技术经济指标,都与运输距离有一定的比例关系,运距长短是运输是否合理的一个最基本的决定因素。缩短运输距离有利于改善经济指标。

2. 运输环节

每增加一次运输,不但会增加起运的运费和总运费,而且必然要增加运输的附属活动,如装卸、包装等,各项技术经济指标也会因此下降。所以减少运输环节,尤其是同类运输工具的环节,能促进运输合理化。

3. 运输工具

各种运输工具都有其使用的优势领域,对运输工具进行优化选择,按运输工具的特点进行装卸搬运作业,最大限度地发挥所用运输工具的最大作用,是合理运输的重要一环。

4. 运输时间

运输是物流过程中需要花费较多时间的环节,尤其是远程运输。在全部物流时间中,运输时间占绝大部分,所以运输时间的缩短对整个流通时间的缩短有决定性作用。此外,运输时间短,有利于运输工具的快速周转,充分发挥运力资源的作用,有利于货主资金的周转,有利于运输线路通过能力的提高,对运输合理化有很大贡献。

5. 运输费用

运输费用是考核运输是否合理的一个重要指标。无论对货主企业来讲还是对物流经营企业来讲,运输费用的高低都是各种合理化措施是否行之有效的最终判断依据之一。在同等条件下,运输费用低,运达速度快,有利于在市场竞争中取得优势。

(二)不合理运输的表现形式

组织合理运输,重点在于克服不合理的运输现象,使货物运输达到及时、准确、经济、安全的要求。所谓不合理运输,是在现有条件下可以达到运输水平而未达到,从而造成运力浪费、运输时间增加、运费超支等问题的运输形式。目前存在的主要不合理运输形式有以下几种。

1. 属于运距方面的不合理运输

(1)迂回运输

迂回运输是指商品运输本来可以走直线或经最短的运输路线,却采取绕道而行的不合理运输现象。迂回运输因选择错误的运输线路而延长了运输距离,导致运力、时间浪费,运输费用增加,是不合理运输的常见形式。迂回运输有一定的复杂性,不能简单理解,只有因计划不周、地理不熟、组织不当而发生的迂回运输,才属于不合理运输。当最短距离有交通阻塞、道路情况不好或有对噪声、排气等特殊限制不能使用时发生的迂回运输,不能称为不合理运输。

(2)过远运输

过远运输是指调运物品舍近求远的不合理运输现象,也就是近处有资源不用而从远处调。过远运输浪费了运力,增加了运输费用,延长了商品的在途时间。如果调运商品有花色品种或质量、价格上的差异,则不属于不合理运输。

2. 属于流向方面的不合理运输

(1)对流运输

对流运输又称相向运输,是指同种商品或彼此可以代用的商品在同一运输路线上或平行运输路线上做相对方向的运送,而与对方运程的全部或部分发生重叠的不合理运输现象。已经制定了合理流向图的产品,一般必须按合理流向的方向运输,如果运输方向与合理流向图指定的方向相反,也属于对流运输。对流运输又分为明显对流运输和隐蔽对流运输。明显对流运输是指发生在同一条运输路线上的对流运输。隐蔽对流运输是指同一种商品在违背近产近销的情况下,沿着两条平行的路线朝相对的方向运输。

(2)倒流运输

倒流运输是指物品从销地或中转地向产地或起运地回流的一种运输现象,这种现象经常表现为对流运输或迂回运输,但其不合理程度要甚于对流运输和迂回运输,原因在于,其往返两程的运输都是不必要的,形成了双程的浪费。倒流运输也可以看成隐蔽对流运输的一种特殊形式。

3. 属于浪费运力方面的不合理运输

(1)亏吨运输

亏吨运输是指商品的装载量没有达到运输工具的装载标准重量或没有装满车船容积而造成亏吨的不合理运输现象。亏吨运输没有充分发挥运输工具的使用效能,浪费了运力,增加了运费支出。

(2)重复运输

重复运输是指一种商品本来可以一次直接运达目的地,但由于组织工作的失误,商品在中途停卸又重复装运,或同品种商品在同一地点一面运进,一面又向外运出的不合理现象。重复运输虽然不增加运距,但增加了装卸工作量和装卸费用,降低了运输工具的使用效能,延长了商品在途时间,增加了商品损坏的可能性,是一种不合理的运输现象。

(3)无效运输

无效运输是指运输的商品当地不适销,或商品质量次、杂质多,从而造成运力浪费的不合理运输现象。

(4)返程或起程空驶

空车行驶可以说是不合理运输的最严重形式。在实际运输组织中,有时必须调运空车,从管理上不能将其看成不合理运输。但是,因调运不当、货源计划不周、不采用运输社会化而形成的空驶,则是不合理运输的表现。

4. 运力选择不当

运力选择不当是由未合理利用各种运输工具的优势而不正确地选择运输工具所造成的不合理运输现象,如弃水走陆、铁路及大型船舶的过近运输、运输工具承载能力选择不当等。

5. 托运方式选择不当

托运方式选择不当是对于货主而言，在可以选择最好的托运方式的情况下而未选择，造成运力浪费及费用支出加大的一种不合理运输。例如，应选择整车反而采取零担，应直达而选择中转，应中转而选直达等。

上述不合理运输形式都是在特定条件下表现出来的，在进行判断时必须注意其不合理的前提条件，否则容易出现判断失误。例如，如果同一种产品，商标不同、价格不同，则所发生的对流运输不能绝对看成不合理，因为其中存在着市场机制引导的竞争，优胜劣汰。如果因强调表面的对流而不允许运输，就会起到保护落后、阻碍竞争甚至助长地区封锁的作用。

再者，以上对不合理运输的描述，就形式本身而言，主要是从微观的角度得出的结论，在实践中，必须将其放在物流系统中做出综合判断。在不做系统分析和综合判断的情况下，很可能出现"效益背反"现象。单从一种情况来看，避免了不合理，做到了合理，但它的合理会使其他部分出现不合理，因此要从全局角度出发，进行整个系统的优化。

(三)运输合理化的有效措施

为了避免发生上述不合理的运输现象，需要采取措施，组织好物质产品的运输活动。

1. 提高运输工具的实载率

实载率有两个含义：一是单车实际载重量与运距之乘积和标定载重与行驶里程之乘积的比率，这是在安排单车、单船运输时判断装载合理与否的重要指标；二是车船的统计指标，即一定时期内车船实际完成的物流周转量（以吨公里计）占车船标定载重量与行驶里程乘积的百分比。提高实载率的意义在于，充分利用运输工具的额定能力，减少车船空驶和不满载行驶的时间，减少浪费，从而求得运输的合理化。整车拼装、配送等都是提高实载率的有效途径。

2. 减少动力投入，提高运输能力

运输的投入主要是能耗和基础设施的建设，在设施建设已定型和完成的情况下，尽量减少能源投入，降低单位物品的运输成本，是减少运输投入的核心。减少动力投入，提高运输能力的有效措施是：在机动车能力允许的情况下，多加挂车皮、加长列车；水运中竹、木等物品利用浮力拖排拖带；内河货运驳船编成一定队形，由机动船顶推前进；汽车拖挂运输等。

3. 发展社会化运输体系

运输社会化的含义是发展运输的大生产优势，实行专业分工，打破一家一户自成运输体系的状况。实行运输社会化，可以统一安排运输工具，避免对流、空驶等多种不合理形式，实现规模效益。

4. 发展直达运输

直达运输是越过商业物流仓库或铁路交通中转环节，把货物从产地或起运地直接运到销地或客户，减少中间环节的一种运输方式。其通过减少中转换装，提高运输速度，节省装卸费用，降低中转货损，尤其在一次运输批量和客户一次需求量达到了一整车时表现最为突出。

5. 采用配载运输

配载运输是充分利用运输工具载重量和容积，合理安排装载的物品及载运方法的一种运输方式。配载运输也是提高运输工具实载率的一种有效形式。配载运输往往是轻重商品的混合配载，即以重质物品运输为主的情况下，同时搭载一些轻质物品，在基本不增加运力投入，也不减少重质物品运量的情况下，解决了轻质物品的运输，因而效果显著。

6. 采用"四就"直拨运输

一般批量到站或到港的物品，首先要进分配部门或批发部门的仓库，然后按程序分拨或销售给客户。这样一来，往往出现不合理运输。"四就"直拨，首先是由管理机构预先筹划，然后就厂、就站（码头）、就库、就车（船）将物品分送给客户。

7. 发展特殊运输技术和运输工具

依靠科技进步是实现运输合理化的重要途径。例如：专用散装罐车解决了粉状、液状物运输损耗大、安全性差等问题；袋鼠式车皮、大型半挂车解决了大型设备整体运输问题；"滚装船"（见图 4-1）解决了车载货的运输问题；集装箱船（见图 4-2）比一般船能容纳更多的箱体；集装箱高速直达车船加快了运输速度；等等。这些都是通过运用先进的科学技术来实现运输合理化的有效例证。

图 4-1　滚装船

图 4-2　集装箱船

8. 实现流通加工合理化

有不少产品，由于产品本身的形态及特性问题，很难实现运输合理化，如果对其进行适当加工，就能够有效实现合理运输。例如，将造纸材料在产地预先加工成干纸浆，然后压缩体积运输，就能够解决造纸材料运输不满载的问题；将轻泡产品预先捆紧，再按规定尺寸包装、装车，就容易提高车辆的装载量；将水产品及肉类预先冷冻，就可提高车辆装载率并降低运输损耗。

三、了解运输决策

（一）我国物流运输的现状

物流技术是指人们在物流活动中所使用的各种工具、设备、设施和其他物质手段，以及由科学知识和劳动经验发展而形成的各种方法、技能和作业程序等。按技术形态分类，前者称为物流硬技术，后者称为物流软技术。按技术的应用范围划分，物流技术包括运输技术、仓储技术、装卸技术、搬运技术、包装技术、配送技术、流通加工技术、物流管理技术和信息处理技术等。按技术的思想来源或科学原理分类，物流技术源于机械技术、电子技术、信息及通信技术、自动控制技术、计算机技术、管理学理论和方法、应用数学方法等。

我国的物流业仍处于起步发展阶段，为适应未来经济的发展，促进我国物流业的发展，提高我国物流业的整体素质和管理水平，必须解决当前所面临的困难和问题。

1. 物流发展的环境问题

①明确国家宏观物流发展方针和政策，加强对物流的发展指导。

②解决物流发展管理体制的建设问题。

③解决物流服务体系建设滞后、制约我国物流发展的问题。

④解决第三产业领域改革相对滞后的问题。

2. 物流发展的认识问题

物流发展水平是与经济发展水平密切相关的，尽管我国具有发展现代物流的良好前景，但无法回避当前物流效率低下、技术落后和服务市场尚待培育的现状。从实际情况分析，国内企业发展物流存在以下误区：

①发展物流就是使用现代化设施和添置高技术设备。

②只要有物流设施，有生产或销售物流，就可以经营和运作物流。

③物流是利润丰厚的行业。

随着现代物流在我国的迅猛发展，国内运输、仓储及其他传统物流企业正面临企业结构与经营模式向现代物流服务转型的问题，以及物流业发展区位依托的问题等。

近些年来，我国经济发展的区域化特征越来越明显，中心城市在区域经济发展中的地位和作用越来越大，中心城市的累积扩散效应已使其成为所在经济区域物流活动的高密度地区，在区域物流组织和管理中具有举足轻重的作用，已经成为现代物流业发展的区位依托。

（二）运输决策

根据全球物流的发展态势，我们可以看到，真正的"物流热"是伴随着电子通信和互联网等信息技术而起来的。信息技术成为现代物流发展的基本支撑点，没有信息化就没有现代物流，这已经成为不争的事实。同时，电子商务和网络技术的迅猛发展使得网上的虚拟沟通把全球联为一体,在虚拟空间中的社会经济活动可以做到"零距离"沟通。然而,这恰恰给实物的流动提出了更高的要求,人们正期待着更快速、更安全、更准确和更节省的物流模式。

1. 管理改革型

从管理的角度来看,世界各国在发展物流时的做法主要有信息化、JIT采购与配送、流程再造与整合、个性化服务、咨询式物流销售服务、双赢式物流服务、建立战略联盟关系。

发展现代物流的类似做法大家还可以举出很多,这些做法本质上都是企业改善或调整自身管理与经营策略的行为,我们可以把上述做法称为管理改革型物流发展模式。其根本任务是从管理上消除物流过程中的一切障碍,选择最合理的物流流程和运作模式。其中信息化表面上是通过信息技术来推动现代物流的发展,但这一技术量化的目的是提升物流管理水平。

2. 产业渗透型

物流产业之所以是一种新型的产业,是因为它原来在产业定位中不被看作一个独立的产业类型,即使到现在,物流产业仍然处于形成过程中,还不具备自己的产业体系。物流产业正在以行业延伸和渗透的形式出现,当前最明显的延伸与渗透方式有:传统货运代理向现代综合物流的产业升级,由传统储运向现代物流的转变,海陆空运输企业向现代综合物流扩展延伸,制造企业衍生的专业物流服务,邮政速递业瞄准物流大市场。

近年来,许多传统的货运代理企业纷纷制定了向现代物流转型升级的战略,这类企业的货代业务操作特点跟现代物流比较接近,可以较方便地升级为现代物流企业,提供最具有物流特色的"第三方物流服务"。传统储运企业的原有业务以出租仓库、堆场为主,有的会为客户提供简单的配送服务。如今,它们正积极地向现代物流转变,除了提供更为周到的配送服务,还把原来的仓库、堆场按现代物流的要求与标准进行改造,同时推出包装、辅助加工等增值服务。有些作为承运人的船运公司、铁路、民航、公路运输企业,也都扩张或延伸自己的业务,为客户提供综合性物流服务。

某些大型的生产制造企业原来都有运输部门,承担自身产品的分拨与配送功能。因为看好现代物流这一市场,一些制造企业的运输部门纷纷成立独立的实体,按现代物流的业务流程对内对外提供服务。

各传统行业向现代物流的渗透均呈现出各自不同的优势,孰优孰劣或者谁是最后的赢家,目前还很难做出定论,这要看谁更符合物流发展的规律。当然,也有可能是各物流企业共同发展、互相补充,促进全社会物流的进步与繁荣。

3. 政府促动型

世界各国,尤其是一些发达国家,都十分重视现代物流的发展,并且制定了各种促进物流发展的政策法规,采取了许多积极的、有利于物流发展的措施。日本政府近年来在交通运输和物流领域相继出台了一系列新的、具有战略性质的措施,引起了世人的关注。例如,日本政府确定了21世纪交通运输技术战略,把电子信息通信技术广泛应用于交通运输和物流领域,发展该领域的系统化和网络化技术,并使其适时更新换代,从而全方位地提高和保证交通运输的安全性以及物流的准确、快速、节省和高效性。日本政府的另一战略为重振造船业,发展海洋运输。日本运输省排除各方面阻力,提出了对日本的七大造船企业进行结构调整的计划,明确提出将7家造船企业合并为3~4家。到目前为止,日本新组合的四大造船企业联合体框架已经形成。澳大利亚联邦政府则积极建立全国物流联盟网,联盟网由政府指导协调,为生产企业和物流企业的物流业务提供便利与服务。美国在运输与物流领域采取一体化管理,海陆空运输以及物流相关的管理部门都纳入美国运输部(DOT)的统一管辖内。荷兰是物流领域中的又一个强国,鹿特丹是众所周知的国际大港口,近年来,荷兰国会在促进本国物流的发展中更是大胆改革,积极探索创新。荷兰已建成一条连接阿姆斯特丹 Schiphol 机场与 Aalsmeer 花卉市场的地下物流线路。

4. 技术革命型

管理上的挖潜是有极限的,当供应链管理达到最优,通过管理创新消除一切不合理的中间环节后,便可以实现全面的 JIT 采购与配送。但是,人们已经意识到,当管理、政策与环境趋于最优,并且互联网与电子商务得到高度发展时,物流发展中的新问题又将出现。假设有一天我们完全打破了当前物流过程中的部门壁垒、地区分割,各环节均能做到一路畅通,物流是否就达到了人们期待的最理想的程度?显然不是。届时物流流动的速度也只能达到现有几种运输方式的最高运行速度而已。这时,物流进一步发展的障碍就体现在运输速度和交通环境方面。如果说目前正在进行的物流技术革命主要体现在信息化、自动化方面的话,那么,下一轮的物流技术革命就是要向传统的船舶、火车、汽车和飞机这四种运输方式提出挑战。随着容器式管道输送系统的发展,人们将看到,管道不仅可以输送气体、微粒、浆体和液体,还可以运送任意形状的物品,特别是可以克服现有几种运输方式(轮船、火车、汽车、飞机)的种种局限。管道运输节省能源,不污染环境,安全性、方便性更高,是解决网上购物配送的最有效的途径。如果能建成真空管道,那么就可以达到比飞机更快的运输速度。

项目自测

1. 通过阅读其他学习资料,简述海尔物流是如何完成运输过程的。
2. 你认为运输服务会给客户带来什么利益?
3. 结合实例说明运输在物流系统中的地位和作用。
4. 现存几种运输方式?各有什么特点?运输方式的选择影响因素和选择方法是什么?
5. 如何进行运输线路的选择?
6. 运输合理化的影响因素有哪些?
7. 简述实现运输合理化的途径。

项目五 仓储管理

● 项目引言 ●

仓储管理在物流业和整个经济活动中都具有重要的地位和作用。对仓储进行管理,主要是为了使仓库空间的利用与库存货品的处置成本实现平衡,是降低仓储物流成本的重要途径之一。高效率的仓储管理活动可使商品在最有效的时间段发挥作用,创造商品的"时间价值"和"空间价值"。

● 知识目标 ●

◆掌握仓储的概念、形成等内容。
◆掌握库存管理知识。
◆学习仓储作业。

● 思政目标 ●

结合物流管理教学内容,培养理想信念坚定,适应现代物流行业企业和社会发展需要的人才,使其具有良好的人文素养、职业道德和创新意识,具备精益求精的工匠精神。

任务实施

任务一 仓储概述

● 案例导入 ●

你会怎么做?

GT物流公司是一家老牌物流企业,主要为客户提供货物储存、保管、中转、配送等物流服务。GT物流公司拥有15 000 m² 的自营仓库,由于公司诚信经营,其在业内一直有着良好的口碑。

2021年11月20日,GT物流公司接受本地区最大的粮油加工企业的委托,代为进行粮油原料的收储。该粮油加工企业要求GT物流公司在11月30日前完成300吨粮食的储存业务,储存期限为3个月。基本要求如下:单件麻袋装满粮食后的重量为100千克,限高10层,单个包装尺寸为 90 cm×60 cm×25 cm；库内保持常温，环境通风、干燥，定期做好仓库的消毒杀虫工作。

如果是你，你会怎么做？

一、了解仓储

产品在仓储中的组合、妥善配载和流通包装、成组等活动是为了提高装卸效率、充分利用运输工具，从而降低运输成本的支出。合理和准确的仓储活动会减少商品的换装、流动，减少作业次数，采取机械化和自动化的仓储作业，都有利于降低仓储作业成本。优良的仓储管理能对商品实施有效的保管和养护，并进行准确的数量控制，从而大大减少仓储的风险。

（一）仓储的概念

仓储的概念有广义和狭义之分。狭义的仓储是指通过仓库对物料进行储存和保管；广义的仓储是指商品在从生产地向消费地的转移过程中，在一定地点、一定场所、一定时间的停滞。储存是物流的一种运动状态，是物料流转中的一种作业方式，在这一阶段对物料进行检验、保管、加工、集散、转换运输方式等多种作业。仓储是物流的主要职能，又是商品流通不可缺少的环节。

随着经济、社会和技术的发展，商品的数量和种类越来越多，但是存储的时间却越来越短。此外，由于现代生产方式变为多品种、小批量的柔性生产，物流的特征也随之改变，由少品种、大批量变为多品种、小批量或多批次、小批量，仓库的功能也从重视对物料的保管逐渐转变为重视流通功能的实现。

从物流系统的观点来看，现代物流理念认为物料的停滞是一种浪费，强调以时间换空间，以加速物料的不间断流动，取代以往人们通过储存物料来弥补可能发生的物料供应的中断。现在最典型的库存管理模式就是人们经常说的"零库存"。

因此，仓库这个概念的内涵和外延已经发生了巨大的变化。仓库已经不仅仅是一个储存场所，它逐渐发展为配送中心、物流中心，不但建筑物的外貌焕然一新，而且内部的空间、设施和货物都发生了根本的变化，更有功能和管理的进化。现代仓储和物流中心已经形成了围绕货物的由存储空间、储存设施设备、人员和作业及管理系统组成的仓储系统，功能也延伸到包括运输、存储、包装、配送、流通加工和信息处理等一整套的物流环节。

总之，为了满足现代社会市场的需要，仓储完成了从"静态"储藏到"动态"流通枢纽的质的飞跃。观念和功能的改变，引起了仓储形态和内容的显著变化。

现代物流的"零库存"理念的发展，并不意味着仓储活动可以取消或不重要。因为在目前的物资技术条件下，要想做到整个物流流程真正无缝链接是不可能的，即使勉强做到，代价也过于昂贵而不经济。因此物料的仓储管理在未来仍然很有意义。

（二）我国仓储业的发展

1. 我国仓储业的存在的问题

从整体上看，我国仓储业的发展与我国经济发展速度对仓储业的要求相比明显滞后，存在的问题也比较多，从而加大了物流活动的成本。目前我国仓储业存在的问题主要有以下四个方面。

(1)仓储理念的落后

不少人还认为仓储就是仓库管理,是对物品的存放,是根据货主的委托对物品的保管和养护;仓储无非是将原来的仓库改建得更豪华一些,由原来的肩扛人抬发展到机械作业,保管水平有所提高,操作管理由人工到电子化的过渡等。这些粗浅的认识与仓储的现代化管理是极不相称的。

(2)传统管理体制的制约

很多仓储企业还秉承以部门管理为主的管理体制,各部门、地方出于自身的利益与方便,各自建立属于自己的仓库,形成了部门分割、地区分割、自备仓库自己用、相互封闭、重复建设的不利局面,使得仓储业社会化程度较低。这种条块分割、各自为政的仓储管理体制,造成了资金分散、管理落后、设备陈旧、仓库利用率低的结果。

(3)部分仓库缺乏统筹、规划与经营

据有关资料统计,我国仓库面积利用率平均不到50%。一方面有的仓库长期闲置,另一方面还在继续投资、重复建设。盲目乱建、乱设仓库,导致市场竞争过度,仓储价格无序。一些组织将闲置厂房作为仓库低价出租,造成仓库管理水平差、储存条件差、服务效果差的"三差"局面。

(4)部分仓库功能单一、设备陈旧导致工作效率低下

我国有一些仓库建造时间早,其功能就是单纯的储存,仓库设备陈旧落后,有的还处于人工作业状态,工作效率低下。

2. 如何加快发展我国的仓储业

我国对外开放的不断扩大和对外贸易的发展,以及我国经济的高速发展和流通体制改革的不断深化,客观上对物流提出了较高的发展要求,尤其是仓储业更要快速发展,以适应新形势的需要。我国仓储业应努力提高现代化、社会化、网点化、信息化的程度,保证面向全社会提供全方位的服务,尤其是要提高下列几点认识。

(1)加强物流理论研究,提高人们对仓储业的认识

目前迫切需要加强物流理论的研究,加强相关知识的宣传,进一步提高人们对仓储业在物流及国民经济发展中的重要性的认识。现代化的仓储业应能为客户提供较高质量的服务,例如为客户选择和提供合理的仓储网点,协助客户选定存货功能和存货策略,为客户实施控制及存货计划,协助客户制订配送需求计划,为客户提供信息服务等。

(2)促进现代化仓储管理体制的发展

促进我国仓储管理体制的发展,首先是加快改革现行的仓储管理体制。例如,加强仓储行业协会的建设,成立能够实施跨地区、跨部门、跨行业的仓储行业管理与协调的协会,打破条块分割、相互封闭的格局,使各类型的仓库能够真正面向社会服务;构建全国相对统一的仓储市场体系,打破部门分割、地区分割、自备自用、相互封闭、重复建设的被动局面,在完善仓库功能的基础上,逐步实现仓储业统一规划、合理布局,形成全国相对统一的仓储市场体系;加快传统仓储业的改造,实现仓库功能多元化,让仓库不仅仅作为储存物品的场所,还能承担商品分类、挑选、整理、加工、包装、代理销售等职能,成为集商流、物流、信息流于一体的商品配送中心、流通中心;扩大对外开放,完善仓储市场,通过对外开放,引进国外先进的仓储管理经验和现代化的仓储技术,根据行业或地区实际,有计划、有步骤地逐步对我国现有仓库进行再造,从而促使我国仓储企业提高竞争能力;加强我国仓储工作人员的职业培训,要充分认识到实现仓储业现

代化的关键在于科学技术,而发展科学技术的核心又在于人,要实现仓储人员的知识化、专业化,必须按现代化管理的要求,根据不同类型的仓库和工作岗位制定和实施人才培训计划,加强对仓储人员的教育,尽快培养出一批具有现代科学知识和管理技术、责任心强、素质高的专门从事仓储管理的人才队伍。

(三)仓储的功能

仓储主要是对流通中的商品进行检验、保管、加工、集散和转换运输方式,并解决供需之间和不同运输方式之间的矛盾,提供场所价值和时间效益,使商品的所有权和使用价值得到保护,加速商品流转,提高物流效率和质量,促进社会效益的提高。概括起来,仓储的功能可分为如下几个方面。

1. 调节功能

仓储在物流中起着"蓄水池"的作用。一方面,仓储可以调节生产与消费的关系,使它们在时间和空间上得到协调,保证社会再生产的顺利进行。另一方面,仓储可以实现对运输的调节。产品从生产地向销售地流转主要依靠运输完成,但不同的运输方式在运向、运程、运量及运输线路和运输时间上存在着差异,一种运输方式一般不能直接将货物运达目的地,需要在中途改变运输方式、运输线路、运输规模、运输方法和运输工具,而且为协调运输时间和完成产品倒装、转运、分装、集装等物流作业,还需要在产品运输的中途停留。仓储的调节功能如图 5-1 所示。

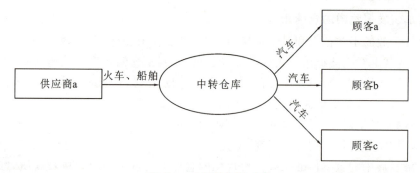

图 5-1 仓储的调节功能

2. 检验功能

在物流过程中,为了保障物料的数量和质量准确无误,分清责任,维护各方面的经济利益,必须要求对商品及有关事项进行严格的检验,以满足生产、运输、销售及用户的要求,仓储为组织检验提供了场地和条件。

3. 集散功能

仓储把生产单位的产品汇集起来,形成规模,然后根据需要分散发送到消费地去,通过一集一散,衔接产需,均衡运输,提高物流速度。一方面,仓库接收来自许多厂商或供应商的商品;另一方面,仓库根据顾客的要求,把经过整合的商品送到顾客的手中。这种方式的经济利益体现在从厂商到仓库的大批量运输和从仓库到顾客的共同配送。这类仓库一般被称为整合仓库,如图 5-2 所示。

4. 配送功能

仓储的配送功能是根据用户的需要,对商品进行分拣、组配、包装和配发等作业,并将配好

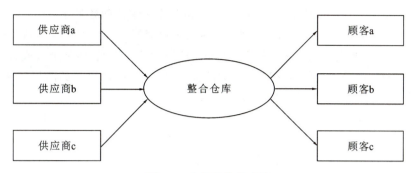

图 5-2　仓储的集散功能

的商品送货上门,如图 5-3 所示。仓储配送功能是仓储保管功能的外延,提高了仓储的社会服务效能,就是要确保储存商品的安全,最大限度地保持商品在储存中的使用价值,减少保管损失。

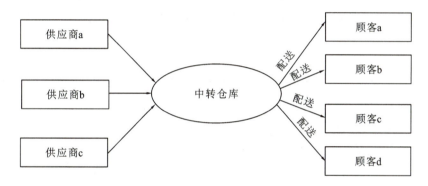

图 5-3　仓储的配送功能

目前,企业建设仓储或配送中心有许多战略上的考虑,具体如下所述。

①提供本地库存服务,这是满足顾客获得全球范围的快速物流服务的基本条件,促进了本地仓库网络的发展。

②为顾客提供附加服务,例如贴标签、包装等流通加工服务。

③就近选择一些关键供应商,作为材料控制中心的供应合作伙伴。

④形成订货的最佳结合点,将一次订货的多元部件组合起来送给顾客。

⑤整合外运订单,使运输更加经济化。

⑥防止受到制造交付周期的影响。

⑦处理逆向物流。

⑧进行质量检测。

⑨制造经济化,如存储产品能使生产线在季节性需求波动到来时保持平稳运行。

⑩提高采购效率,如当原材料价格下降时进行大量采购。

二、仓储的形成与作用

(一)仓储的形成

仓储随着物料储存的产生而产生,又随着生产力的发展而发展。仓储是商品流通的重要环节之一，也是物流活动的重要支柱，在社会分工和专业化生产的条件下，为保持社会再生产过程的顺利进行，必须储存一定数量的物料，以满足一定时间内社会生产和消费的需要。

人类社会自从有剩余产品以来，就产生了仓储。原始社会末期，当某个人或者某个部落获得食物自给有余时，就把多余的食物储藏起来，同时产生了专门储存产品的场所和条件，于是"窑穴"就出现了。在西安半坡遗址已经发现了许多储存食物和用具的窑穴，它们多分布在居住区内，和房屋交错在一起，可以说是我国最早的仓库的雏形。在古籍中常常看到有"仓廪""窦窖"这样的词语。所谓仓廪，其中"仓"是指专门藏谷的场所，"廪"是指专门藏米的场所。所谓窦窖，是指储藏物品的地下室，椭圆形的叫作"窦"；方形的叫作"窖"。古代也把存放用品的地方叫作"库"，后人把"仓"和"库"两个字结合使用，逐渐形成一个概念，即把储存和保管物料的建筑物叫作"仓库"，所以仓库一词也就出现了。

(二) 仓储的作用

1. 仓储是物流的主要功能要素之一

在物流中，运输承担了改变空间状态的重任，而物流的另一个重任，即改变"物"的时间状态是由仓储来承担的。因此，在物流系统中，运输和仓储是并列的两大主要功能要素，也被称为物流活动的两大支柱。

2. 仓储是社会物资生产及生活顺利进行的必要条件之一

仓储作为社会再生产各环节中及社会再生产各环节之间的"物"的停滞，构成了上一步活动和下一步活动的必要条件。

仓储作为社会物质生产的必要条件，具体表现在衔接及调节作用上。

现代的大生产形式是多种多样的。从生产和消费的连续性来看，各种产品都有不同的特点。有的产品生产是均衡的，而消费是不均衡的，例如生活资料中的啤酒、清凉饮料就是一年四季不间断地生产，而消费高峰却集中在夏季，生产资料中的某些建筑材料也有类似的特点。又有一些产品生产是不均衡的，而消费却是连续不断地进行，最典型的产品是粮食，在生产资料中，木材也有类似的特点。

生产和消费在时间上不均衡、不同步的现象是客观存在的，因此需要进行调整，即生产的产品要经过一定时间的储存保管才能和消费相协调。此外，出于备战、备荒的需要，出于合理使用资源，防止产品一时过剩造成浪费的需要，出于延迟一段时间出售产品而获取较优价格的需要，人们应对生产的产品进行一定时间的储存。仓储的这个作用称作"蓄水池"作用和"调节阀"作用。

3. 仓储可以创造"时间效用"

同种"物"由于时间状态不同，其使用价值的实现程度可能有所不同，其效益的实现也会不同，由于改变了时间而最大限度地发挥使用价值，最大限度地提高了产出投入比，就称为"时间效用"。通过仓储，使"物"在效用最高的时间发挥作用，就能充分发挥"物"的潜力，实现时间上的优化配置。从这个意义上讲，也相当于通过仓储提高了物的使用价值。

4. 仓储是"第三利润源"的重要组成部分

在"第三利润源"中，仓储是重要组成部分之一，但仓储作为一种停滞，又时时有冲减利润的趋势，即"物"在"存"的过程中使用价值降低，且各种仓储成本支出必然起到冲减利润的作用。那么，利润源又从何说起呢？这可以从以下几方面得到回答。

①有了仓储的保证,就可免除加班赶工,省去了增大成本的加班费。

②有了仓储的保证,就无须紧急采购,不致加重成本。

③有了仓储的保证,就能在有利时机进行销售或在有利时机购进,这当然增加了销售利润或减少了采购成本。

④仓储是占用大量资金的一个环节,仓库建设、维护保养、进库出库等要耗费大量人力、物力、财力,储存过程中的各种损失也是很大的消耗。因此,仓储节约的潜力也是巨大的,通过仓储的合理化,可以减少储存时间,降低储存投入,加速资金周转,走降低成本的路子来增加利润。

三、仓库的分类

仓库的种类多种多样,形态结构各异,服务范围存在较大差异。以不同的标准对仓库进行分类,研究不同种类的仓库,可以为不同货物、不同企业选择合适的仓库提供依据。

(一)根据所有权形式分类

根据所有权形式,仓库分为自有仓库、公共仓库、合同仓库三种类型。

1. 自有仓库

自有仓库是指生产企业、贸易公司等各类组织自投资金建设,自己经营管理,为自身提供储存服务的仓库。以下情形可考虑选择自有仓库的形式:企业资金实力雄厚,希望拥有更多的仓储控制权;商品属性特殊,对仓储环境要求高;仓储作业专业化程度高,库存周转量大,仓储需求较为稳定。

2. 公共仓库

公共仓库与自有仓库的概念完全相反。公共仓库是由某个企业投资兴建、独立运营,面向社会提供物品储存服务并收取费用的仓库。由于公共仓库的灵活性、可扩展性和其规模经济效益,公共仓库越来越受到企业的欢迎。目前,公共仓库也可以根据用户的需要为其设计和提供特定的物流服务。

3. 合同仓库

合同仓库是指客户将仓储业务外包给公共仓库,在一定的时期内,按照一定的合同约束,由公共仓库为客户提供定制化的仓储服务。合同仓库是公共仓库定制化的延伸,许多第三方物流公司都提供这种定制化的合同仓储服务。

合同仓库的很多特性居于自有仓库和公共仓库之间,既可以体现公共仓库的灵活性,又可以通过协议实现个性化服务要求,通过为企业提供"量身定制"的流程设计与仓储服务,增强企业对库存或配送管理的控制能力,同时,因为固定资产投资较少,所以对库存周转量的要求也较低。

(二)按仓库保管条件分类

1. 普通仓库

普通仓库是指用于存放无特殊保管要求的物品的仓库。

2. 特种仓库

特种仓库是指用于存放易燃、易爆、有毒、有腐蚀性或有辐射性物品的仓库。

3. 保温、冷藏、恒温恒湿仓库

保温、冷藏、恒温恒湿仓库是指用于存放对环境有温度、湿度要求的物品的仓库。

4. 气调仓库

气调仓库是指用于存放要求控制库内氧气和二氧化碳浓度的物品的仓库。

(三) 按仓库建筑形式分类

1. 封闭式仓库

封闭式仓库俗称库房,其特点是封闭性好,适宜存放对保管条件要求比较高的物品,如图5-4所示。

图5-4 封闭式仓库

2. 半封闭式仓库

半封闭式仓库俗称货棚。货棚的保管条件逊于库房,但出入库作业比较方便,且建造成本较低,适宜存放那些对温湿度要求不高且出入库频繁的物品。

3. 露天式仓库

露天式仓库俗称货场。货场最大的优点是装卸作业极其方便,适宜存放较大型的货物。

(四) 按仓库建筑结构分类

1. 平房仓库

平房仓库只有一层,建筑结构简单,建造费用便宜,有效高度一般不超过6 m,被广泛采用。

2. 楼房仓库

楼房仓库是指二层以上的仓库,楼层间物料移动要依靠坡道或者垂直运输机械。楼房仓库可以减少土地占用面积,但其建造成本会增加。

3. 罐式仓库

罐式仓库通常呈球形或柱形,主要用来储存石油、天然气和液体化工品等。

4. 简易仓库

简易仓库是一种构造简单、造价低廉、在仓库不足而又不能及时建库的情况下采用的临时代用仓库。它包括固定或活动的简易货棚等。

(五)按库内形态分类

1. 地面型仓库

地面型仓库又叫作平库,一般指单层地面库,多使用非货架型的保管设备,适用于存期短、周转频率高的货物的储存。

2. 货架型仓库

货架型仓库又叫作立库,是指用货架保管货物的仓库。相对于地面型仓库而言,货架型仓库可以提高仓库的空间利用率,但会增加货物存取成本。

3. 自动化立体仓库

自动化立体仓库是采用高层货架存放货物,以巷道堆垛起重机为主,结合入库、出库周边设备进行作业的一种仓库。该类仓库造价较高。

(六)按保管物品种类的多少分类

1. 综合仓

综合仓指用于存放多种不同属性物品的仓库。

2. 专业仓

专业仓指用于存放某一种或某一大类物品的仓库。

(七)按仓库功能分类

随着现代物流的发展,仓库的主要功能从以前的储存物品向方便流通转变,特点是商品在库时间短、周转频率高,这就使仓库管理从静态管理转变为动态管理。仓库新功能的出现使得仓库有了以下新的称谓。

1. 集货中心

将零星货物集中成批量货物称为"集货",集货中心一般设在生产点数量很多,每个生产点产量有限的地区,具有运输整合作用,如图5-5所示。

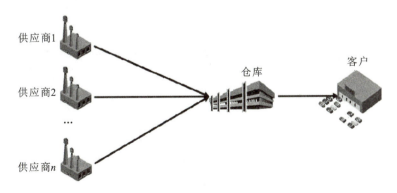

图 5-5　集货中心

2. 分货中心

将大批量运到的货物分成批量较小的货物称为"分货"。分货中心是主要从事分货工作的物流节点,如图5-6所示。上游企业可以采用大规模整车运输的方式将货物运到分货中心,然后按下游企业生产或销售的需要进行分装,利用分货中心可以降低运输费用。

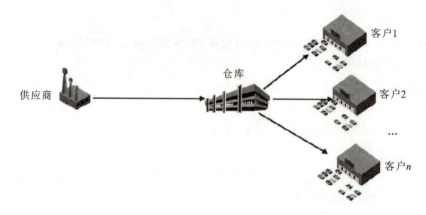

图5-6 分货中心

3. 转运中心

转运中心的主要工作是承担货物在不同运输方式间的转运。转运中心可以进行两种运输方式的转运,也可进行多种运输方式的转运,在名称上有的称为卡车转运中心,有的称为火车转运中心,还有的称为综合转运中心。

4. 加工中心

加工中心的主要工作是进行流通加工,利用仓库把产品生产的最后一道工序或者细枝末节的加工放到流通过程中进行,如图5-7所示。

设置在供应地的加工中心主要进行以方便运输为主要目的的加工,设置在消费地的加工中心主要进行利于销售、强化服务、满足客户个性化需求的加工。

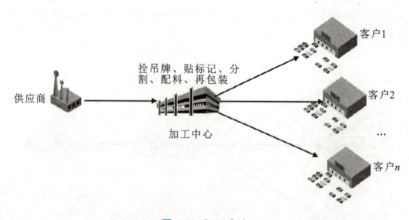

图5-7 加工中心

5. 储调中心

储调中心以储备为主要工作内容,从功能上看与传统的仓库基本一致。

6. 配送中心

配送中心是从事配送业务的物流场所或组织。其特征是面向特定用户，覆盖范围小，以多品种、小批量配送为主，储存为辅。

7. 物流中心

物流中心是从事物流活动的场所或组织。其特征是面向社会提供物流服务，覆盖范围大，作业货物的品种少，批量大，存储、吞吐能力强。

（八）按仓库所处的领域分类

1. 生产领域仓库

生产领域仓库是指生产企业的原材料和半成品、在制品和产成品仓库。

2. 流通领域仓库

流通领域仓库是指除具有保管功能之外的，面对厂商，集中客户需求实行流通加工、配送等功能的仓库。流通领域仓库的特征是商品的保管期较短、出入库量较大。

四、会展物流仓储管理

会展物流仓储管理是指在会展活动中对展品、设备和资料的仓储过程进行规划、组织、实施和控制的管理活动。它涵盖了仓库设施的选择和布局，以及存储、保管和分发展品的各项工作。以下是会展物流仓储管理一些重要的方面。

（一）仓库规划

选择合适的仓库设施，考虑展品的特性、数量、尺寸和重量。制定仓库规划，包括货物分类、货架布局、仓储流程等。

（二）货物接收与验收

对入库的展品进行接收和验收，确保物品的完整性和准确性。检查货物的数量、规格、质量是否符合标准，并记录相关信息。

（三）货物存储与保管

根据展品的特性和需求，制定合理的存储方案。将展品按照分类、系列或展位进行有序的存储，并确保存储环境的适宜性（如温度、湿度、光照等）。

（四）库存管理

建立有效的库存管理系统，跟踪展品的入库和出库情况。确保展品库存的准确性和可靠性，及时补充库存并防止库存积压或缺货。

（五）货物分发与调配

根据展商和展会的安排，将展品按时分发到展位。确保展品在展会期间的及时供应，协调调配展品到不同场地和展台。

（六）废物处理和回收

在展会结束后，及时处理废弃物、包装和不再需要的展品，进行环保处理和回收，减少环境负荷。

(七)安全管理

保障仓库内展品的安全,采取必要的安全措施,如视频监控、防火设施、安全封条等,防止展品丢失、损坏或被盗窃。

(八)仓储设备维护

定期检查和维护仓储设备,确保其正常运行。对货架、叉车等仓库设备进行维修和保养,以确保其安全和有效性。

良好的物流会展仓储管理可以确保展品安全、有序地存储和分发。有效的仓储管理可以提高展商和观众的满意度,并为会展的成功运作提供强有力的支持。

任务二　仓储作业

▎案例导入▎

手机备件库业务外包

GR手机制造商为了改善售后服务,计划在华北地区设立手机备件库,以提高对售后维修站订单的响应速度。经过分析,该手机制造商计划将售后备件的仓储与配送业务外包。TTR是一家第三方物流公司,拥有5500平方米的仓库和优秀的仓储管理团队。经过考察和平等协商,GR手机制造商与TTR物流公司签署了手机备件仓储与配送服务合同。

根据GR手机制造商的要求,TTR物流公司将5500平方米的仓库划分为6个存储区,什么备件存放到什么库,是由手机制造商指定的。仓库存储区的地面、存放环境均按照手机制造商的要求进行了改造,以使温度和湿度达标,并满足防尘、防静电的要求。手机制造商提出的KPI(关键业绩指标)考核指标有库存准确率、拣货准确率、丢失破损率、及时配送率等。TTR物流公司定位为仓储物流管理,凭借其专业的仓储物流管理人才,为客户提供货物的仓储、盘点、分拣、包装、发货、物流跟踪、客户反馈等服务,为客户节省仓储与人力成本。除此之外,还能为客户提供实时的仓储信息,方便客户对仓储状态信息的掌握,以信息化技术提升货物仓储与配送环节的客户体验,提升客户产品的品牌价值。

一、仓储作业管理

(一)仓储作业管理概述

仓储作业管理就是对仓储业务,如收发、储存、保管等活动的计划、执行和控制。一个仓库保管着成千上万种的物料,需要拥有一定的劳动力和与之相适应的仓储技术和装备。一方面,仓储作业管理执行着合理组织仓储生产能力的一般职能,对各种工作要素进行合理的管理,以提高其经济效益;另一方面,仓储作业管理需要正确处理仓库内外的各种关系,调动各方面的积极性和创造性,充分发挥物流重要节点的作用。

(二)仓储作业管理的意义

首先,仓储作业管理是物流管理的有机组成部分。仓储作业管理在物流管理中占有特殊的地位,物流管理的各环节都同仓储作业管理有着直接或间接的联系。仓储作业管理工作好坏直接影响着物流管理工作的进行,它从实物形态上保证物流活动正常并高效地运作。

其次,仓储作业管理是保持储存物料原有的使用价值、减少消耗、促进节约、降低成本的重要手段。任何一种物料,当它处在储存时期时,虽然表面上处于静止状态,但从物理和化学的角度来看,物料仍在不断发生着变化,这种变化,因物料本身的性质、所处的条件及与外界的接触不同而有差异,除极少数外,大多变化结果对物料的使用价值都有损害作用。要使这些储存品不受或少受有害因素的影响,就必须对其进行科学的保管、保养。从这个角度讲,物料的管理比资金的管理更难,也更有意义。

再次,仓储作业管理有利于库存合理化,加速资金周转,提高企业经济效益。由于仓储工作担负着物料流通中实物储存保管、装卸搬运、配送发运等任务,这些环节的快慢程度直接影响着物料的流通时间,因此要求仓储工作做到快进快出,以加快物料的周转速度。同时,仓库是组织物料供应的场所,若注意对物料合理利用、代用和回收复用,就能使有限的物料资源发挥更大的作用。

最后,现代生产企业中,仓储是反映工厂各种物流活动状况的综合场所,清晰、准确的报表等信息记载,为企业的生产经营活动提供了便利的信息来源。

(三)仓储作业管理的主要内容

仓储作业管理的主要内容包括从物料入库开始,到物料从仓库发往用户为止的所有具体操作和管理控制活动。

第一,核单、验收入库。

第二,物料分类摆放和保管。

第三,物料按单分拣、发放。

第四,物料盘点。

第五,废物料处理。

第六,退货处理。

第七,物料账务处理。

第八,安全维护。

第九,资料保管。

二、仓库的规划与设计

(一)仓库规划与设计应遵循的原则

1. 适应性原则

仓库的规划与设计要与国家及省市的经济发展方针、政策相适应,与我国物流资源分布和需求分布相适应,与国民经济和社会发展相适应。

2. 协调性原则

仓库的规划与设计应将国家的物流网络作为一个大系统来考虑,使物流中心的设施设备在地域分布、物流作业生产力、技术水平等方面互相协调。

3. 经济性原则

仓库的规划与设计要保证建设费用和物流费用最低,如选定在市区、郊区、还是靠近港口或车站等,既要考虑土地费用,又要考虑将来的物流活动辅助设施的建设规模及建设费用,以及运费等物流费用。

4. 战略性原则

仓库的规划与设计应具有战略眼光,一是要考虑全局,二是要考虑长远。局部要服从全局,目前利益要服从长远利益,既要考虑目前的实际需要,又要考虑日后发展的可能。

5. 可持续发展原则

可持续发展原则主要指在环境保护上充分考虑长远利益,维护生态环境,促进城乡一体化发展。

(二)仓储园区平面布置

1. 仓储园区的结构

仓储园区一般由3个部分组成,即生产作业区、辅助生产区和办公生活区,如图5-8所示。

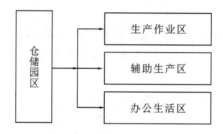

图5-8 仓储园区的结构

生产作业区是仓储作业活动的场所,主要包括储货区、装卸台、道路、铁路专用线等。

储货区是储存、保管物资的场所,又分为库房、货棚、货场等。货场可用于存放商品,也可用于货位的周转和调剂。

铁路专用线、道路是库内外的商品运输通道,商品进出园区都要通过这些运输线路。铁路专用线应与园区内道路相通,保证物资运输畅通。

装卸台(月台)是供货运车辆装卸商品的平台,有单独站台和库边站台两种,其高度和宽度应根据运输工具和作业方式而定。

辅助生产区是为商品储运保管工作服务的辅助设施,包括车库、变电室、油库、维修车间等。

办公生活区是仓库的行政管理机构和生活服务设施的所在地,一般设在仓库入库口附近,便于业务接洽和管理,同时应与生产作业区保持一定距离,以保证仓库的安全及行政办公和生活的安静。

2. 仓储园区平面布置原则

园区总平面布置就是对仓储园区内的各个建筑及组成部分进行平面定位,确定库房、货场、铁路专用线、库内道路、辅助建筑物、办公场所、附属固定设备等的平面位置。图5-9为某园区平面布置图。

仓储园区平面布置应遵循以下原则。

(1)单一物流方向

物品的卸车地、验收地、存放地的位置安排应顺应仓储生产流程,使物料沿一个方向流动,

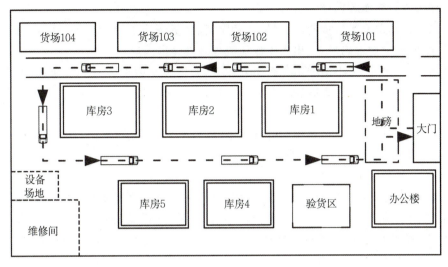

图 5-9 某园区平面布置图

即保持单一的物流方向。

(2) 避免迂回运输

物料尽量避免迂回运输,专用线应布置在库区中间,并根据作业方式、仓储商品的品种、地理条件合理安排库房、堆场、专用线与主干道的相对位置。

(3) 减少装卸搬运次数

平面布置安排应尽量减少装卸搬运次数,商品的卸车、验收、堆码作业最好一次完成,避免二次装卸和搬运。

(4) 利于提高仓储经济效益

园区总平面布置既要充分利用园区面积,又要方便物流作业和运营管理。

(5) 利于安全生产和文明作业

各建筑区之间应遵循《建筑防火设计规范》的规定,留有一定的防火间距,有防火、防盗安全设施;同时考虑作业环境的卫生、绿化、通风、日照等条件,为职工创造健康、文明的生产环境。

(三) 仓库建筑设计要考虑的因素

1. 选择平房建筑还是楼房建筑

平房建筑和楼房建筑各有优缺点,如表 5-1 所示,选择时应综合考虑占地成本、空间利用率和作业方便性等因素。

表 5-1 平房建筑和楼房建筑的特点

平房建筑的特点	从作业方便角度看,应尽量采用平房建筑,物品不必上下移动,便于作业管理,但平房建筑占地成本高,空间利用率低
楼房建筑的特点	仓库采用楼房建筑可以节省占地面积,但物品上下搬运可能成为瓶颈。因此,若选择使用楼房建筑,要特别重视上下楼的通道设计。若是流通仓库,可采用二层立交斜路方式,车辆可以直接行驶到二层仓库,将二层仓库作为收货、验货、保管场所,一层仓库作为理货、配货、保管场地

2. 仓库出入口和通道设计

仓库出入口的数量与供货商的数量、送货频率、出货频率等因素有关,具体应根据建筑物结构和尺寸、库内货物堆码形式、出入库作业流程等设计出入口。

仓库出入口尺寸的大小由卡车是否出入库内,所用叉车的种类、尺寸、台数、出入库次数,保管货物尺寸大小决定。作为载货汽车的出入口,宽度和高度应达 4 m,作为叉车出入口,宽度和高度应达 2.5~3.5 m。仓库出入口通常用卷帘或铁门。

库内的通道是保证库内作业畅通的必要条件,通道应延伸至每一个货位,使每一个货位都可以直接进行作业,通道需要路面平整和平直,减少转弯和交叉。

(1)天花板的高度

机械化、自动化作业仓库对天花板的高度有较高的要求,使用叉车的时候,标准提升高度为 3 m,而使用多端式高门架时高度要达到 6 m。另外,从托盘装载货物的高度看,包括托盘的厚度在内,密度大且不稳定的货物通常以 1.2 m 高为标准;密度小而稳定的货物,通常以 1.6 m 高为标准。如果货架层数分别为 4 层和 3 层,则货架高度应为 1.2 m/层×4 层=4.8 m,1.6 m/层×3 层=4.8 m,因此,仓库的天花板高度一般为 5~6 m。

(2)立柱间隔

立柱跨度的设计是否合理,对物流配送中心的成本、效益和运转费用都有重要的影响。在决定立柱跨度时必须考虑存储设备型号和托盘的规格尺寸。一般情况下,立柱间隔以 7 m 为宜,这个间隔适合 2 台大型货车(2.5 m×2)或 3 台小型载货车(1.7 m×3)作业,如果采用托盘存储,以能放置 6 个标准托盘为间隔。

(3)地面

库房地面承载能力要求:普通仓库地面承载力为 3 t/m²,流通仓库地面承载力要保证重型叉车作业的足够受力。

库房地面高度的要求如下。

①低地面。

地面高度比基础地面高出 0.2~0.3 m,出入口为平稳的斜坡,便于叉车出入。

②高地面。

地面高度要与出入库车厢的高度相吻合,大型载货车(5 t 以上)为 1.2~1.3 m,小型载货汽车(3.5 t 以下)为 0.7~1.0 m,铁路货车站台为 1.6 m。

一般情况下,原材料库和半成品库由于载重汽车直接出入的频率比较高,采用低地面比较有利;而流通库需要在库内分货、配货,并根据商品的不同采取不同的存放方式,采取高地面较为合适。

(4)月台

月台与路面之间的高度差一般在 0.8~1 m,具体根据配送车辆确定,月台宽度在 4 m 以上。

(5)遮雨棚

遮雨棚与月台之间的高度差在 3 m 以上,遮雨棚与路面之间的高度差在 4 m 以上(使用海鸥式厢式货车时,要在 5.5 m 以上)。

（四）仓库内部平面布置

1．功能区域布置

（1）仓库功能区域划分

根据作业需要，仓库通常划分为多个功能区，最常见的有收货区、存储区、拣货区、出库区、退换货处理区等。

①收货区。

收货区用于入库商品的清点核对（数量检验）、外观检验（质量检验）、入库交接、入库暂存等操作。

②存储区。

存储区用于在库商品的储存和保管，根据需要，有些仓库又将存储区划分为平面存储区（地面堆码存放）和货架存储区（使用货架存放）。

③拣货区。

拣货区用于出库拣货操作。有些仓库采用存拣合一模式，即直接从存储区拣货。有些仓库另设拣货区，先将待拣物品从存储区移动到拣货区，再在拣货区按单拣货，这种方式可以减少拣货人员的行走距离，提高工作效率，适用于拣货品种较少的场合。存拣合一的仓库，存储区也为拣货区，存拣分离的仓库，存储区外另设拣货区。

④出库区。

出库区用于出库商品的暂存、扫描复核、包装、称重、贴标签等操作。

⑤退换货处理区。

退换货处理区用于退换货的登记、质检、包装，退货上架前和次品退仓前的暂存操作。

除了上述功能区域之外，有些仓库还设有拆零区、流通加工区、分货区、集货区、包装区等。

（2）仓库功能区域布局

布置仓库的功能区域时，需要分析各区域业务流程的关联度，根据关联程度确定哪个功能区和哪个功能区相邻，形成合理的平面布局。下面是几种常见的仓库动线布局。

①I形动线布局。

I形动线布局如图5-10所示。根据作业顺序，自入仓到出仓物料流动的路线为I形。

图5-10　I形动线布局

I形动线布局可以应对进出货高峰同时发生的情况，适用于收发货频率高、存储时间短、使用不同类型车辆来出货和发货的配送中心。

②U形动线布局。

U形动线布局如图5-11所示。根据作业顺序，自入仓到出仓物料流动的路线为U形。

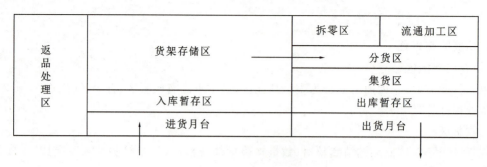

图 5-11　U 形动线布局

U 形动线布局适用于具有高频率出入库活动的仓库,可以应对进出货高峰同时发生的情况。

③L 形动线布局。

L 形动线布局如图 5-12 所示。根据作业顺序,自入仓到出仓物料流动的路线为 L 形。该布局适合于进货、出货数量相当庞大的物流中心,适合越库作业的进行,便于进、出货月台的利用。

图 5-12　L 形动线布局

④上下 U 形动线布局。

上下 U 形动线布局如图 5-13 所示。根据作业顺序,自入仓到出仓物料流动的路线为上下 U 形。该布局适合于两层以上的物流中心,该动线规划着重于进货、出货区域的分离,同时考虑进货、验收、储存、流通加工、拣货、分货、集货、退货区功能设计。

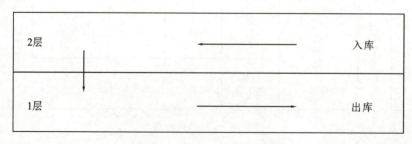

图 5-13　上下 U 形动线布局

2. 存储区货位布置

(1)分区分类存储原则

存储区一般采用分区分类存储原则,也就是将存储区按某种规则划分为若干子区域,分别存放不同类别的货物。

存储区分区方式有以下几种:①按商品的种类和性能进行分区;②按商品发往地区进行分区;③按商品的危险性质进行分区;④按方便作业和安全作业进行分区;⑤按不同货主的储存商品进行分区。

分区分类规划的原则如下:①存放在同一货区的物品必须具有互容性;②保管条件不同的物品不应混存;③作业手段不同的物品不应混存;④灭火措施不同的物品不能混存。

(2)存储区货位布置形式

存储区货位布置形式是指货垛、货架的排列形式。合理的货位布置,一方面要满足物品的保管要求,方便进出库作业,另一方面要尽可能提高仓库平面和空间利用率。库内货垛、货架的排列形式有垂直式布局和倾斜式布局两种。垂直式布局又分横列式布局、纵列式布局和纵横式布局,倾斜式布局又分货垛倾斜式布局和通道倾斜式布局。

①横列式布局。

横列式布局是指货垛或货架的长度方向与仓库的长度方向互相垂直,如图5-14所示。

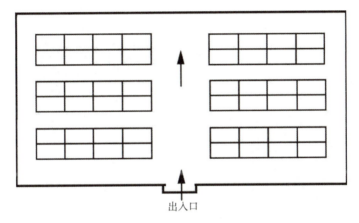

图5-14　横列式布局

这种布局的主要优点是主通道长且宽,副通道短,整齐美观,便于存取查点,还有利于通风和采光。缺点是主通道宽,占用面积多,仓库平面面积利用率受影响。

②纵列式布局。

纵列式布局是指货垛或货架的长度方向与仓库的侧墙平行,如图5-15所示。这种布局的优点主要是可以根据库存物品在库时间的不同和进出频繁程度安排货位。

例如,A区存放在库时间短、进出频繁的物品,B区存放在库时间中等、出入库频率中等的物品,C区存放在库时间长、进出库不频繁的物品。

③纵横式布局。

纵横式布局是指在同一保管场所内,横列式布局和纵列式布局兼而有之,可以综合利用两种布局的优点,如图5-16所示。

④通道倾斜式布局。

通道倾斜式布局是指仓库的通道斜穿保管区,把仓库划分为具有不同作业特点(如大量存储和少量存储)的保管区等,以便进行综合利用。这种布局形式能避免死角,仓库面积利用率较高,但库内形式较复杂,如图5-17所示。

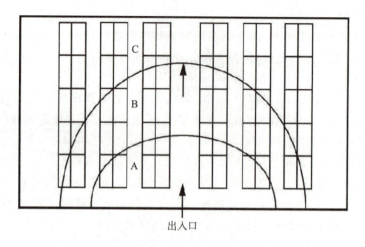

图 5-15　纵列式布局

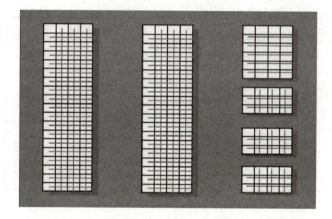

图 5-16　纵横式布局

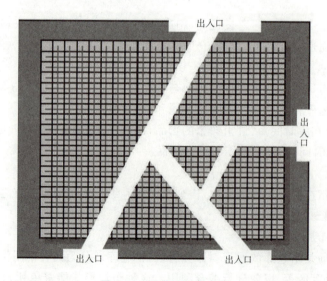

图 5-17　通道倾斜式布局

三、仓库管理合理化

(一)库存的弊端

库存的作用是相对的,库存也存在一定的弊端。

库存过大存在的弊端主要有以下6个方面。

第一,占用企业大量资金。通常情况下,库存占企业总资产的比例较大,库存管理不当会造成企业大量资金的沉淀。

第二,增加了企业的产品成本与管理成本。库存材料的成本增加直接导致产品成本的增加,而相关库存设备、管理人员的增加也势必加大企业的管理成本。

第三,掩盖了企业的众多管理问题,如计划不周、采购不力、生产不均衡、产品质量不稳定及市场销售不力等。

第四,库存产品过期、过时可能会带来企业利益的损失。

第五,库存产品市场价格的下降可能会带来企业利益的损失。

第六,大量的产成品库存可能会影响企业新产品的上市,导致企业失去市场竞争机会。

库存过小存在的弊端主要有以下6个方面。

第一,由于产品脱销而错过销售机会,同时降低企业信誉度。

第二,难于解决订货、生产、销售各阶段的突发情况。

第三,紧急订货可能带来产品价格上涨。

第四,增加了接受订货生产期或延期交货的情况。

第五,增加了应对产品脱销混乱的间接人员和管理费用。

第六,受季节因素影响大的企业的作业水平可能会下降。

(二)库存合理化

库存合理化是指以最经济的方法和手段从事库存活动,并发挥其作用的一种库存状态及其运行趋势。具体来说,库存合理化包含以下内容。

1.库存"硬件"配置合理化

库存"硬件"是指各种用于库存作业的基础设备。实践证明,物流基础设施和设备数量不足,技术水平落后,或者设备过剩、闲置,都会影响库存功能作用的有效发挥。如果设施和设备不足,或者技术落后,不但库存作业效率低下,而且不可能对库存物资进行有效的维护和保养;如果设施和设备重复配置,以致库存能力严重过剩,也会增加被储物资的成本而影响库存的整体效益。因此,库存"硬件"的配置应以能够有效地实现库存职能、满足生产和消费需要为基准,做到适当、合理地配置仓储设施和设备。

2.库存组织管理科学化

库存组织管理科学化有以下几种表现。

①存货数量保持在合理的限度之内,既不能缺少,也不能过多。

②货物存储的时间较短,货物周转速度较快。

③货物存储结构合理,能充分满足生产和消费的需要。

④货物存储空间合理,能充分满足不同的流通环节和不同地点的需要。

3. 库存结构符合生产力发展的需要

从微观上说，合理的库存结构指的是在总量上和存储时间上库存货物的品种和规格的比例关系基本上是协调的；从宏观上说，库存结构符合生产力发展的需要意味着库存的整体布局、仓库的地理位置和库存方式等应有利于生产力的发展。在社会化大生产条件下，为了发展规模经济和提高生产、流通的经济效益，库存适当集中应当是库存合理化的一个重要标志。因为，库存适当集中除了有利于采用机械化、现代化方式进行各种操作外，更重要的是，它可以在降低存储费用和运输费用及提高保供能力等方面取得优势。无数事实证明，以集中化的库存来调节生产和流通，在一定时期内，库存货物的总量会远远低于同时期分散库存的货物总量。因此，相对来说，集中化库存的资金占有量是比较少的。与此同时，由于库存比较集中，存储货物的种类和品种更加齐全，在这样的结构下，库存的保供能力自然更加强大。

任务三　库存管理

●案例导入●

某公司的库存问题

某公司一年一度的年末总结会在位于某风景区的宾馆召开，参加会议的有生产、采购、销售、物流、设计及财务等部门的主管领导。会议有多项议题，其中大多数议题都进行得比较顺利，但本年度缺货统计和库存控制的议题引发了争议。

采购主管发言："为了避免缺货或库存短缺，建议在明年年初实施所有项目需求物料的采购方案，所有物料尽快到位入库。"

生产主管马上提出反驳意见，他强调自己的观点："库存是万恶之源！"随后他分别征求了其他部门主管的意见。

物流主管表态："如果我们实施此方案，就需要新建或租用一个大型的仓库来存储这些物料，目前难以做到。"

财务主管认为这需要增加一大笔流动资金，从目前资金的使用情况来看还有很大的缺口。

生产主管又问销售主管能否给出下一年度的准确预测，答案是否定的。

生产主管将最后一个问题抛向设计主管："明年对产品设计不做任何改变，可以吗？"设计主管说："那是不太现实的。"

最后，大家都认可了生产主管的观点："库存管理存在一定的问题！"

如果你是该公司的员工，请思考两个问题：①库存的作用是什么？②该公司存在哪些库存问题？该如何解决？

一、库存的内涵

不管是制造型企业还是流通型企业，都面临如下问题：如何设置和维持一个合理的库存水平，以平衡存货不足带来的短缺风险和损失，以及防止库存过多而增加仓储成本和资金成本。

（一）库存的定义

库存是指一个组织机构为未来销售或使用，同时为满足业务的任何需要而持有的所有物品和材料。库存与储存概念的差别在于前者是从物流管理的角度出发强调合理化和经济性，后者是从物流作业的角度出发强调效率化。库存具有整合需求和供给，维持各项活动顺畅进行的功能。

在某种意义上而言，库存就是仓库中实际储存的货物。库存可以分为两类：一类是生产库存，即直接消耗物资的企业、事业单位的库存物资，它是为了保证企业、事业单位所消耗的物资能够不间断地供应而储存的；一类是流通库存，即生产企业的成品库存、生产主管部门的库存和各级物资主管部门的库存。此外，还有特殊形式的国家储备物资，它们主要是为了保证及时、齐备地将物资供应或销售给基层企业、事业单位的供销库存。

（二）库存的作用

1. 企业保有库存可以提高客户服务水平

在买方市场的趋势下，客户对服务水平的要求日渐提高。客户不仅要求得到自己所期望的商品，往往还要求在提出需求后能立即得到商品，否则就会转向其他供应商。库存的设置提高了产品的现货供应比例，使供应商可以用库存商品来满足客户的需求，迎合了客户越来越强烈的即时服务的要求，对提高客户服务水平有积极影响，同时为企业赢得市场奠定基础。

2. 企业保有库存可以有效地平衡供给和需求

供给与需求之间的一种脱节就是时间的脱节，表现为消费的季节性波动与生产能力有限性之间的矛盾，这在消费品供给中尤为明显。例如，换季时的服装、月饼、春节等特殊节日装饰品的销售都有明显的淡、旺季交替的特点，如果以旺季销售量设定企业的生产能力，不仅会导致投资金额巨大、融资困难，而且会造成淡季时生产能力大量闲置，导致经营效率低下。因此供应商往往在淡季仍然坚持大量生产，并保有适当的存货，从而能以淡季时的存货来弥补旺季产能的不足，满足消费需求。

还有一种时间上的脱节表现为原料供应的季节性与生产能力有限性之间的矛盾，农产品加工制造企业就往往面临这样的困境。在世界上的很多区域，农产品的成熟期固定在一年中的某些时段，例如春天的嫩笋、秋天的瓜果，罐头食品的生产商往往需要在特定的季节大量购进原料（嫩笋、瓜果）形成库存，逐渐用于生产需要。

3. 企业保有库存有助于实现规模经济

库存的出现将有助于实现企业生产、采购和运输中的规模经济效益。企业总会选择批量生产或批量购买，运输后保有适量成品库存，以有效降低物流总成本。

运输成本的特性决定了大型运输工具可以实现较低的单位运价，囤积大批量待运的货物也比较容易向承运人争取较为优惠的运费。类似情况同样出现在生产和采购等各环节。更换最终产品意味着需要调整生产线、对新员工进行培训、重新安排各工位的零部件等，这些都决定了大批量、专业化生产的低成本。同时，大批量采购往往可以降低单位摊销交易成本（在国际采购中尤为明显），或者享受到一定数量的折扣，所有这些都对降低总成本有积极作用。

4. 企业保有库存可以避免各种不确定性因素的影响

市场需求存在一定的随机性，而随着经济全球化的深入，供应链的拉长，供给方面的不确定性也在增加。为避免需求的膨胀、供给的短缺,就需要保有库存来保障企业生产运作的平稳进行。

特别在国际物流方面,由于运输时间长,物流运作涉及的环节多、渠道广,尤其容易出现由自然灾害、政府管制、社会动荡造成的物资供应困难或中断,如近年来波斯湾地区政局的不稳定使更多参与国际物流活动的企业意识到全球供应链的脆弱,意识到在当代即使地区性事件也很容易演化成全球事件,从而对国际物流造成影响。因此,保有适量库存以应对国际市场价格的变化、避免各种突发事件造成的恶劣影响已经成为企业的共识。

(三)库存的种类

依据企业存储物资的不同目的,可将库存分为稳定库存、周转库存、调剂库存和在运库存四种。

1. 稳定库存

顾名思义,稳定库存是指维持一家企业正常经营状态所必需的库存。

2. 周转库存

决定一家企业周转库存的关键因素有两个:一是订货周期——两次订货之间的时间差,具体的订货周期示意图如图 5-18 所示;二是订货批量——每次订购的货物数量。这两者之间的关系显而易见,订货批量越大,订货周期越长;反之,订货批量越小,订货周期越短。周转库存具有保障企业长期生产活动的作用。另外,批量的大小直接影响着货物、产品的采购价格,通常,批量越大,采购单价越低。

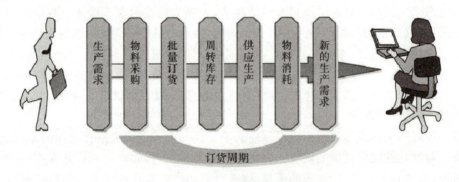

图 5-18 订货周期示意图

3. 调剂库存

调剂库存有调节产品需求和供应之间关系的作用。在产品需求淡季的时候,企业按照正常的生产速度安排生产,生产出来的产品将存入库房,以备需求旺季时保障市场供应。当企业在生产速度、生产力分配上面临不均衡的现象时,通过调剂库存可避免产品短缺的问题,保证企业能够赚取最大利润。

调剂库存对一些特殊行业的作用尤为明显,例如,生产风扇、羽绒服、棉手套等季节性产品的企业。

4. 在运库存

在运库存指处于运输状态的物资。这些物资可能存储在相邻两个工作地之间,也可能存储于两个组织之间。

此外,根据物资的状态,还可以把库存分为原材料库存、成品库存、半成品库存、维修品库存等。还有一种分类方法,是将企业最终向客户出售的产品的库存称为独立库存,将为生产这类产品所订购的原料和其他物资的库存称为相关需要库存。

(四)库存管理的目标及重要性

库存在企业生产活动中扮演着重要角色,科学、合理的库存管理是企业发展壮大的推动器。而要科学、合理地管理库存,必须先明确库存管理的基本目标。

1. 库存管理目标

库存管理是企业进行正常的生产经营活动时对需要的资源进行存储、配置的过程。合理的库存管理可以让一家企业的资源配置实现最优化,进而为企业的生产经营活动提供足够的保证;反之,如果在库存管理的过程中,企业的资源未能实现科学的储存与配置,势必将导致资源的浪费,甚至阻碍企业的正常活动。

因此,库存管理在当今的企业管理中日益重要。可以说,科学的库存管理是每家企业都在追求的目标。

科学的库存管理至少包含三个目标:数量合理化,服务优质化,成本低廉化。这三个目标实现与否,是判断一家企业的库存管理是否科学的标准。

(1)数量合理化

之所以将数量合理化作为库存管理的首要目标,是因为库存管理的首要任务就是对库存数量的掌控。

所谓库存数量合理化,主要指库存数量要保证三大需求,如图 5-19 所示。

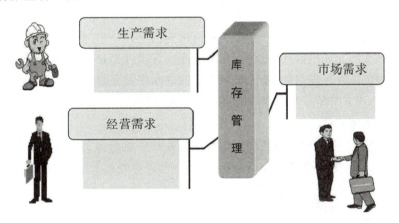

图 5-19　库存管理要保证三大需求

①保证生产需求。生产需求是指企业进行产品生产时对物料、配件、半成品等的需求。保证生产需求的库存在数量上既要能够满足正常生产所需,又不能过多闲置。这与传统库存管理提倡物料"多多益善"的原则不同。

②保证经营需求。经营需求是指企业进行正常的生产活动时形成的供货需求。保证经营需求的库存一般体现为存货的形式。企业在日常生产经营中必须对用来出售的商品保有合理的存货量。存货量过少会造成供应不足;过多则可能造成资源浪费,给企业带来沉重的经济负担。

③保证市场需求。在当前的市场环境下,客户需求具有多变性和个性化等特征,企业需要

及时对产品结构、产品数量进行调整,以保持产品供应的灵活性,更加主动、更加积极地参与到市场竞争中。要达成这一目标,就需要科学地预测库存数量。

(2)服务优质化

企业的库存管理水平会直接影响企业的服务水平。库存管理水平高的企业,库存管理部门能够和其他部门相互协调、紧密联系,迅速处理客户要求,高效办理发货、退货等手续。

(3)成本低廉化

如何实现成本的低廉化?一方面,可以通过对订货批量与订货周期的科学计算,降低采购生产原料的成本;另一方面,通过库存管理实现资源的优化配置。

库存管理追求的以上三个目标之间是相互联系、相互影响、相辅相成的(见图5-20)。只有库存数量合理,才能保证企业的稳定运营,保证充足的市场供应,提升企业的服务水平,同时,也保证企业的成本得以控制。

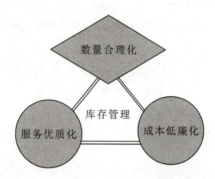

图 5-20　库存管理三个目标之间的关系

很多企业的库存管理极不科学,一方面物资囤积严重,另一方面某些物资供应却难以得到保证。在瞬息万变的互联网时代,这样不科学的库存管理对企业的危害是巨大的。

通过正确理解库存管理目标,企业管理者能明确库存管理的问题到底出在哪里,从而调整库存管理方向,为建立科学合理的库存管理系统奠定坚实的基础。

2. 库存管理的重要性

在互联网时代,企业要想在激烈的市场竞争中获得一席之地,灵活掌握市场变化、适时调整产品结构、不断完善管理水平是必做的功课。其中,库存管理水平的高低决定着企业发展的顺利与否。

在市场环境下,一种产品从生产到完成交易,必须经过图5-21所示的几个环节。

从图5-21中不难发现,决定企业生产哪种产品的根本因素是客户需求,也就是说,一家企业生产的产品能否获得它所追求的利润和价值,只有在产品到达客户手中之后才能够得到印证。

在实际的生产经营活动中,客户需求量和企业生产量之间往往会出现差距。如果生产量远远超过客户需求量,那么就可能造成库存积压;反之,企业可能丧失市场机遇。因此,库存管理的重要性不言而喻。

(1)库存管理是调节供需平衡的重要杠杆

不要小看库存管理调节供需平衡的作用。合理的库存管理能够让企业的产量与客户需求量之间维持一个大致的平衡(见图5-22),避免出现供不应求和产品积压的情况。另外,从整

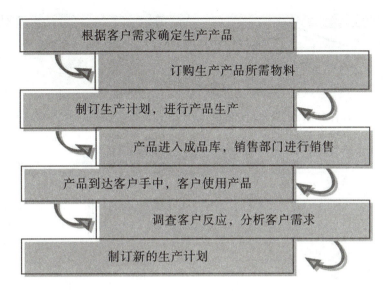

图 5-21 产品从生产到完成交易经过的几大环节

个市场经济活动来看,供求关系会影响产品价格,如果没有库存管理发挥调节作用,所有生产出来的产品直接流入市场,就会造成产品价格的大幅波动,这对生产者和消费者来说都不是一个有利的局面。

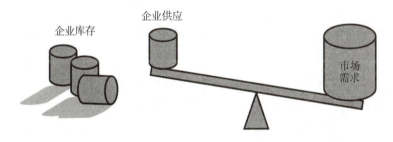

图 5-22 库存管理调节供需平衡示意图

(2) 库存管理在扩大市场份额的过程中扮演着重要角色

对比两个库存管理水平不同的企业,我们很容易得到的结论是:同样的产品,库存管理水平高的企业可以更快捷地将自己的产品送到客户手中,也就是说,该企业的产品能够更好地迎合消费者的需求,获得更多的认可;而库存管理水平低的企业无法尽快将产品送到客户手中,产品从出库到运输,再到送达客户手中需要经历漫长的时间,有时甚至会出现断货的现象,具体如图 5-23 所示。可见,库存管理水平低下的企业在抢占市场份额上明显处于劣势,这一点在电商高速发展的当下表现得尤为明显。

(3) 库存管理会影响生产计划的实施

很多中小型制造企业的库存管理不科学,生产计划开始执行的时候,需要的物料还没有到位,导致生产计划延误,经营活动不能及时跟上市场需求。

表 5-2 总结了合理的库存管理和不合理的库存管理各自的特征,供读者参考。

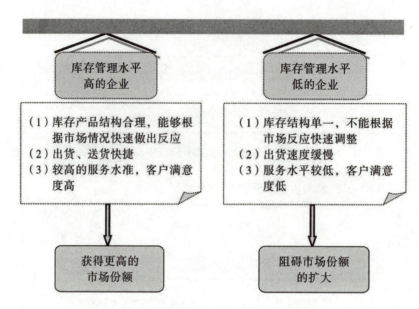

图 5-23 不同企业库存管理水平对比

表 5-2 合理的库存管理与不合理的库存管理

项目	合理的库存管理	不合理的库存管理
库存量	与供应相适应	数量过大或过小
成本	成本较低	成本过高
资金流转	促使资金流向其他项目	占用其他部门、项目资金
对生产的影响	保证生产顺利进行,同时降低生产所需物料成本	无法保证生产顺利进行,由于订购、存储物料不合理,成本增加
对销售的影响	产品供应可保证市场需求,产品利润可实现最大化	结构不合理导致货物积压或短缺,影响企业获取利润

要建立合理的库存管理系统,首先要看清库存管理的发展趋势,依据趋势,结合企业的自身特点,逐步建立起合理、科学的库存管理体系。

二、库存品种与数量管理

(一)库存品种与数量管理概述

库存品种与数量管理的基本内容就是要建立起库存物资类别品种的体系结构,弄清楚仓库中究竟存放了一些什么品种的物资,它们分成哪些大类、哪些小类,各个类别的规格、性能、价值、特点、存放特性、保管要求是什么,都放在仓库的哪些区域、哪些点位,存放数量是多少等。因此,品种与数量管理实际上包括了品种管理、大类管理、小类管理、物资编码等。这些都是库存管理最基础的工作,为科学的重点管理法、货位规划、存放系列化、计算机信息管理及库存控制管理等的实施提供了必要的前提条件。

(二) 库存品种与数量管理方法

1. 物资编码

所谓物资编码,就是在对库存物资的品种、类别、规格、性能等进行调查、统计、整理的基础上,形成物资类别品种体系,并进行系统化的统一编码标识工作。

最基本的物资编码是组合序列码,即用 0、1、2、3、4、5、6、7、8、9 共 10 个数字,必要时再加上 26 个英文字母,按大类、小类、品种、规格等层次结构,每一层又按顺序序列依次编号形成的编码。这种编码比较适合于利用一般的计算机信息管理系统进行查询和统计。物资编码建立起来以后,自然也就形成了库存物资类别品种的完整体系,用它就可以做到类别品种的管理。

物资的另一种编码就是条形码。条形码实际上是组合序列码的物理化和电子化的表现形式。其原理还是组合序列码,但不是用数字显示,而是以不同宽度的线条组合来表示数字。这种宽度的差别用肉眼难以识别,但是能用专用的光电识别器很方便地识别,而且光电识别器能够把识别的信号变成电信号直接输入计算机,非常方便快捷,而且准确率高。

2. ABC 分类管理法

ABC 分类管理法按照销售量、销售额、订货提前期、缺货成本把存货分成 A、B、C 三类,并采用不同的控制方法进行管理,突出重点。该方法把品种少、占用资金多、采购较难的主要物品归为 A 类;把品种多、占用资金少、采购较容易的次要物品归为 C 类;把处于中间状态的物品归为 B 类。A 类物资是需要重点管理、加强防范的关键物资,在订货批量、进货时间和库存储备方面采用最经济的方法,实行定点管理,定时定量供应,严格控制库存。C 类物品可采用简便方法进行管理,如固定订货量。B 类物品实行一般控制,如采取定期订货、批量供应等方法。

3. CVA 管理法

ABC 分类管理法也有其缺陷,因为 C 类物资往往得不到应有的重视,例如,经销鞋的企业会把鞋带列入 C 类物资,但是如果鞋带缺货将会严重影响鞋的销售,再如,一家汽车制造厂会把螺钉列入 C 类物资,但缺少一个螺钉往往导致整个装配线的停工。因此,有些企业采用关键因素分析法,即 CVA 管理法。

CVA 管理法比起 ABC 分类法有着更强的目的性。但是,在使用中要注意,人们往往倾向于制定高的优先级,结果高优先级的物资种类很多,最终哪种物资都得不到应有的重视。若将 CVA 管理法和 ABC 分析法结合使用,则可以达到分清主次、抓住关键环节的目的,因为在对成千上万种物资进行优先级分类时,也不得不借用 ABC 分类法进行归类。

三、库存控制

(一) 库存控制概述

1. 库存控制的定义

库存控制是对制造业或服务业生产、经营全过程的各种物品、产成品及其他资源进行管理和控制,使其储备保持在经济合理的水平上。

2. 库存控制的作用

库存控制是企业管理的一个重要过程。在企业的生产经营过程中,库存量过大或过小均会产生一系列的问题。

(1)库存量过大产生的问题

①增加仓库面积和库存保管费用,从而提高了产品成本。

②占用大量的流动资金,造成资金呆滞,既加重了货款或还款利息等负担,又会影响资金的时间价值和机会收益。

③造成产成品和原材料的有形损耗和无形损耗。

④造成企业资源的大量闲置,影响其合理配置和优化。

⑤掩盖了企业生产经营全过程的各种矛盾和问题,不利于企业提高管理水平。

(2)库存量过小产生的问题

①造成服务水平的下降,影响销售利润和企业信誉。

②造成生产系统原材料或其他物料供应不足,影响生产过程正常进行。

③使订货间隔期缩短,订货次数增加,导致订货(生产)成本提高。

④影响生产过程的均衡性和装配时的成套性。

库存控制就是在保证企业生产经营需求和满足顾客服务要求的前提下,通过对企业的库存水平进行控制,力求以最合理的库存水平提高物流系统的效率,并最终提高企业的市场竞争力。

3. 库存控制的内容

①使库存量经常保持在合理的水平。

②掌握库存量动态。

③适时、适量提出订货,避免超储或缺货。

④减少库存空间占用,降低库存总费用。

⑤控制库存资金占用,加速资金周转。

(二)定量订货法

1. 定量订货法概述

定量订货法是指当库存下降到预先设定的订货点时,按预定的批量进行订货补充的一种库存管理方式。它主要通过控制订货点和订货批量两个参数来控制订货,以达到在满足客户需求的同时,又保持最低库存量。定量订货模型如图 5-24 所示。

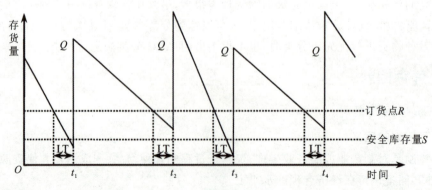

图 5-24 定量订货模型

定量订货法以库存费用与采购费用总和最低为原则。每当库存量下降到订货点 R 时,即按预先确定的订购量 Q 发出订货单,经过订货提前期(订货至到货间隔时间)LT,库存量继续下降,到达安全库存量 S 时,收到订货 Q,库存水平上升。

该方法主要靠控制订货点 R 和订货批量 Q 两个参数来控制订货,可达到既满足库存需求,又使总费用最低的目的。在需求固定、均匀和订货提前期不变的条件下,订货点 R 的计算公式为:

$$R = \frac{LT \times D}{365} + S$$

式中,D 是每年的需要量;S 是安全库存量。

2. 定量订货法的应用

(1)所储物资具备进行连续检查的条件

并非所有的物资都能很方便地随时进行检查,定量订货法所针对的必须是连续使用、有消耗规律且便于查询的物资。具备进行连续检查的条件是选用定量订货法的前提条件。

(2)价值低但需求数量大的物资及价格昂贵的物资

价值低但需求数量大的物资及价格昂贵的物资都是需要严格控制的物资,应该考虑采用连续检查控制方式进行控制。前者是因为此类物资价低量大,采用连续检查控制方式可以简化控制程序;后者是因为连续检查控制方式可以及时收集库存信息,较灵活地优化库存控制与管理。

(3)每种物资需分别处理

对于不同类别的库存物资,其消耗速度不一样,订货点也会不同,所以定量订货法要求对每种库存物资随时进行检查。

3. 定量订货控制方法

(1)订货警戒点法

定量订货法中会将一个特定的库存水平作为订货点,通常把这个特定的库存水平称为订货警戒点。订货警戒点法的特点是要长期保存每种物品的库存记录。计算机(或人工)持续记录所有物品的库存,直到低于订货点,这时系统提醒相关的采购人员补充库存,使库存保持在计划最高水平。在这个操作期间,库存水平位于最低点与最高点之间。

预定的订货点告诉采购人员什么时间去订货。在多数组织中,订货点是由以下因素决定的:第一,需求与订货提前期的基础数据;第二,要达到的服务水平,对大多数物品来说,企业都是要达到 100%的满足,即在新的订货到来之前,库存不能全部用完。

(2)双箱法

双箱法是定量订货法最简单的形式。库存放在两个箱子或其他容器里,以一个箱子的量作为补充库存量进行订货,当第一个箱子空时,需要补充订货。货到后,物品用来补充第一个箱子,多余的放在第二个箱子里,如图 5-25 所示。双箱法适用于消耗量低、消耗稳定、订货提前期短的物品。

(3)三箱法

有时,可以在两个箱子之外放置第三个箱子,专门存放安全库存,这就是三箱库存系统,如图 5-26 所示。这样,库存管理人员就可以一目了然地判断是否应该订货(当第一个箱子里的物品用完时),所订的货是否应该到货(当第二个箱子里的物品用完时)。

4. 经济订货批量

在企业的一般库存管理活动中,大批量采购会导致库存增加(库存费用增高);而小批量的

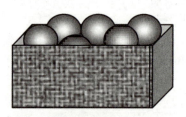 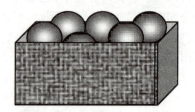

正在使用的存货　　　　　　　　备用库存

图 5-25　双箱库存系统

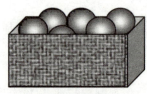 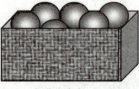 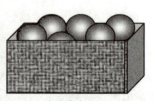

正在使用的存货　　　订货点库存　　　安全库存

图 5-26　三箱库存系统

采购虽然会使库存费用降低，但订货费用增加。企业每次订货数量的多少直接关系到库存水平和库存总成本的大小，因此，企业希望找到一个合适的订货数量，使它的库存总成本下降。可以通过经济订货批量（economic order quantity，EOQ）来找到这个合适的订货数量。

经济订货批量就是通过平衡订货成本和库存维持成本，以实现总库存成本最低的最佳订货量，可以用来确定企业一次订货（外购或自制）的数量。经济订货批量的计算原理如图 5-27 所示。

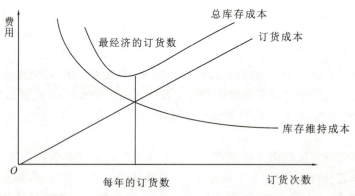

图 5-27　经济订货批量的计算原理

当企业按照经济订货批量来订货时，可实现订货成本和库存维持成本之和最小化，其计算公式为：

$$EOQ = \sqrt{\frac{2 \times 年使用量 \times 每次订货成本}{单位库存费用}}$$

(三)定期订货法

1. 定期订货法概述

定期订货法是指按照预先确定的订货时间间隔进行订货以补充库存的一种库存管理模式。定期订货法是基于时间的订货控制方法,它设定订货周期和最高库存量,从而达到库存控制的目的。只要订货周期和最高库存量控制得当,既可以节约库存费用,又可以不造成缺货。图 5-28 所示的定期订货模型表明了定期订货系统的库存变化情况。

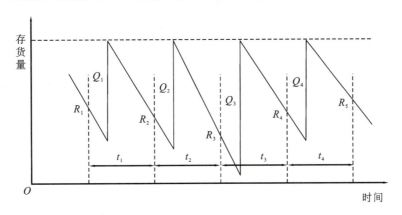

图 5-28　定期订货模型

由图 5-28 可见,每相邻两次订货的时间间隔是固定的。与定量订货法不同,定期订货法的订货批量通常是变化的,订货点也往往不同。定期订货法同样以订货费用和库存费用总量最低为原则,关键是确定订货间隔期,一般事先确定一个相对固定的订货周期(通常以月或季来划分)和订货水准(订货后应达到的库存数量),届时再根据当时的实际库存量来确定每次具体的订货数量。就是说,订货量为订货水准与盘存量之差。这种方法是通过订货周期、订货水准和每次订货量来控制库存的。订货量的计算公式为:

$$订货量＝最高库存量－现有库存量－订货在途库存＋安全库存量$$

2. 定期订货法的应用范围

(1)需要定期盘点和定期采购或生产的物资

这类物资主要指成批需要的各种原材料、配件、毛坯和零部件等。在编制上述物资的采购计划时通常要考虑现有库存的情况,由于计划是定期制订并执行的,因此,这些物资需要定期盘点和定期采购。

(2)具有相同供应来源的物资

这类物资是指同一供应商生产或产地在同一地区的物资。由于物资来源的相似性,采用同一采购策略不仅能够节约订货和运输费用,而且可以获得一定的价格折扣,降低购货成本;另外,可以保证统一采购的顺利进行。

(3)消耗具有固定周期性规律的物资

这类物资(如一般日用品)的消耗周期较为稳定,企业可在每个周期末对这类物资进行库存盘点,再根据剩余盘存量和最高库存要求来确定订货数量。

3. 定量订货法与定期订货法的区别

(1) 提出订购请求时点的标准不同

定量订购法提出订购请求的时点标准是,当库存量下降到预定的订货点时,即提出订购请求;而定期订购法提出订购请求的时点标准是,按预先规定的订货间隔周期,到了该订货的时点即提出订购请求。

(2) 请求订购的商品批量不同

定量订购法每次订购商品的批量相同,都是事先确定的经济批量;而定期订购法每到规定的订购期,订购的商品批量都不相同,可根据库存的实际情况计算后确定。

(3) 库存物品管理控制的程度不同

定量订购法要求仓库作业人员对库存物品进行严格的控制、精心的管理,经常检查、详细记录、认真盘点;而用定期订购法时,对库存物品只是进行一般的管理、简单的记录,不需要经常检查,只在每个周期末进行盘点。

(4) 适用的物品范围不同

定量订购法适用于品种数量少、平均占用资金多、需重点管理的 A 类物品;而定期订购法适用于品种数量多、平均占用资金少、只需一般管理的部分 B 类、C 类物品。

关于两种订货方法的控制程度和适用的商品类型有不少的争论。在实际中,采用定量订货法时,每次订货的时候都要检查库存是否减少到了订货点,因此需要经常了解和掌握库存的动态,也就是经常进行检查和盘点,正因如此,定量订货法的工作量大且花费大量时间,如果对每种物品都经常进行检查和盘点,就会增加库存保管成本,因此这种方式适合于少量的重要商品,即 A 类物品。

(四) ABC 库存分类管理法

1. ABC 库存分类管理法概述

ABC 库存分类管理法的基本思想是:将库存物品按品种和占用资金的多少分为特别重要的库存(A 类)、一般重要的库存(B 类)和不重要的库存(C 类)三个等级,然后针对不同等级分别进行控制。对于金额高的 A 类物资,应作为重点加强管理与控制;B 类物资按照通常的方法进行管理和控制;C 类物资品种数量繁多,但价值不大,可以采用最简便的方法加以管理和控制。

2. ABC 库存分类管理法的实施

① 把各种库存物资全年平均耗用量分别乘以它的单价,计算出各种物资耗用总量及总金额。

② 按照各品种物资耗费的金额的大小顺序重新排列,并分别计算出各种物资所占领用总数量和总金额的比重,即百分比。

③ 计算各项物资领用数占总领用数的百分比,分段累计耗费金额占总金额的百分比,按照一定标准将它们划分为 A、B、C 三类。ABC 分类法的分配比例如表 5-3 所示。

表 5-3 ABC 分类法的分配比例

物资类别	占物资品种数的百分比/(%)	占物资金额数的百分比/(%)
A	5～15	60～80

续表

物资类别	占物资品种数的百分比/(%)	占物资金额数的百分比/(%)
B	15～25	15～25
C	60～80	5～15

3. ABC 分类控制方法

(1) A 类物资的库存控制方法

A 类物资具有品种较少、价格较高的特点,并且多为生产、经营的关键物资,往往是库存控制的重点。对 A 类物资一般采用连续控制方式,随时检查库存情况,一旦库存量下降到一定水平(订货点),就要及时订货。A 类物资一般采用定量订货法,但每次订货量以补充目标库存水平为限。

(2) B 类物资的库存控制方法

B 类库存物资介于 A 类和 C 类之间,一般采取中等控制程度,按大类确定订购数量和储备金额;根据不同情况灵活选用库存控制方法,既可采用一般(或定期)控制方式,也可按经济订货批量进行订货。

(3) C 类物资的库存控制方法

C 类库存物资数量多,占用金额不大,库存管理成本也较低。在库存管理上可采取定期盘点、集中采购的方式,以减少订货次数,并适当控制库存。对于 C 类物资,一般可采用比较粗放的定量与定期并用的订货方式,订货量则按经济订货批量确定。

项目自测

1. 仓储决策的内容有哪些方面?
2. 企业应该如何在自营仓库和租赁公共仓库间进行选择?
3. 简述仓库的设计和布局原理。
4. 简述仓库的作业组织程序。
5. 简述库存的作用和弊端。
6. 怎样理解库存控制在企业中的作用?
7. 库存控制主要是从哪几个方面进行的?
8. 对比平房建筑和楼房建筑的特点。

项目六 流通加工管理

项目引言

物品在从生产地到使用地的过程中,根据需要施加包装、分割、计量、分拣、刷标志、拴标签、组装等简单作业,这就是流通加工。

知识目标

◆理解流通加工的概念。
◆掌握流通加工作业方法。
◆明确流通加工合理化的内容。

思政目标

结合物流管理教学内容,培养理想信念坚定,适应现代物流行业企业和社会发展需要的人才,使其具有良好的人文素养、职业道德和创新意识,具备精益求精的工匠精神。

任务实施

任务一 流通加工概述

案例导入

鞋业企业的流通加工

某鞋业公司在美国有一家超级市场,在那里设立了组合式鞋店,里面摆放的不是做好了的鞋,而是做鞋用的半成品。其款式花色多样,有6种鞋跟、8种鞋底,均为塑料制造。鞋面的颜色以黑、白为主,搭带的颜色有80多种,款式有百余种。顾客可任意挑选自己所喜欢的各个部位,交给职员当场进行组合。只要10分钟,一双崭新的鞋便产生了。

这家鞋店昼夜营业,职员技术熟练,鞋子的售价与成批制造的价格差不多,有的还稍便宜些,所以顾客络绎不绝,销售额比邻近的鞋店高10倍。

从中可以看出,鞋子以半成品的方式出现在鞋店,客户可以根据自己的喜好选择部件,在零售店组装成成品。这种在流通过程中进行的加工可以完善商品的价值。流通加工的目的就是满足客户个性化需求、提高商品附加值、促进销售、提高企业的收益。

一、了解流通加工

流通加工的出现与现代社会消费的个性化有关。消费的个性化和产品的标准化之间存在着一定的矛盾，使本来就存在的产需第四种形式的分离变得更加严重。本来，弥补第四种分离可以采取增加一道生产工序或消费单位加工改制的方法，但在个性化问题十分突出之后，采取上述弥补措施将会使生产及生产管理的复杂性及难度增加，按个性化生产的产品难以组织高效率、大批量的流通。所以，消费个性化的新形势及新观念的出现为流通加工开辟了道路。

(一)流通加工的概念

流通加工是现代物流的主要环节和重要功能之一。一般认为，流通加工是在商品进入流通领域后，到达最终消费者、使用者之前，为了促进商品销售、维护商品质量和实现物流效率化，对商品所进行的物理性或化学性的加工。这种在流通过程中对商品进一步的辅助性加工，可以弥补企业、物资部门、商业部门生产过程中加工程度的不足，更有效地满足用户的需求，更好地衔接生产和需求环节，使流通过程更加合理化。流通加工是物流活动中的一项重要增值服务，也是现代物流发展的一个重要趋势。

流通与加工属于两个不同的范畴。加工是改变物质的形状和性质，形成一定产品的活动；流通则是改变物资存在的空间状态与时间状态的过程。流通加工属于加工的范畴，是加工的一种。它是生产加工在流通领域中的延伸，也可以看成流通领域为了更好地提供服务，在职能方面的扩大。也就是说，物流领域的流通加工是为了方便流通、方便运输、方便储存、方便销售、方便用户及物资充分利用、综合利用而进行的加工活动。国家标准《物流术语》将流通加工定义为："根据顾客的需要，在流通过程中对产品实施的简单加工作业活动的总称。"（注：简单加工作业活动包括包装、分割、计量、分拣、刷标志、栓标签、组装、组配等）

(二)流通加工与生产加工的区别

流通加工具有生产制造活动的一般性质，与一般的生产型加工在加工方法、加工组织、生产管理等方面并无显著区别。但是，在加工对象、加工程度等方面差别较大，具体区别见表6-1。

表6-1　流通加工与生产加工的区别

项目	生产加工	流通加工
加工对象	形成产品的原材料、零配件、半成品	进入流通过程的商品
加工程度	复杂的形成产品主体的加工	简单的、辅助性的补充加工
附加价值	创造价值和使用价值	完善其使用价值并提高附加价值
加工责任人	生产企业	流通企业
加工目的	交换、消费	促进销售、维护产品质量、实现高效物流

二、流通加工的性质

(一)流通加工有效地完善了流通功能

流通加工在实现物流的时间效用和空间效用这两个重要功能方面,确实不能与运输和储存相比;另外,流通加工的普遍性也不能与运输和储存相比,流通加工不是对所有物流活动都是必要的。但这并不是说流通加工不重要,它是具有补充、完善、提高与增强等作用的功能要素,能起到运输、储存等功能要素无法起到的作用。所以,流通加工可以提高物流水平,促进流通向现代化发展。

(二)流通加工是物流的重要利润来源

流通加工是一种低投入、高产出的加工方式,往往以简单加工的方式解决大问题。实践中,有的流通加工通过改变商品包装,使商品档次升级而充分实现其价值,如图 6-1 所示;有的流通加工可将产品利用率大幅提高 30%,甚至更多。这些都是采取一般方法以期提高生产率所难以做到的。实践证明,流通加工提供的利润并不低于从运输和储存中挖掘的利润,因此,流通加工是物流的重要利润来源。

图 6-1 提高商品档次的流通加工

(三)流通加工是国民经济中重要的加工形式

流通加工在整个国民经济的组织和运行方面是一种重要的加工形式,对推动国民经济的发展、完善国民经济的产业结构具有一定的意义。

三、流通加工的作用

(一)提高原材料利用率

通过流通加工进行集中下料,将生产厂商直接运来的简单规格产品按用户的要求进行下料,例如将钢板进行剪板、切裁,将木材加工成各种长度及大小的板、方等。集中下料可以有效地提高原材料的利用率,有很好的技术经济效果。

(二)方便用户

用量小或满足临时需要的用户,不具备进行高效率初级加工的能力,流通加工可以使用户省去进行初级加工的投资、设备、人力,方便了用户。目前,发展较快的初级加工有将水泥加工成生混凝土,将原木或板、方材加工成门窗,钢板预处理、整形等。

(三)提高加工效率及设备利用率

在分散加工的情况下,加工设备由于生产周期和生产节奏的限制,设备利用时松时紧,使得加工过程不均衡,设备加工能力不能得到充分发挥。而流通加工面向全社会,加工数量大,加工范围广,加工任务多。

(四)改变功能,提高收益

在流通过程中可以进行一些改变产品某些功能的简单加工,从而提高产品的经济效益,例如,许多制成品(如玩偶、时装、轻工纺织产品、工艺美术品等)通过简单的装潢加工改变了外观,仅此一项,就可使产品售价提高20%以上。所以,在物流领域中,流通加工可以成为高附加值的活动。这种高附加值的形成,主要着眼于满足用户的需要,提高服务功能,是贯彻物流战略思想的表现。因此,流通加工是一种低投入、高产出的加工形式。

(五)充分发挥各种输送手段的最高效率

流通加工环节将实物的流通分成两个阶段。一般说来,从生产厂到流通加工点这个阶段的输送距离长,而从流通加工点到消费环节这个阶段的输送距离短。第一阶段是在数量有限的生产厂与流通加工点之间进行定点、直达、大批量的远距离输送,因此,可以采用船舶、火车等大量输送的手段;第二阶段则是利用汽车和其他小型车辆来输送经过加工的多规格、小批量、多用户的产品。这样可以充分发挥各种输送手段的最高效率,加快输送速度,节省运力运费。

四、流通加工的类型

流通加工的类型主要有以下几种。

(一)为弥补生产领域加工不足的深加工

由于受到各种因素的限制,许多产品在生产领域的加工只能达到一定程度,而不能完全实现终极的加工。例如,钢铁厂的大规模生产只能按标准的规格生产,以使产品有较强的通用性,从而使生产能有较高的效率,取得较好的效益;木材如果在产地完成成材加工或制成木制品的话,就会给运输带来极大的困难,所以在生产领域只能加工到圆木、板、方材这个程度,进一步的下料、切裁、处理等加工则由流通加工完成。这种流通加工实际是生产的延续,是生产加工的深化,对弥补生产领域加工不足有重要意义。

(二)为满足需求多样化进行的服务性加工

生产部门为了实现高效率、大批量的生产,其产品往往不能完全满足用户的要求。这样,为了满足用户对产品多样化的需要,同时又要保证高效率的生产,可在流通加工环节对生产出来的单一化、标准化的产品实行多样化的改制加工。例如,对钢材卷板的舒展、剪切加工;平板玻璃按需要规格的开片加工;木材改制成枕木、板材、方材等加工。

(三)为保护产品所进行的流通加工

在物流过程中,直到用户投入使用前都存在对产品的保护问题,要防止产品在运输、储存、装卸、搬运、包装等过程中遭到损失,保障产品的使用价值能顺利实现。和前两种加工不同,为保护产品所进行的流通加工并不改变进入流通领域的"物"的外形及性质,而主要采取稳固、改装、冷冻、保鲜、涂油等方式。

(四)为提高物流效率、方便物流操作的流通加工

有一些产品本身的形态使之难以进行物流操作,如鲜鱼的装卸、储存操作困难,过大的设

备搬运、装卸困难,气体运输、装卸困难等。进行适当的流通加工,可以使物流各环节易于操作,如鲜鱼冷冻、过大设备解体、气体液化等。这种加工往往会改变"物"的物理状态,但并不改变其化学特性,并最终仍能恢复原物理状态。

(五)为促进销售的流通加工

流通加工可以从若干方面起到促进销售的作用。例如,将过大包装或散装物分装成适合一次销售的小包装的分装加工;将以保护产品为主的运输包装改换成以促进销售为主的装潢性包装,以起到吸引消费者、促进消费的作用;将零配件组装成用具,以便于直接销售;将蔬菜、肉类洗净切块,以满足消费者要求等。这种流通加工可能是不改变"物"的本体,只进行简单改装的加工,也有许多是组装、分块等深加工。

(六)为提高加工效率的流通加工

许多生产企业的初级加工由于数量有限,加工效率不高,也难以投入先进的科学技术。流通加工以集中加工的形式,解决了单个企业加工效率不高的弊病,以一家流通加工企业代替了若干生产企业的初级加工工序,促使生产水平大幅提高。

(七)为提高原材料利用率的流通加工

流通加工具有综合性强、用户多的特点,可以实行合理规划、合理套裁、集中下料的办法,这就能有效提高原材料利用率,减少损失和浪费。

(八)衔接不同运输方式,使物流合理化的流通加工

在干线运输及支线运输的节点设置流通加工环节,可以有效解决大批量、低成本、长距离干线运输与多品种、少批量、多批次末端运输和集货运输之间的衔接问题。在流通加工点与大生产企业间形成大批量、定点运输的渠道,又以流通加工中心为核心,组织对多用户的配送,也可在流通加工点将运输包装转换为销售包装,从而有效衔接不同的运输方式。

(九)以提高经济效益、追求企业利润为目的的流通加工

流通加工的一系列优点,可以形成一种"利润中心"的经营形态,这种类型的流通加工是经营的一环,在满足生产和消费要求时基础上取得利润,同时在市场和利润引导下使流通加工在各个领域中能有效地发展。

(十)生产流通一体化的流通加工形式

依靠生产企业与流通企业的联合,或者生产企业涉足流通,或者流通企业涉足生产,所形成的对生产与流通加工进行合理分工、合理规划、合理组织,统筹进行生产与流通加工的安排,这就是生产流通一体化的流通加工形式。这种形式可以促成产品结构及产业结构的调整,充分发挥企业集团的经济技术优势,是目前流通加工领域的新形式。

五、会展物流流通管理

会展物流流通管理是指在会展活动中对物流流通环节进行规划、组织、实施和控制的管理活动。它涵盖了展品采购、配送、仓储、展示和回收等环节,目的是优化流通过程,保证展品的流动和交付效率,满足展商和观众的需求。以下是会展物流流通管理一些重要的方面。

(一)采购管理

根据展品需求,进行供应商选择、定价、采购订单的管理等,确保及时、准确地采购到需要

的展品。

(二)库存管理

建立合适的仓库设施,并制定库存管理策略,包括展品入库、储存、出库等。通过合理的库存控制,确保展品的可用性和供需的平衡。

(三)运输管理

选择合适的运输方式,如航空运输、陆地运输或海运。进行物流流程的规划和优化,确保展品按时到达展会场地。

(四)展示管理

根据展位布局和展商要求,组织展品的布置和展示。考虑展品的陈列方式、流线及观众体验,提供高效且吸引人的展示环境。

(五)回收管理

在展会结束后,对展品进行回收和处理,包括拆卸、包装、退还给供应商或尽可能进行回收再利用。

(六)流通信息管理

建立流通信息系统,实时跟踪和管理流通过程中的相关信息,如物品状态、位置、库存等。提供准确、及时的信息支持,优化流通效率。

(七)品质管理

确保展品的品质和状态符合标准。进行检查、验收和品质控制,避免展品在流通过程中损坏或丢失。

有效的会展物流流通管理可以提高展品的流动效率,确保展品按时交付和展示。良好的流通管理还能提升展商和观众的满意度,提升会展的品牌形象,保障会展成功举办。

任务二　流通加工作业

食品公司鲜牛奶流通加工

某食品公司有一项开发计划,打算在墨西哥市场投放牛奶制品和冷冻蔬菜。牛奶在墨西哥是一种特别吸引人的产品,因为当地新鲜牛奶短缺,而人口中有一半年龄在18岁以下(主要的喝牛奶者)。此外,因为政府的限价,还没有什么动力驱使批发商和零售商推销该产品。在开展项目之前,食品公司指派了两名经理去研究墨西哥市场营销情况和物流需求,同时寻求专业厂商的合作。

食品公司首先通过建立一家合资企业,把目标对准墨西哥奶制品市场。该合资企业期望配送商有经验处理食品公司的牛奶和奶制品,将其装运到附近城镇。食品公司的合资企业需要解决几个问题。第一个问题是冷藏问题,因为绝大部分的产品是在小型的"夫妻"店里出售的,这类店里几乎没有什么冷藏设备。因为产品的堆放空间缩小了,在货架上的保存期也缩短了,食品公司就把加仑壶包装改成小纸箱包装。第二个问题与超市有关。这些超市常常通宵停电,造成冰激淋产品反复地融化和冻结,以至于损害了产品的品质。食品公司拟打算采用的解决办法就是自己购买冰箱并对店里24小时维持供电进行补贴。第三个问题是墨西哥缺少奶牛场。这一短缺正在迫使食品公司考虑发展与原牛奶生产商的关系,而不是实际经营这些奶牛场。第四个问题是低品质牛奶的问题。因为墨西哥几乎没有关于产品品质控制的法律规章,所出售的全部牛奶中有40%未经巴氏杀菌就直接输送到消费者手中。

虽然存在着许多潜在的困难,食品公司的管理部门仍把这种形势看作在一个大市场中获得大份额的机会。该企业负责人说:"我们得快点行动,现在正是机会。"

一、流通加工方法与技术

我国常见的流通加工方法与技术主要有以下九种。

(一)剪板加工

剪板加工是在固定地点设置剪板机或各种剪切、切割设备,将大规模的金属板料裁切为小尺寸的板料或毛坯。

(二)集中开木下料

集中开木下料是指在流通加工点将原木锯裁成各种规格的木板、木方,同时将碎木、碎屑集中加工成各种规格的夹板板材,甚至可以进行打眼、凿孔等初级加工。

(三)配煤加工

配煤加工是指在使用地区设置加工点,将各种煤及其他一些发热物资按不同的配方进行掺配加工,形成能产生不同热量的各种燃料。

(四)冷冻加工

冷冻加工指为解决鲜肉、鲜鱼在流通中保鲜及搬运、装卸的问题,采取低温冻结方式的加工。这种方式也用于某些液体商品、药品等。

(五)分选加工

分选加工是指针对农副产品规格、质量离散较大的情况,为获得一定规格的产品,采取人工或机械方式进行分选的加工。这种方式广泛用于果类、瓜类、谷物、棉毛原料等。

(六)精制加工

精制加工主要用于农、牧、副、渔等产品。精制加工是在产地或销售地设置加工点,去除产品的无用部分,甚至可以进行切分、洗净、分装等加工。这种加工不但大大方便了购买者,而且可对加工的淘汰物进行综合利用。比如,鱼类的精制加工所剔除的内脏可以制成某些药物或饲料,鱼鳞可以制成高级黏合剂,头尾可以制成鱼粉等;蔬菜的加工剩余物可以制成饲料、肥料等。

(七)分装加工

分装加工是指为了便于销售,在销售地区对商品按零售要求进行新的包装,如大包装改小、散装改小包装、运输包装改销售包装等,以满足消费者对不同包装规格的需求。

(八)组装加工

组装加工是指在销售地区,由流通加工点对出厂配件、半成品进行拆箱组装,随即进行销售。例如,自行车及机电设备储运困难较大,主要原因是不易进行包装,如进行防护包装,包装成本过高,且运输装载困难,装载效率低,流通损失严重;但其装配较简单,装配技术要求不高,主要功能已在生产中形成,装配后不需进行复杂检测及调试。所以,对于这类商品,为解决储运问题,降低储运费用,以半成品(部件)、高容量的包装出厂,在消费地拆箱组装。这种流通加工方式近年来已在我国广泛采用。

(九)定制加工

定制加工是指特别为用户加工制造适合其个性的非标准用品,这些产品往往不能由大企业生产出来,只好由流通加工企业为其"量身订制"。

二、流通加工合理化

流通加工合理化是指实现流通加工的最优配置,不仅做到避免各种不合理流通加工,使流通加工有存在的价值,而且综合考虑加工与配送、合理运输、合理商流等的有机结合。

(一)不合理流通加工的形式

流通加工是生产本身或生产工艺在流通领域的延续。这个延续可能有正、反两方面的作用,即一方面可能有效地起到补充完善的作用,但另一方面可能对整个过程产生负效应。各种不合理的流通加工都会产生抵消效益的负效应,只有了解不合理流通加工的形式,避免出现相关问题,才能更好地实现流通加工合理化。几种不合理流通加工的形式如下。

1. 流通加工地点的设置不合理

流通加工地点设置(即布局状况)是决定整个流通加工是否有效的重要因素。一般而言,为衔接单品种、大批量生产与多样化需求的流通加工,加工地应设置在需求地区,以便实现大批量的干线运输与多品种末端配送的物流优势。

如果将流通加工地点设置在生产地区,其不合理之处在于:第一,为了满足用户的多样化需求,会出现多品种、小批量的产品由产地向需求地的长距离运输;第二,在生产地增加了一个加工环节,同时增加了近距离运输、装卸、储存等一系列物流活动。所以,在这种情况下,不如由原生产单位完成这种加工,而无须设置专门的流通加工环节。

一般而言,方便物流的流通加工环节应设在生产地,设置在进入社会物流之前,如果将其设置在物流之后,即设置在消费地,则不但不能解决物流问题,又在流通中增加了一个中转环节,因而也是不合理的。

即使在产地或需求地设置流通加工的选择是正确的,还有流通加工在小地域范围的正确选址问题,如果处理不善,仍然会出现不合理的现象。这种不合理主要表现为交通不便,流通加工点与生产企业或用户之间距离较远,流通加工点的投资过高(如受选址的地价影响),加工点周围社会、环境条件不良等。

2. 流通加工方式选择不当

流通加工方式包括流通加工对象、流通加工工艺、流通加工技术、流通加工程度等。流通加工方式选择不当实际上是生产加工的分工不合理,具体表现为:本来应由生产加工完成的,却错误地由流通加工完成;本来应由流通加工完成的,却错误地由生产过程去完成。

流通加工不是对生产加工的代替,而是一种补充和完善。所以,一般而言,工艺复杂、技术装备要求较高,或加工可以由生产过程延续或轻易解决的都不宜再设置流通加工环节,尤其不宜与生产过程争夺技术要求较高、效益较高的最终生产环节,更不宜利用一个时期市场的压迫力使生产者变成初级加工者或前期加工者,而由流通企业完成装配或最终形成产品的加工。如果流通加工方式选择不当,就会出现与生产夺利的恶果。

3. 流通加工作用不大

有的流通加工过于简单,或对生产及消费的作用都不大,甚至有时因为流通加工的盲目性,不但未能解决品种、规格、质量、包装等问题,相反却实际增加了环节,这也是流通加工不合理的重要形式。

4. 流通加工成本过高

流通加工之所以具有生命力,重要原因之一是有较大的产出投入比,能有效地起到补充和完善的作用。如果流通加工成本过高,则不能实现以较低投入实现更高使用价值的目的。除了一些必需的、按政策要求即使亏损也应进行的加工外,都应看成不合理的流通加工。

(二)流通加工合理化的实现

要实现流通加工合理化,就要避免上述各种不合理的流通加工现象,综合考虑流通加工与配送、运输、商流等之间的关系,对是否设置流通加工环节,在什么地点设置,选择什么类型的加工方式,采用什么样的技术装备等,做出正确抉择,使各种相关要素实现最优化配置,最大限度地发挥流通加工的积极作用。根据目前国内的研究与经验,实现流通加工合理化主要考虑以下方面。

1. 加工和配送结合

将流通加工点设置在配送点(配送中心),一方面可以按照配送的需要及时进行加工,另一方面可以使流通加工成为配送业务流程中与分货、拣货、配货密切相连的一环,保证经过加工的产品直接投入配货作业。这样就无须单独设置一个加工的中间环节,使流通加工有别于独立的生产,并且与中转流通巧妙结合在一起。同时,由于配送之前有加工,配送服务水平可大大提高。加工与配送结合是当前流通加工合理化的重要形式,广泛应用于煤炭、水泥等产品的流通中。

2. 加工和配套结合

配套是指将使用上有联系的用品集合成套地供应给用户使用,例如,方便食品的配套包括食品生产企业的产品(各种即食或速熟食品)和餐具生产企业的产品(各种一次性餐具)。当然,配套的主体来自各个生产企业,如方便食品中的方便面就由其生产企业配套生产。但是,有的配套不能由某个生产企业全部完成,如方便食品中的盘菜、汤料等。

加工与配套相结合是指对于配套要求较高,而生产者不能完成全部配套的产品,由物流企业在流通过程中完成最后的产品配套工作的流通加工形式。这种形式可以有效地促成配套,大大提高流通作为供需桥梁与纽带的能力。

3. 加工和合理运输结合

流通加工能有效衔接干线运输与支线运输,促进两种运输形式的合理化。利用流通加工,在支线运输转干线运输或干线运输转支线运输等本来就必须停顿的环节,不进行一般的支转干或干转支,而是按干线或支线运输的合理要求进行适当加工,从而大大提高运输及运输转载水平。

4. 加工和合理商流相结合

从客户的角度出发,通过加工有效地促进销售,使商流合理化,是流通加工合理化的考虑方向之一。加工和配送的结合,通过加工,提高了配送水平,促进了销售,是加工与合理商流相结合的一个成功的例证。此外,通过简单地改变包装形式,形成方便的购买量,通过组装加工解除用户使用前进行组装、调试的难处,也都是有效促进商流的例子。

5. 加工和节约相结合

节约能源、节约设备、节约人力、节约耗费是流通加工合理化重要的考虑因素。

(三)流通加工合理化的判断标准

流通加工是否合理,最终的判断标准是看其是否实现了社会效益和企业自身效益的最优化。流通加工企业与一般生产企业一个重要的不同之处在于,流通加工企业更应树立社会效益第一的观念,只有在以补充完善为己任的前提下才有生存的价值,这是流通加工的性质所决定的。如果流通加工企业只追求自己的效益,不从宏观上考虑社会经济的需要,不合理地进行加工,甚至与生产企业争利,这就有违于流通加工的初衷,或者其本身已不属于流通加工的范畴。

│项目自测│

1. 列举你所能接触到的商品的流通加工作业,这些流通加工作业是如何实现利润增值的?你还能找出其他可以进行流通加工作业的商品吗?如果能,如何操作?

2. 在物流活动中,物流加工的价值具体体现在哪些方面?怎样才能使流通加工活动更为科学、合理呢?

3. 流通加工的主要类型有哪些?

4. 在物流活动中,流通加工主要起到哪些作用?

5. 简述不合理的流通加工的形式。

6. 流通加工的地位和作用各是什么?

7. 如何改进流通加工,促使其合理化?

项目七 配送管理

·项目引言·

　　配送是物流活动中一种特殊的、综合的活动形式,它将商流与物流紧密结合起来,既包括商流活动,也包含物流活动中若干功能要素,是物流的一个缩影或在某小范围中全部物流活动的体现,也有人称配送是物流活动中的"小物流"。一般的配送集装卸、包装、保管、运输于一身,通过这一系列的物流活动将货物送达目的地;特殊的配送还要进行流通加工活动,其目标指向是安全、准确、优质服务和较低的物流费用。

·知识目标·

◆理解配送的概念、特点与作用。
◆理解配送的环节与流程。
◆掌握与配送中心有关的知识。

·思政目标·

　　结合物流管理教学内容,培养理想信念坚定,适应现代物流行业企业和社会发展需要的人才,使其具有良好的人文素养、职业道德和创新意识,具备精益求精的工匠精神。

| 任务实施 |......

[　　　　　　　　　　任务一　配送概述　　　　　　　　　　]

·案例导入·

戴尔公司的高效物流配送

　　戴尔公司的创始人迈克尔·戴尔白手起家,在不到 20 年的时间内把公司发展到 250 亿美元的规模。即使面对美国低迷的经济环境,在惠普等超大型竞争对手纷纷裁员减产的情况下,戴尔公司仍以两位数的发展速度飞快前进。"戴尔"现象令世人为之迷惑。

　　戴尔公司分管物流配送的副总裁迪克·亨特一语道破天机:"我们只保存可供 5 天生产的存货,我们的竞争对手则保存 30 天、45 天,甚至 90 天的存货。这就是区别。"

物流配送专家詹姆斯·阿尔里德在其专著《无声的革命》中写道:"主要通过提高物流配送打竞争战的时代已经悄悄来临。"看清这一点的企业和管理人员才是未来竞争激流中的弄潮者,否则一个企业将可能在新的物流配送环境下苦苦挣扎,甚至被淘汰出局。

亨特在分析戴尔公司成功的诀窍时说:"戴尔总支出的 74% 用在材料配件购买方面,2000 年这方面的总开支高达 210 亿美元,如果我们能在物流配送方面降低 0.1%,就等于我们的生产效率提高了 10%。"物流配送对企业的影响之大由此可见一斑。

信息时代,特别是在高科技领域,材料成本随着日趋激烈的竞争而迅速下降。以计算机工业为例,材料配件成本的下降速度为每周 1%。从戴尔公司的经验来看,其只有供 5 天生产的材料库存量,当其竞争对手维持 4 周的库存时,就等于戴尔公司的材料配件开支与对手相比保持着 3% 的价格优势。当产品最终投放市场时,物流配送优势就可转变成 2%~3% 的产品优势,竞争力的强弱不言而喻。

在提高物流配送效率方面,戴尔公司和 50 家材料配件供应商保持着密切的联系,庞大的跨国集团戴尔公司所需材料配件的 95% 都由这 50 家供应商提供。戴尔公司与这些供应商每天都要通过网络进行协调沟通:戴尔公司监控每个零部件的发展情况,并把自己新的要求随时发布在网络上,供所有的供应商参考,提高透明度和信息流通效率,并刺激供应商之间的竞争;供应商则随时向戴尔公司通报自己的产品发展、价格变化、存量等方面的信息。

即使是如此高效的物流配送,戴尔公司的副总裁亨特仍不满意,他说:"有人问 5 天的库存量是否为戴尔公司的最佳物流配送极限,我的回答是当然不是,我们能把它缩短到 2 天。"

一、配送的概念

我国国家标准《物流术语》对配送的定义为:配送(distribution)是根据客户要求,对物品进行分类、拣选、集货、包装、组配等作业,并按时送达指定地点的物流活动。

(一)配送是物流中一种特殊的、综合的活动形式

配送是特殊的物流,它处于接近用户那一段流通领域,辐射范围小,是末端物流,因而有其局限性,并不能解决流通领域的所有问题。但是,配送是一种重要的物流形式,是接近顾客的配置,有其战略价值,接近顾客是经营战略至关重要的内容。美国兰德公司对《幸福》杂志所列的 500 家大公司的一项调查表明,"经营战略和接近顾客至关重要",证明了这种配置方式的重要性。配送是一种综合物流形式,它几乎包括了所有的物流功能要素,是物流的一个缩影或在某小范围中物流全部活动的体现。配送集装卸、包装、保管、运输于一身,分拣和拣选是其标志性作业。

(二)配送是商流与物流的紧密结合

从商流来讲,配送和物流的不同之处在于,物流是商流分离的产物,而配送是商物合一的产物,配送本身就是一种商业形式。虽然配送具体实施时,也有以商物分离形式实现的,但从配送的发展趋势看,商流与物流越来越紧密的结合是配送成功的重要保障。

(三)配送是"配"和"送"有机结合的一种方式

配送与一般送货的重要区别在于,配送利用有效的分拣、配货等理货工作,使送货达到一定的规模,以利用规模优势取得较低的送货成本。如果不进行分拣、配货,有一件运一件,需要一点送一点,就会大大增加劳动力的消耗,使送货并不优于取货。所以,追求整个配送的优势,

分拣、配货等工作是必不可少的。

(四)配送是一种中转形式

配送是从物流节点至用户的一种特殊送货形式。从送货的功能看,其特殊性表现为:从事送货的是专职流通企业,而不是生产企业;配送是"中转"型送货,而一般送货尤其从工厂至用户的送货往往是直达型。一般送货是生产什么送什么,而配送是企业需要什么送什么。所以,要做到需要什么送什么,就必须在一定中转环节等集这种需要,从而使配送必然以中转形式出现。当然,许多人也将非中转型送货纳入配送范围,将配送外延从中转扩大到非中转,仅以"送"为标志来划分配送外延,也是有一定道理的。

二、配送的特点

(一)配送是从物流据点至用户的一种特殊送货形式

在整个运输过程中,配送属于"二次运输""支线运输""末端运输""终端运输""区域内运输",配送是"中转型"送货,从物流据点至用户。

(二)配送是"配"和"送"的有机结合

配送是在全面配货的基础上,充分按照用户要求,包括种类、品种搭配、数量、时间等方面的要求所进行的运送。因此,除了各种"运"和"送"活动外,配送还包括大量的分货、配货、配装等工作。

(三)配送是以供给者送货到户式的服务性供应

从服务方式来讲,配送是一种"门到门"的服务,可以将货物从物流据点一直送到用户的仓库、营业所、车间乃至生产线的起点或个体消费者手中。

(四)配送是运输等活动构成的一个有机体

配送不是单纯的运输或输送,而是运输与其他活动共同构成的有机体。配送要组织物品的订货、进货、分拣、包装、配装、流通加工等,及时对物品进行分配、供应处理。

(五)配送以用户要求为出发点

配送的定义中强调"根据用户要求",明确了用户的主导地位。配送是从用户利益出发、按用户要求进行的一种活动,因此,在观念上必须明确"用户第一""质量第一",配送企业的地位是服务地位而不是主导地位,因此不能从本企业利益出发而应从用户利益出发,在满足用户利益基础上取得本企业的利益。更重要的是,不能利用配送损伤或控制用户,不能利用配送作为部门分割、行业分割、割据市场的手段。

三、配送的作用

(一)有利于促进物流的社会化、合理化

社会化大生产要求社会化大流通与之相匹配。商品流通的社会化自然要求物流的社会化。社会化是以行业、技术的分工和全社会的广泛协作为基础的。商品经济的发展和现代化生产的建立,客观上要求社会提高分工协作水平。

从我国流通业目前的情况看,仓储业和运输业的社会化程度都处于一个较低的层次。从运输业来看,根据有关资料统计,我国专业营运车辆只占全国汽车的17%,专业营运车辆的实

载率高,经济效益好,而85%的社会车辆的实载率只有25%。发展配送,可以大大减少企业的自有车辆,实现车辆的专营化,从而减少不合理运输造成的运力浪费和交通紧张,还为企业卸下了一个沉重的包袱,为生产企业和销售企业节约物流成本。

从仓储业来看,长期以来,我国储运体制分散,在行业上有外贸、商业、物资、铁道、交通等各部门的储运系统,在层次上有中央、省、市、县的各级储运机构,这种条块分割的管理体系是造成储运设施多而散、重复建库、盲目发展、利用率低下的主要原因。目前,仓储的社会化虽然有一定的发展(如仓储设施向社会开放),但远远还不够,具体表现为在行政上缺乏统一管理机构,在业务经营上储运企业各行其是、缺乏联系,还没有形成产业化、专业化。通过开展配送,借助配送商品的对象、品种不同,可以打破行业、地区的条块分割,尤其是共同配送,把各储运企业联合在一起,统筹计划,共同送货,取代了一家一户的"取货制",取代了层层设库、户户储运的分散的、多元化的物流格局。配送所实行的集中社会库存、集中配送等大生产形式,对于从根本上结束小生产方式的商品流通,改变其分散、低效率的运行状态,从而实现与社会化大生产相适应的流通的社会化,具有战略意义。

(二)有利于促进物流设施和装备的技术进步

1. 促进信息处理技术的进步

随着配送业务的开展,物流企业需要处理的信息量越来越多,原始的手工处理方式速度慢且容易出差错,已适应不了配送工作的要求,必然要大量应用电子计算机这一现代化的信息处理技术。

2. 促进物流处理技术的进步

物流处理技术的进步可以提高物流速度、缩短物流时间、降低物流成本、减少物流损耗、提高物流服务质量。配送业务的发展必然伴随着自动化立体仓库、自动化分拣装置、无人搬运车、托盘化、集装箱化等现代化物流技术的应用。

3. 推动物流规划技术的开发和应用

随着配送业务的开展,配送货主的合理选择、配送中心选址、配送车辆的配置和配送效益的技术经济核算等一系列问题开始出现,对这些问题的研究和解决促进了我国物流技术的发展,并使之进入一个新的阶段。

(三)使仓储的职能发生变化

开展配送业务后,现代仓储的作用已由储存、保管商品向集散、分送商品,加速商品流通速度的方向发展。仓储业将从储存、保管的静态储存转向以储存、流通加工、分类、拣选、商品输送等为一体的动态储存。建立配送中心后,仓储业的经营活动将由原来的储备型转变为流通型,不仅要保证商品的使用价值完好无损,而且要做到货源充足、品种齐全、供应及时、送货上门,其经营方式将从等客上门转向主动了解用户的需求状况,以满足用户的各种需求。

(四)促进商物分离

未开展配送业务之前,各个商店都有自己的仓库,并各自进行物流活动,即商物一致。开展配送业务以后,配送中心就可以充分发挥自己网络多、情报快、物流手段先进和物流设施齐全的优势,专门从事物流活动,而各商店只需要保持较低水平的库存,这就大大改善了零售企业的外部环境,使零售企业有更多的资金和精力来专心从事商流活动,这就是商物分离。

(五)有利于提高物流的经济效益

通过配送中心,开展计划配送、共同配送等形式,能够消除迂回运输、重复运输、交叉运输、空载运输等不合理运输;用大型卡车将商品成批量地送到消费地配送中心,再用自用小型车从配送中心运给用户的方法,也可以从总体上节省费用;集中配送有利于集中库存,维持合理的库存水平,消除了分散库存造成的各种浪费,同时能减少不必要的中转环节,缩短物流周转时间,减少商品的损耗。因此,配送对提高物流综合经济效益有利。

四、配送的分类

(一)按实施配送的节点不同分类

1. 配送中心配送

这种配送的组织者是专职从事配送的配送中心,规模较大,其中有的配送中心需要储存各种商品,储存量比较大;也有的配送中心专门组织配送,储存量较小,靠附近的仓库进行货源的补充。从实施配送较为普遍的国家看,配送中心是配送的主体形式,不但在数量上占主要部分,而且是某些小配送单位的总据点,因而发展较快。配送中心配送覆盖面较宽,是大规模配送形式,因此,必须有配套的、实施大规模配送的设施,如配送中心建筑、车辆、路线等,一旦建成便很难改变,灵活机动性较差,投资较高。因此,这种配送形式有一定局限性。

2. 仓库配送

仓库配送是以一般仓库为据点进行配送的形式。可以将仓库完全改造成配送中心,也可以在保持仓库原功能的前提下,增加一部分配送职能。这种配送方式的优点是较容易利用现有条件,而不需要大量投资。

3. 商店配送

商店配送的组织者是商业或物资的门市网点,这些网点主要承担商品的零售,规模一般不大,但经营品种较齐全。除日常经营的零售业务外,这种配送方式还可根据用户的要求将商店经营的品种配齐,或代用户外订外购一部分本商店平时不经营的商品,和商店经营的品种一起配齐送给用户。

(二)按配送商品种类及数量不同分类

1. 少品种大批量配送

工业企业需要量较大的商品,单独一个品种或几个品种就可达到较大输送量,可实行整车运输,这种商品往往不需要再与其他商品搭配,可由专业性很强的配送中心实行配送。这种配送方式的特点是配送工作简单,成本较低。

2. 多品种少批量配送

多品种少批量配送是按用户要求,将其所需的各种商品(每种商品需要量不大)配备齐全,凑整装车后由配送据点送达用户。这种配送作业水平要求高,配送中心设备复杂,配货送货计划难度大,要有高水平的组织工作保证和配合。

3. 配套成套配送

按企业生产需要,尤其是装配型企业生产需要,将生产每一台件所需的全部零部件配齐,按生产节奏定时送达生产企业,生产企业随即可将此成套零部件送入生产线装配产品。这种配送方式,配送企业承担了生产企业大部分供应工作,使生产企业集中精力于生产。

(三)按配送时间及数量分类

1. 定时配送

定时配送是按规定时间间隔进行配送,如数天或数小时一次等,每次配送的品种及数量可按计划执行,也可在配送之前以商定的联络方式确定配送品种及数量。

2. 定量配送

定量配送是按规定的批量在一个指定的时间范围内进行配送。这种配送方式配送数量固定,备货工作较为简单,效率较高。

3. 定时定量配送

定时定量配送是按照规定配送时间和配送数量进行配送。这种配送方式兼有定时、定量两种配送方式的优点,但特殊性强,计划难度大,适合采用的对象不多,不是一种普遍的配送方式。

4. 即时配送

即时配送是完全按照用户突然提出的时间和数量方面的要求进行配送,是有很高的灵活性的一种应急配送方式。采用这种配送方式的商品可以实现保险储备的零库存,即用即时配送代替保险储备。

(四)按加工程度不同分类

1. 加工配送

加工配送是指和流通加工相结合的配送,即在配送据点中设置流通加工环节,或将流通加工中心与配送中心建在一起。当市场上的现成产品不能满足用户需要,或用户根据本身工艺要求需要使用经过某种初加工的产品时,可以将产品加工后进行分拣、配货,再送货到户。流通加工与配送的结合,使流通加工环节更有针对性,配送企业不但可以依靠送货服务、销售经营取得收益,还可通过加工增值取得收益。

2. 集疏配送

集疏配送是指只改变产品数量组成形态而不改变产品本身物理、化学性质的,与干线运输相配合的配送方式,如大批量进货后小批量、多批次发货,零星集货后以一定批量送货等。

(五)按配送的组织形式不同分类

1. 集中配送

集中配送又称为配送中心配送,由专门从事配送业务的配送中心对多家用户开展配送。配送中心规模大,专业性强,可与用户确定固定的配送关系,实行计划配送。集中配送的品种多、数量大,可以同时对同一线路中的几家用户进行配送,配送经济效益明显,是配送的主要形式。

2. 共同配送

共同配送是由多个企业联合组织实施的配送活动。这种配送有两种情况,一种是中小生产企业之间分工合作实行共同配送,另一种是几个中小型配送中心之间实行共同配送。前者是同一行业或同一地区的中小型生产企业在单独进行配送时运输量少、效率低的情况下进行联合,实行共同配送,这样不仅减少了企业的配送费用,弥补了配送能力薄弱的不足,而且有利于缓解城市交通拥挤问题,提高配送车辆的利用率。后者是针对某地区的用户所需物资数量较少、配送车辆利用率低等情况,几个配送企业将用户所需的物资集中起来,共同制订配送计划,实行共同配送。

3. 分散配送

对小量、零星货物或临时需要的货物进行的配送一般由商业和物资零售网点进行,称为分散配送。由于商业和物资零售网点具有分布广、数量多、服务面广的特点,它们适合开展近距离、多品种、小批量的货物配送。

五、会展物流配送

会展物流配送是指在会展活动期间对展品、设备和资料进行配送的物流管理过程,以下是一些关键方面。

(一)配送计划

制订详细的配送计划,包括配送时间、地点和方式。根据展品的特性、数量和展会场地的要求,确定最佳的配送方案。

(二)调度安排

根据配送计划,安排合适的运输工具和司机,确保展品按时送至会展场地,并与相关方进行协调和确认。

(三)装载和卸载

有效组织和安排装载和卸载过程,使用适当的设备和工具,确保展品装卸过程的安全、顺利。

(四)标签和追踪

为每个展品提供合适的标签和标识,以便追踪和识别。利用物流信息系统,实时跟踪展品的配送状态。

(五)处理特殊需求

针对特殊展品,如易碎品、大型展品或特殊天然材料,采取额外的保护措施和处理方法,确保其安全运输。

(六)安全和保险

确保配送过程中的安全性,采取必要的安全措施和保险手段,保护展品免受损失或盗窃。

(七)反馈和改进

及时获取展商的反馈意见,以改进配送流程和提供更好的服务。进行后续分析和评估,总结经验教训,并做出相应的改进。

有效管理会展物流配送可以确保展品准时送达会展场地,为展商和观众提供良好的参展体验,提升展商和观众的满意度。同时,良好的配送管理能提升会展的品牌形象和价值。

任务二　配送作业

▪ 案例导入 ▪

货物配送及时赢得客户信任

某大型食品集团的运输网络分散度高,一般流通企业都是自己建立仓库及配送中心,而该食品集团的供应商直送模式决定了它的大量仓库及配送中心都由供应商自己解决,由该食品集团集中配送的货物只占少数。这样的经营模式不但可以节省大量建设仓库和管理仓库的费用,使商品运送比较集中,配送更方便,而且能及时供应商品,对供货商了解商品销售情况也是极有利的。

在运输方式上,除了较少数需要进口或长途运送的货物使用集装箱挂车和大型货运卡车运输外,由于大量商品来自本地生产商,因此该食品集团大多采用小型货车。这些货车中有一小部分是集团租的车,绝大部分则是供应商自己长期为该食品集团各分店送货的车,食品集团自身需要的车数量不多,所以它并没有自己的运输车队,也省去了大量的运输费用,从另一方面提高了效益。

在供应商直送的模式下,商品来自多条线路,而无论各供应商还是该食品集团自己的车辆都采用了"轻重配载"的策略,有效利用了车辆的空间,使单位货物的运输成本得以降低,进而在价格上取得主动地位。而先进的信息管理系统也能让供应商在最短时间内掌握货架上各种商品的数量及每天的销售情况,补货和退货因此而变得更为方便,同时能让供应商与该食品集团之间相互信任,建立长期的合作关系。

一、配送的环节与流程

配送作业是按照用户的要求,把货物分拣出来,按时按量发送到指定地点的过程。从总体上讲,配送是由备货、理货和送货三个基本环节组成的,其中每个环节又包含若干项具体的活动。

(一)配送的模式

配送是物流过程的终端环节,从物流本身的运行规律来看,尽管各类配送服务作业的内容是一致的,但由于物流运作组织的主体、经营权限和服务对象不同,即配送所服务的企业性质、使命与目标不同,其配送运行模式就完全不一样,因此产生了不同的配送模式。

1. 从配送业务的运行主体来看

(1)自营型配送模式

自营型配送模式是目前生产流通或综合性企业所广泛采用的一种配送模式。企业通过独立建立配送中心,实现内部各部门、厂、店的物品供应的配送,这种配送模式因为糅合了传统的"自给自足"的"小农意识",形成了新型的"大而全""小而多"的局面,从而造成了社会资源的浪费。但是,就目前来看,自营型配送模式在满足企业内部生产材料供应、产品外销、零售厂店供货和区域外市场拓展等企业自身需求方面发挥了重要作用。

较典型的自营型配送模式就是连锁企业的配送。大大小小的连锁公司或集团基本上都是通过组建自己的配送中心来完成对内部各厂、店的统一采购、统一配送和统一结算的。

(2) 外包型配送模式

外包型配送模式主要是由具有一定规模的物流设施设备(库房、站台、车辆等)及专业经验与技能的批发、储运或其他物流业务经营企业,利用自身业务优势,承担其他生产性企业在该区域内的市场开拓、产品营销而开展的纯服务性的配送。在这种配送模式中,生产企业租用批发、储运企业的库房,作为存储商品的场所,并将其中的一部分改造成为公共场所,设置自己的业务代表机构,并配置内部的信息处理系统。通过这种现场办公的决策组织,生产企业在该区域的业务代表控制着信息处理和决策权,独立组织营销、配送业务活动。提供场所的物流业务经营企业,只是在生产企业这种派驻机构的指示下,提供相应的仓储、运输、加工和配送服务,收取相对于全部物流利润的极小比例的业务服务费。

(3) 综合型配送模式

在综合型配送模式中,从事配送业务的企业通过与上家(生产、加工企业)建立广泛的代理或买断关系,与下家(零售店铺)形成稳定的契约关系,从而将生产、加工企业的商品或信息进行统一组织、处理后,按客户订单的要求,配送到店铺。这种模式的配送还表现为在客户间交流供应信息,从而起到调剂余缺、合理利用资源的作用,综合化的中介型配送模式是一种意义上比较完整的配送模式。

(4) 共同型配送模式

这是一种配送经营企业间为实现整体的配送合理化,以互惠互利为原则,互相提供便利的配送业务的协作型配送模式。它以契约的方式达成合作配送的协议,互用对方配送资源。其优点在于企业无须投入较大的资金和人力,就可以扩大自身的配送规模和范围,但需要企业有较高的管理水平及组织协调能力,以保证这种共同合作关系的长期稳定存在。多家企业实行共同配送的前提条件是功能互补和互惠互利。

2. 从配送业务的经营权限来看

(1) 物流模式

物流模式是指商流、物流相分离的模式。配送组织者不直接参与商品的交易活动,不经销商品,只负责为客户提供验收入库、保管、加工、分拣、送货等物流服务。其业务实质上属于"物流代理",从组织形式上看,其商流和物流活动是分离的,分别由不同的主体承担。在我国的物流实践中,这类模式多存在于在传统储运企业基础上发展起来的物流企业,其职能就是负责将收到的货物进行分拣,然后送到用户指定的货位。物流模式如图7-1所示。

位于深圳福田保税区的某公司是一家专门从事电子零配件配送业务的物流企业,其经营特点是负责接收客户自行采购的电子零配件,并组织入库、储存保管,再根据客户的生产计划安排,将其所需要的零配件以其所必需的数量、品种和规格,在恰当的时间段内准确送达给客户,实质上就是替生产制造企业从事物流代理活动。

物流模式的主要特点在于其业务活动仅限于物流代理,业务比较单一,有利于提高专业化的物流服务水平;占用流动资金少,收益主要来自服务费,经营风险较小。但由于配送企业不

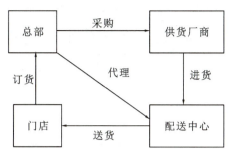

图 7-1 物流模式

直接掌握货源,因此其调度和调节能力比较差。

(2)授权模式

授权模式的配送指一些企业或连锁总部将商品采购权及定价权授予配送中心,企业或连锁总部则保留商品组合、批发销售及业务监管的权利。配送中心既负责商品配送,也负责配送商品的采购。授权模式如图 7-2 所示。

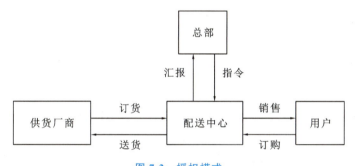

图 7-2 授权模式

(3)配销模式

配销模式又称为商流、物流一体化的配送模式,其基本含义是配送的组织者既从事商品的进货、储存、分拣、送货等物流活动,又负责商品的采购与销售等商流活动。这类配送模式的组织者通常是商品经销企业,也有些是生产企业附属的物流机构。这些经营实体不仅独立地从事商品流通的物流过程,而且将配送活动作为一种"营销手段"和"营销策略",既参与商品交易,实现商品所有权的让渡与转移,又在此基础上向客户提供高效优质的物流服务。在我国的物流实践中,配销模式的组织方式大多存在于以批发为主体经营业务的商品流通机构。在国外,许多汽车配件中心所开展的配送业务也多属于这种模式。配销模式如图 7-3 所示。

配销模式的特点在于:对于流通组织者来说,由于其直接负责货源组织和商品销售,因而能形成储备资源优势,有利于扩大营销网络和经营业务范围,同时便于满足客户的不同需求。但这种模式的组织者既要参与商品交易,又要组织物流活动,因此,不但投入的资金、人力、物力比较多,需要一定的经济实力,而且也需要较强的组织和经营能力。

(二)配送作业的基本环节

1. 备货

备货是指准备货物的系列活动,它是配送的基础环节。严格来说,备货包括两项具体活动:筹集货物和存储货物。

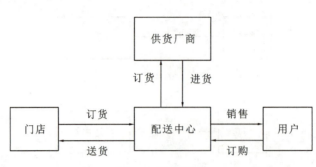

图 7-3　配销模式

2. 理货

理货是配送的一项重要内容,也是配送区别于一般送货的重要标志。理货包括货物分拣、配货和包装等经济活动,其中分拣是指采用适当的方式和手段,从储存的货物中选出用户所需货物的活动。分拣货物一般采取两种方式来操作:其一是摘取式,其二是播种式。

3. 送货

送货是配送活动的核心,也是备货和理货工序的延伸。在物流活动中,送货实际上就是货物的运输。在送货过程中,常常进行三方面的选择:运输方式、运输路线和运输工具。

(三) 配送流程

1. 进货作业

进货作业包括接货、卸货、验收入库,然后将有关信息书面化等一系列工作。在其流程安排中,应注意以下事项:应多利用配送车司机卸货,以减少公司作业人员和避免卸货作业的拖延;尽可能将多个作业活动集中在同一工作站,以节省必要的空间;尽量避开进货高峰期,并依据相关性安排活动,以达到距离最小化;详细记录进货资料,以备后续存取核查。

(1) 货物编码

进货作业是配送作业的首要环节。为了让后续作业准确而快速地进行,并使货物品质及作业水准得到妥善维持,在进货阶段对货物进行有效的编码是一项十分重要的内容。编码结构应尽量简单,长度尽量短,一方面便于记忆,另一方面可以节省机器存储空间,减少代码处理中的差错,提高信息处理效率。常用的编码方法有顺序码、数字分段码、分组编码等。

(2) 货物分类

货物分类是将多品种货物按其性质或其他条件逐次区分,分别归入不同的货物类别,并进行系统排列,以提高作业效率。在实际操作中,对于品项较多的分类储存,可分为两个阶段,上、下两层输送同时进行,程序如下:

① 由条码读取机读取箱子上的物流条码,依照品项做出第一次分类,再决定归属上层或下层的存储输送线。

② 上、下层的条码读取机再次读取条码,并将箱子按各个不同的品项,分门别类到各个储存线上。

③ 在每条储存线的切离端,箱子堆满一只托盘后,一长串货物即被分离出来;当箱子组合装满一层托盘时,就被送入中心部(利用推杆,使其排列整齐),之后,箱子在托盘上一层层地堆叠,堆到预先设定的层数后完成分类。

④操作员用叉式堆高机将分好类的货物依类运送到储存场所。

某物流企业进货场景如图7-4所示。

图7-4 进货场景

(3)货物验收检查

货物验收是对产品的质量和数量进行检查的工作。货物验收标准一般为：采购合同或订单所规定的具体要求和条件，采购合约中的规格或图解，议价时的合格样品，各类产品的国家品质标准或国际标准。

货物验收的内容包括质量验收、包装验收、数量验收等。

(4)货物入库信息的处理

到达配送中心的商品，经验收确认后，必须填写"验收单"，并将有关入库信息及时准确地登入库存商品信息管理系统，以便及时更新库存商品的有关数据。货物信息登录的目的在于为后续作业环节提供管理和控制的依据。此外，对作业辅助信息也要进行搜集与处理。见图7-5。

2. 订单处理

订单处理是指从接到客户订单开始到着手准备拣货之间的作业阶段，通常包括订单资料确认、存货查询、单据处理等内容。订单处理分人工和计算机两种形式。人工处理具有较大弹性，但只适合少量的订单处理。计算机处理则速度快、效率高、成本低，适合大量的订单处理。因此目前主要采取后一种形式。

接单之后，必须对相关事项进行确认，主要包括以下几方面的内容。

(1)货物数量及日期的确认

货物数量及日期的确认是指检查品名、数量、送货日期等是否有遗漏、笔误或不符合公司要求的情形。尤其当送货时间有问题或出货时间已延迟时，更需要与客户再次确认订单内容或更正运送时间。

(2)客户信用的确认

不论订单由何种方式传至公司，配送系统都要核查客户的财务状况，以确定其是否有能力

图 7-5　填写验收单

支付该订单的账款。通常的做法是检查客户的应收账款是否已超过其信用额度。

（3）订单形态确认

①一般交易订单。

交易形态：一般的交易订单，即接单后按正常的作业程序拣货、出货、发送、收款的订单。

处理方式：接单后，将资料输入订单处理系统，按正常的订单处理程序处理，资料处理完后进行拣货、出货、发送、收款等作业。

②间接交易订单。

交易形态：客户向配送中心订货，直接由供应商配送给客户的交易订单。

处理方式：接单后，将客户的出货资料传给供应商由其代配。需注意的是，客户的送货单是自行制作或委托供应商制作的，应对出货资料加以核对和确认。

③现销式交易订单。

交易形态：与客户当场交易、直接给货的交易订单。

处理方式：订单资料输入后，因货物此时已交给客户，故订单资料不再参与拣货、出货、发送等作业，只需记录交易资料即可。

④合约式交易订单。

交易形态：与客户签订配送契约的交易，如签订某期间内定时配送某数量的商品。

处理方式：在约定的送货日，将配送资料输入系统处理以便出货配送；或一开始便输入合约内容的订货资料并设定各批次送货时间，以便系统在约定日期自动产生所需的订单资料。

不同的客户（批发商、零售商）、不同的订购批量，可能对应不同的售价，因而输入价格时系统应加以检核。若输入的价格不符（输入错误或业务员降价接受订单等），系统应加以锁定，以便主管审核。

客户订购的商品是否有特殊的包装、分装或贴标等要求，或有关赠品的包装等资料，系统都需加以专门确认和记录。

3. 拣货作业和补货作业

(1)拣货作业

拣货作业是配送作业的中心环节。所谓拣货,是依据顾客的订货要求或配送中心的作业计划,尽可能迅速、准确地将货品从其储位或其他区域拣取出来的作业过程。拣货作业系统的重要组成元素包括拣货单位、拣货方式、拣货策略、拣货信息、拣货设备等。

①拣货作业流程。

拣货作业不仅工作量大、工艺复杂,而且要求作业时间短、准确度高、服务质量好。拣货作业流程一般为"制作拣货作业单据—安排拣货路径—分派拣货人员—拣货"。整个拣货作业所消耗的时间主要包括以下四大部分:订单或送货单经过信息处理,形成拣货指示的时间;行走或搬运货物的时间;准确找到货物的储位并确认所拣货物及数量的时间;拣取完毕,将货物分类集中的时间。

②拣货方式。

拣货作业最简单的划分方式,是将其分为按订单拣取、批量拣取与复合拣取三种方式。按订单拣取是分别按每份订单拣货;批量拣取是多张订单累积成一批,汇总后形成拣货单,然后根据拣货单的指示一次拣取货品,再根据订单进行分类;复合拣取是将以上两种方式组合起来的拣货方式,即根据订单的品种、数量及出库频率,确定哪些订单适合按订单拣取,哪些适合批量拣取,然后分别采取不同的拣货方式。

(2)补货作业

补货作业是将货物从仓库保管区域搬运到拣货区的工作,其目的是确保商品能保质保量地按时送到指定的拣货区。

①补货方式。

补货方式有整箱补货、托盘补货等。

②补货时机。

第一,批组补货。每天由计算机计算所需货物的总拣取量和查询动管拣货区存货量后得出补货数量,从而在拣货之前一次性补足,以满足全天拣货量。这种一次补足的补货原则,较适合一日内作业量变化不大、紧急插单不多或每批次拣取量大的情况。

第二,定时补货。把每天划分为几个时段,补货人员在时段内检查动管拣货区货架上的货品存量,若不足则及时补货。这种方式适合分批拣货时间固定且紧急处理较多的配送中心。

第三,随机补货。指定专门的补货人员,随时巡视动管拣货区的货品存量,发现不足则随时补货。这种方式较适合每批次拣取量不大、紧急插单多,以至于一日内作业量不易事先掌握的情况。

4. 配货作业和送货作业

(1)配货作业

配货作业是指把拣取、分类完成的货品经过配货检查过程后,装入容器和做好标示,再运到配货准备区,待装车后发送。配货作业既可采用人工作业方式,也可采用人机作业方式,还可采用自动化作业方式,但组织方式有一定区别。

(2)送货作业

送货作业是利用配送车辆把用户订购的物品从制造厂、生产基地、批发商、经销商或配中心送到用户手中的过程。送货通常是一种短距离、小批量、高频率的运输形式,它以服务为目标,以尽可能满足客户需求为宗旨。

在各阶段的操作过程中,需要注意的要点有:明确订单内容,掌握货物的性质,明确具体配送地点,适当选择配送车辆,选择最优的配送线路及充分考虑各作业点装卸货时间。

5. 退调作业和信息处理

(1)退调作业

退调作业涉及退货商品的接收和退货商品的处理。而退货商品的处理还包含退货商品的分类、整理(部分商品可重新入库)、退供货商或报废销毁以及账务处理。

(2)信息处理

在配送中心的运营中,信息系统起着中枢神经的作用,其对外与生产商、批发商、连锁商场及其他客户等联网,对内向各子系统传递信息,把收货、储存、拣选、流通加工、分拣、配送等物流活动整合起来,协调一致,指挥、控制各种物流设备和设施高效率运转。在配送中心的运营中包含着三种"流",即物流、资金流和信息流。

物流信息系统的具体功能包括掌握现状、接受订货、指示发货、配送工作组织、费用结算、日常业务管理、库存补充、与外部沟通等。

6. 配送作业的组织

(1)配送组织工作的基本程序和内容

①物流作业配送线路的选择。

②拟订配送计划。

③下达配送计划。

④配货和进货组织工作。

⑤配送发货管理。

⑥费用结算管理。

(2)配送组织工作应注意的要点

①全面掌握用户的需求情况。

②建立稳定的资源基地和客户需求。

③加强配送的计划管理。

④调整建立与配送相适应的组织结构。

⑤科学地组织配送。

⑥争取各方面的协作和支持。

(3)配送组织的模式

①集权式组织模式和分权式组织模式。

集权式组织模式是指在整个企业中只有一个配送部门,对整个公司的配送业务实行集中管理,统一调配各个仓库、配送节点和供货厂商的供需关系。比如在一些连锁经营企业中,所有门店的商品配送是由公司统一组织货源并送货的。

分权式组织模式是指配送业务由企业的各分部或产品组,或不同地区分别管理和执行。这种模式在大型的企业集团或跨国公司中更为常见。

总体看来,集权式组织模式对市场反应速度慢,柔性较差,但能够有效地控制配送成本;分权式组织模式对客户要求反应迅速,但是成本较高。

②选择配送组织模式时应考虑的因素。

选择配送组织模式时应考虑公司的规模、产品特点及产品的销售地区、生产所需物资的采购地区以及集权式配送组织模式提供的顾客服务标准能否达到所要求的水平等。

现在有很多企业采用的是集权与分权相结合的组织模式。同质性高、需求量大的产品或原材料由企业统一组织配送；而各分部之间差异较大的产品或需求量波动大的零星产品，以及配送时间短和临时发生的配送要求，则由各分部自行组织货源及配送。

二、配送合理化

(一)配送合理化的判断标志

对配送合理化与否的判断是配送决策系统的重要内容，目前国内外尚无一定的技术经济指标体系和判断方法，按一般认识，以下若干标志应当纳入配送决策系统。

1. 库存标志

库存是判断配送合理与否的重要标志，具体指标有以下两方面。

(1)库存总量

在一个配送系统中，库存总量从分散的各个用户转移给配送中心，配送中心的库存数量加上各用户实行配送后的库存量之和应低于实行配送前各用户库存量之和。

此外，从各个用户角度判断，各用户在实行配送前后的库存量比较也是判断配送合理与否的标准，某个用户库存量上升而总量下降，也属于配送不合理。

库存总量是一个动态的量，上述比较应当在一定经营量的前提下进行。在用户生产有发展之后，库存总量的上升则反映了经营的发展，必须扣除这一因素，才能对总量是否下降做出正确判断。

(2)库存周转

配送企业具有调剂作用，可以以较低的库存保持较高的供应能力，从而实现库存周转总是快于原来各企业的库存周转。

此外，从各个用户角度进行判断，各用户在实行配送前后的库存周转比较也是判断配送合理与否的标志。

为取得共同比较基准，以上库存标志都以库存储备资金计算，而不以实际物资数量计算。

2. 资金标志

总的来讲，实行配送应有利于降低资金占用成本及资金运用的科学化，具体判断标志如下。

①资金总量。用于资源筹措所占用流动资金总量，随储备总量的下降及供应方式的改变必然有一个较大的降低幅度。

②资金周转。从资金运用的角度来讲，由于整个物流节奏加快，资金能充分发挥作用，同样数量的资金，过去需要较长时期才能满足一定的供应要求，实行配送之后，在较短时期内就能达到此目的。所以资金周转是否加快是衡量配送合理与否的标志。

③资金投向的改变。资金分散投入还是集中投入，是资金调控能力的重要反映。实行配送后，资金必然应当从分散投入改为集中投入，以增强调控作用。

3. 成本和效益标志

总效益、宏观效益、微观效益、资源筹措成本等都是判断配送合理与否的重要标志。对于不同的配送方式,可以有不同的判断侧重点。例如,配送企业、用户都是各自独立的以利润为中心的企业,则不但要看配送的总效益,还要看对社会的宏观效益及两个企业的微观效益;又如,如果配送是由用户自己组织的,配送主要强调保证能力和服务性,那么,主要从总效益、宏观效益和用户的微观效益来判断配送是否合理,不必过多考虑配送企业的微观效益。

由于总效益及宏观效益难以计量,在实际判断时,常以按国家政策进行经营,完成国家税收情况和配送企业及用户的微观效益来判断。对于配送企业而言(投入确定的情况下),企业利润反映配送合理化程度。对于用户而言,在保证供应水平或提高供应水平(产出一定)的前提下,供应成本的降低反映配送合理化程度。成本及效益对配送合理化的衡量还可以具体到储存、运输等具体配送环节,使判断更为准确。

4. 供应保障标志

实行配送,各用户最担心的是供应保障程度降低,这不仅是心态问题,也是可能要承担风险的实际问题。配送最重要的一点是必须提高而不是降低对用户的供应保障能力,供应保障能力可以从以下方面判断。

①缺货次数。实行配送后,对各用户来讲,该到货而未到货以致影响用户生产及经营的次数必须下降。

②配送企业集中库存量。对每一个用户来讲,其库存数量所形成的供应保障能力应高于配送前单个企业的保障程度。

③即时配送的能力及速度。这是用户出现特殊情况的特殊供应保障方式,这一能力必须高于未实行配送前用户的紧急进货能力及速度。

特别需要强调一点,配送企业的供应保障能力是一个科学的、合理的概念,而不是无限的概念。具体来讲,如果供应保障能力过高,超过了实际的需要,则属于配送不合理。所以追求供应保障能力的提高也是有限度的。

5. 社会运力节约标志

末端运输是目前运能、运力使用不合理、浪费较大的领域,因而人们寄希望于配送来解决这个问题。运力使用合理也成了配送合理化的重要标志。运力使用的合理化是依靠送货运力的规划和整个配送系统的合理流程及与社会运输系统合理衔接实现的。送货运力的规划是任何配送中心都需要花力气解决的问题,有赖于配送及物流系统的合理化,其是否合理可以简化判断如下。

①社会车辆总数减少,而承运量增加为合理情况。

②社会车辆空驶减少为合理情况。

③一家一户自提自运减少,社会化运输增加为合理情况。

6. 物流合理化标志

配送必须有利于物流合理化,可以从以下几方面进行判断。

①是否降低了物流费用。

②是否减少了物流损失。

③是否加快了物流速度。

④是否发挥了各种物流方式的最优效果。

⑤是否有效衔接了干线运输和末端运输。

⑥是否没有增加实际的物流中转次数。
⑦是否采用了先进的技术手段。
物流合理化的问题是配送要解决的大问题,也是衡量配送本身是否合理的重要标志。

7. 人力物力节约标志

配送的重要观念是为用户代劳。因此,实行配送后,各用户库存量、仓库面积、仓库管理人员应减少,用于订货、接货、供应的人员应减少。如果真正解除了用户的后顾之忧,则说明配送合理化程度达到了一个较高的水平。

(二)配送合理化的措施

实现配送合理化有一些可供借鉴的办法,简介如下。

1. 推行一定综合程度的专业化配送

通过采用专业设备、设施及操作程序,取得较好的配送效果并降低配送综合化的复杂程度及难度,从而实现配送合理化。

2. 推行加工配送

将加工和配送相结合,充分利用本来应有的中转,而不增加新的中转,求得配送合理化。同时,加工借助于配送,加工目的更明确,和用户联系更紧密,避免了盲目性。这两者有机结合,在不增加太多投入的情况下却可大幅提升物流效益,是实现配送合理化的重要途径。

3. 推行共同配送

通过共同配送,可以最近的路程、最低的配送成本完成配送,从而实现配送合理化。

4. 实行送货与取货相结合

配送企业与用户建立稳定、密切的协作关系,配送企业不仅成为用户的供应代理人,而且成为用户储存据点,甚至成为产品代销人。配送企业将用户所需的物资送到用户手中,再将该用户生产的产品用同一车运回,这种产品可成为配送中心的配送产品之一,也可由配送中心代存代储,免去了生产企业的库存包袱。这种送取结合方式使运力得到充分利用,也使配送企业的功能有更大的发挥,从而实现配送合理化。

5. 推行准时配送系统

准时配送是配送合理化的重要内容。只有配送做到了准时,用户才能把握资源,从而可以放心地实施低库存或零库存运行模式,可以有效地安排人力、物力,以追求高效率的工作。另外,供应能力的保证也取决于准时配送。从国外的经验看,准时配送系统是现在许多配送企业实现配送合理化的重要手段。

6. 推行即时配送

即时配送是解决用户断供之忧、大幅度提高供应保障能力的重要手段。即时配送是配送企业快速反应能力的具体化,是配送企业能力的体现。

即时配送成本较高,但它是保证配送合理化的重要手段,也是用户实现零库存的重要保障。

(三)不合理配送的表现形式

对配送决策的评价很难有一个绝对的标准,也就是说,存在着配送决策的权变理论。配送中心的目标是追求效益最大化,但在具体运作过程中,是考虑长远利益还是追求短期收益,需要人们慎重对待。一般情况下,常常选择"适宜",也就是考虑综合效益的"均衡"。所以,配送决策是全面、综合的决策,在配送运作过程中要尽量避免由不合理配送所造成的损失,有时某些不合理现象是伴生的,要追求大的合理,就可能派生小的不合理。所以,这里只论述不合理配送的表现形式,应注意防止绝对化。

1. 资源筹措不合理

配送是利用较大批量筹措资源,通过筹措资源的规模效益来降低筹措成本,使配送资源筹措成本低于用户自己筹措资源成本,从而取得优势。如果不能集中多个用户的需要进行批量筹措资源,而仅仅是为一两个用户代购代筹,就很难保证降低资源筹措费用,甚至可能增加交易费用,因而可以认为这是不合理的配送。资源筹措不合理还有其他表现形式,如配送量计划不准确、资源筹措过多或过少、在筹措资源时不考虑与资源供应者之间建立长期稳定的供需关系等。

2. 库存决策不合理

配送应使集中库存总量低于各用户分散库存总量,从而节约社会财富,同时降低用户实际的平均库存水平。因此,配送企业必须依靠科学管理来实现一个总量适宜的库存,否则就会出现只实现了库存转移,而未解决库存问题的不合理现象。配送企业库存决策不合理还表现为储存量不足,不能满足用户的随机需求,失去了应有的市场。

3. 价格不合理

一般来说,实行配送的产品价格应低于不实行配送时的价格,即低于用户自己进货时的产品购买价格与提货、运输等成本总和,这样用户才会选择配送中心。有时候,由于配送可以提供较高水平的服务,即使价格稍高,用户也是可以接受的。而如果配送价格普遍高于用户自己进货的价格,损害了用户利益,这就是一种不合理配送的表现。当然,价格制定过低,导致恶性竞争,使配送企业无利可寻或亏损经营,也是不合理的。

4. 配送与直达的决策不合理

一般来说,配送总是增加了一些环节,但是这些环节的增加可以降低用户的平均库存水平,因此不但可以抵消增加环节的支出,还可以取得一定的剩余效益。但如果用户使用批量大,可以直接通过社会物流系统均衡批量进货,比通过配送中心送货费用更少,在这种情况下,不直接进货而选择配送,也是不合理的。

5. 送货中的不合理运输

配送可以集中配装一车送几家,这与用户自提相比,可大大节省运力和运费。如果不能利用这一优势,仍然是一户一送,而车辆达不到满载(即时配送过多过频时会出现这种情况),则属于配送不合理。此外,不合理运输的若干表现形式在配送中出现,也会使配送变得不合理。

6. 经营理念不合理

在配送实施中,许多时候经营者的经营理念不合理使配送优势无从发挥,甚至严重损害配送中心的形象。例如,配送企业利用配送手段向用户转嫁资金和库存困难,在库存过大时,强迫用户接货,以缓解自己的库存压力;在资金紧张时,长期占用用户资金;在资源紧张时,将用户委托资源挪作他用等,这些都是在开展配送业务时需要注意克服的不合理现象。

(四)配送共同化

1. 共同配送的概念

共同配送是由多个企业联合组织实施的配送活动,指几个中小型配送中心联合起来,分工合作对某一地区客户进行配送。它主要针对某一区域的客户所需物品数量较少或使用车辆不能满载、配送车辆利用率不高等情况。物流共同化并不局限于配送的共同化,还包括物流资源利用共同化、物流设施与设备利用共同化及物流管理共同化。在此,物流资源是指人、财、物、时间和信息;物流设施与设备包括运输车辆、装卸机械、搬运设备、托盘和集装箱、仓储设备及场地等;物流管理是指商品管理、仓库管理、配送管理、作业管理、成本管理、劳务管理等。

2. 配送共同化的基本模式

配送共同化的基本模式有三种。

(1)物流企业的配送中心

物流企业的配送中心是指独立核算的物流公司或配送中心。这类配送中心可能是由专业的物流公司建立的,也可能是大型的连锁公司独资兴建或控股的物流子公司兴建的。其不仅承担物流作业,而且往往兼有采购和批发职能,实际上是一种配销中心,当然也有可能只从事物流作业活动。

(2)厂商联合型配送中心

厂商联合型配送中心在厂家与批发商或供应商与连锁总店之间进行共同配送,有两种形式:一是将不同厂家和不同批发商按区域进行共同配送,每个批发商只负责特定区域的商品配送,在这些区域除配送自己经营的批发商品外,还负责在这一区域配送其他批发商的商品,在其他区域,其他批发商同时也为其提供同样服务;二是众多厂商通过配送中心的共同配送向众多的连锁店配送商品,每个厂商都将要配送给各连锁店的商品先配送到配送中心,再由配送中心为各连锁店进行共同配送。

(3)商业企业的配送中心

商业企业的配送中心是由批发商、零售商、连锁公司共同组建的配送中心,向同一地区众多的零售店铺进行共同配送,如图 7-6 所示。

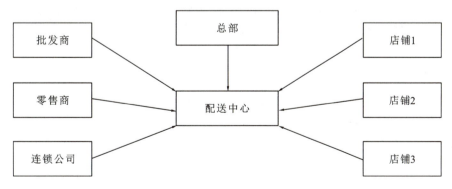

图 7-6　商业企业的配送中心

3. 共同配送的运作形式

共同配送的运作是在配送中心的统一计划、统一调度下展开的,主要有以下两种运作形式。

①由一个配送企业对多家用户进行配送,即由一个配送企业综合某一地区内多个用户的要求,统筹安排配送时间、次数、路线和货物数量,全面进行配送。

②仅在送货环节上将多家用户待运送的货物混载于同一辆车上,然后按照用户的要求分别将货物运送到各个接货点,或者运到多家用户联合设立的配送货物接收点上。这种配送有利于节省运力和提高运输车辆的货物满载率。

4. 共同配送的优势

共同配送的目的在于降低物流成本,提高物流效率,提高物流服务水平。共同配送主要是货主(厂家、批发商和零售商)和运送者通过协同配送,解决运输过程中效率低下的问题。从货主的角度看,通过配送可以提高物流效率,如中小批发者各自配送难以满足零售商多批次、小批量的配送要求。共同配送时,送货的一方可以实现少量配送,收货一方可以进行统一的验货,从而达到提高物流服务水平的目的。

从运送者的角度看,卡车运送多为中小企业所为,这种运送形式不仅资金少、人才不足、组织脆弱,而且运输量少、运输效率低、使用车辆多,在物流合理化及其效率上受到一定限制。如果实现共同配送,则筹集资金、大宗集货、通过信息网络提高车辆使用率、进行往返运货等问题均可得到较好的解决。同时,可以通过共同配送向客户提供多批次、小批量的服务。

三、配送中心

(一)配送中心的概念

中华人民共和国国家标准《物流术语》中关于配送中心的定义为:"具有完善的配送基础设施和信息网络,可便捷地连接对外交通运输网络,并向末端客户提供短距离、小批量、多批次配送服务的专业化配送场所。"配送中心应基本符合下列要求:

①主要为特定客户或末端客户提供服务;

②配送功能健全;

③辐射范围小;

④提供短距离、小批量、多批次配送服务。

配送中心是集多种流通功能(商品分拣、加工、配装、运送等)于一体的物流组织,是利用先进的物流技术和物流设备开展业务活动的大型物流基地。

(二)配送中心的形成与发展

配送中心是以组织配送式销售或供应,执行实物配送为主要职能的流通型节点。在配送中心,为了做好送货的编组准备,需要进行零星集货、批量进货等种种资源收集工作和对货物的分拣、配备等工作。因此,配送中心也具有集货中心、分货中心的职能。为了更有效地、更高水平地进行配送,配送中心往往还有较强的流通能力。此外,配送中心必须执行货物配备后送达客户的任务,这是和分货中心只管分货不管运达的主要不同之处。由此可见,配送中心的功能较为全面、完整,也可以说,配送中心实际上是集货中心、分货中心、加工中心功能的总和,并实现了"配"与"送"的有机结合。

配送中心的形成与发展是有其历史原因的。很多学者认为配送中心是在仓库的基础上发展起来的。仓库作为保管物品的设施,它的功能是储藏物资。由于经济的发展、生产总量的逐步扩大,仓库的功能也在不断演变和分化。在我国秦朝时期的漕运中,就已经出现了以转运为主要职能的仓库设施。新中国成立以后,服务于计划经济的分配体制使我国出现了大量以衔接流通为职能的"中转仓库"。随着中转仓库的进一步发展和业务能力的不断增强,出现了相当规模、相当数量的"储运仓库"。

在国外,仓库的专业分工形成了仓库的两大类型:一类是以长期储藏为主要功能的"保管仓库",另一类是以货物的流转为主要功能的"流通仓库"。流通仓库以保管期短、货物出入库频率高为主要特征,这和我国的中转仓库有类似之处。这一功能与传统仓库相比有很大区别。货物在流通仓库中处于经常运动的状态,停留时间较短,有较高的进出库频率。流通仓库的进一步发展使仓库和连接仓库的流通渠道形成了一个整体,起到了对整个物资渠道的调节作用。

20世纪70年代石油危机之后,为了挖掘物流过程中的经济潜力,物流过程出现了细分,再加上市场经济体制造就了普通买方市场环境和以服务来争夺用户的竞争结果,企业做出了"营销中心下移""贴近顾客"的营销战略,贴近顾客一端的所谓"末端物流"便受到了空前的重视。配送中心就是在这种新的经济环境下,在仓库不断进化和演变过程中出现的新的物流设施。

从整个国际物流的发展来看,配送中心的形成和不断完善是社会生产力发展的必然结果,也是实现物流运动合理化的客观要求。随着科学技术的不断进步和计算机的广泛应用,人类征服自然和改造自然的能力势必会越来越强。其结果一方面将导致生产规模不断扩大,生产的专业化和社会化程度日趋提高;另一方面社会分工越来越细,社会协作关系日趋完善。在这种情况下,为了保证社会生产连续、快速运转,客观上要求有专门的机构提供物资供应和保管、产品分拣的社会化服务,行使其流通职能。市场经济的发展和我国加入WTO后面临的激烈竞争,在客观上要求人们用科学的方式和方法组织各种经营活动,其中包括综合物流功能、使物流运动系统化等,实现整个系统的最佳效益。正是在这样的历史背景下,一些老式的物流设施(如仓库)进行了全面改造,完成了功能"再造",由此演化成了配送中心。也正是因为存在着上述客观要求,才促使处于市场竞争中的生产者和经营者建立起了服务于生产和销售的配送组织——配送中心。由此可见,配送中心的产生和发展不是偶然现象,而是生产和物流不断发展的必然结果。实践证明,专业化、社会化、国际化的共同配送显示了巨大的优势,有着强大的生命力,代表了一种趋势。因此,大型的专业化、社会化、国际化商品配送中心将是配送中心发展的必然趋势。

(三)配送中心的职能

配送中心是专业从事货物配送活动的经济组织,是集加工、理货、送货等多种职能于一体的物流节点。具体地说,配送中心有如下几种职能。

1. 采购职能

配送中心必须采购所要供应的商品,才能及时、准确无误地为用户(即生产企业或商业企业)供应物资。配送中心应根据市场的供求变化情况,制订并及时调整统一的、周全的采购计划,并由专门的人员与部门组织实施。

2. 存储职能

配送中心的服务对象是为数众多的生产企业和商业网点(如连锁超市、超级市场等)。配送中心需要按照用户的要求及时将各种配装好的货物送交到用户手中,满足生产和消费的需要。因此,通过开展货物配送活动,配送中心能把各种工业品和农产品直接运送到用户手中,这客观上可以起到生产和消费的媒介作用;同时,配送中心通过集货和存储货物,又起到了平衡供求的作用,由此能有效地解决季节性货物的产需衔接问题。为了顺利有序地完成向用户配送商品(货物)的任务,更好地发挥保障生产和消费需要的作用,配送中心通常要兴建现代化的仓库并配备一定数量的仓储设备,存储一定数量的商品。某些区域性的大型配送中心和开展"代理交货"配送业务的配送中心,不但要在配送货物的过程中储存货物,而且其所储存的货物数量更大、品种更多。

3. 配组职能

由于每个用户企业对商品的品种、规格、型号、数量、质量、送达时间和地点等要求不同,配送中心就必须按用户的要求对商品进行分拣和配组。配送中心的这一职能是其与传统仓储企业的明显区别之一,也是配送中心的最重要的特征之一。可以说,没有配组职能,就没有所谓的配送中心。

4. 分拣职能

作为物流节点的配送中心,其服务对象(即客户)是为数众多的企业(在国外,配送中心的服务对象少则几十家,多则数百家)。这些为数众多的客户彼此之间存在很大的差别,不仅各自的性质有所不同,经营规模也大相径庭。因此,在订货和进货时,不同的用户对货物的种类、规格、数量会提出不同的要求。针对这种情况,为了有效地进行配送,即为了同时向不同的用户配送多种货物,配送中心必须采取适当的方式对组织进来的货物进行拣选,并且在此基础上,按照配送计划分装和配装货物。这样,在商品流通实践中,配送中心除了具有存储功能外,它还增加了分拣货物的功能,发挥分拣中心的作用。

5. 分装职能

随着经济的发展,物流由过去的少品种、大批量时代进入多品种、少批量或多批次、少批量的时代。

从配送中心的角度来看,它往往希望采用大批量的进货来降低进货价格和进货费用。但用户企业往往为了降低库存、加速资金周转、减少资金占用,而采用小批量进货的方法。为了满足用户的要求,即小批量、多批次进货,配送中心就必须进行分装。

6. 集散职能

在物流大系统中,配送中心凭借其特殊的地位及其拥有的各种先进的设施和设备,能够将分散在各个生产企业的产品(货物)集中到一起,然后通过分拣、配货、配装等环节向多家用户进行发送。与此同时,配送中心也可以做到把各个用户所需要的多种货物有效地组合(或配装)在一起,形成经济、合理的货载批量,来实现高效率、低成本的商品流通。配送中心在流通实践中所表现出来的这种职能就叫作(货物)集散职能,也有人把它称为"配货、分散"职能。

另外,配送中心在建设选址时也充分考虑了其集散职能,一般选择商品流通发达、交通较为便利的中心城市或地区,以便充分发挥配送中心作为货物或商品集散地的职能,如某物流有限公司按照统一标准在东北各主要城市设立了 6 个二级配送中心,形成了以大连为基地,辐射东北三省的梯级仓储配送格局。配送中心的集散职能如图 7-7 所示。图 7-8 所示是某物流有限公司的配送中心网络布局。

7. 加工职能

为了扩大经营范围和提高配送水平,目前国内许多配送中心都配备了各种加工设备,由此

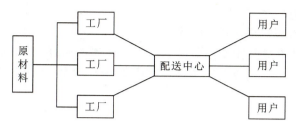

图 7-7　配送中心的集散职能

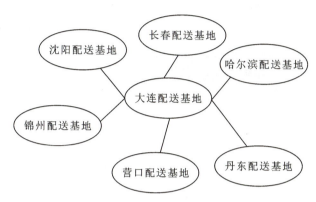

图 7-8　某物流有限公司的配送中心网络布局

形成了一定的加工能力。这些配送中心能够按照用户提出的要求和根据合理配送商品的原则,将组织进来的货物加工成一定的规格、尺寸和形状。这些加工职能是现代配送中心服务职能的具体体现。

加工货物是一些配送中心的重要活动。配送中心具备加工能力,积极开展加工业务,既方便了用户,省却了其烦琐劳动,又有利于提高物质资源的利用率和配送效率。此外,对于配送活动本身来说,客观上起着强化整体功能的作用。配送中心应该添置必要的机器设备,以便满足用户,特别是生产企业对物料的不同要求。为了扩大经营范围和提高配送水平,国内外许多配送中心都配备了各种加工设备,形成了一定的加工能力。

8. 信息处理职能

配送中心拥有相当完善的信息处理系统,能有效地为整个流通过程的控制、决策和运转提供依据。而且,配送中心与销售企业直接建立信息交流,可及时得到销售企业的信息,有利于合理组织货源,控制最佳库存。配送中心还可以将销售和库存信息及时反馈给制造商,以指导商品生产计划的安排。配送中心成为整个流通过程的信息中枢。

(四)物流中心与配送中心的区别

我国国家标准《物流术语》对物流中心(logistics center)的定义为:"具有完善的物流设施及信息网络,可便捷地连接外部交通运输网络,物流功能健全,集聚辐射范围大,存储、吞吐能力强,为客户提供专业化公共物流服务的场所。"物流中心应基本符合下列要求:

①主要面向社会提供公共物流服务;
②物流功能健全;
③集聚辐射范围大;

④存储、吞吐能力强;
⑤为下游配送中心客户提供物流服务。

从上述定义可以看出物流中心与配送中心的主要区别,如表7-1所示。

表7-1 物流中心与配送中心的区别

主要项目	物流中心	配送中心
服务对象	主要面向社会提供公共物流服务	主要为末端客户服务
服务功能	物流功能健全	配送功能健全
辐射范围	辐射范围大	辐射范围小
物流特点	存储、吞吐能力强,能为转运和多式联运提供物流支持,少品种、大批量、少供应商	多品种、小批量、多批次、短周期、多供应商
在供应链中的位置	在配送中心上游	在物流中心下游
规模	一般较大	可大可小

(五)配送中心的作业流程与运作

1. 配送方案的设计

在进行具体配送作业期间应注意设计合理的物流配送方案。配送方案的设计如图7-9所示。

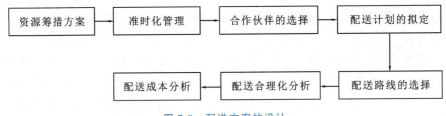

图7-9 配送方案的设计

①资源筹措方案。为了能够按照用户要求配送货物,首先必须集中用户需求,进行一定规模的备货,从生产企业取得种类、数量繁多的货物。

②准时化管理是根据配送实施时间、地点、方式、要求、状况的规定实现合理化配送的根本保证。准时化管理要求计划、采购、配送与需求方保持一致,实现准时服务。

③合作伙伴可以带来稳定关系、降低运作成本、分散竞争压力等诸多好处。但对合作伙伴的选择应持慎重态度,主要考虑以下方面:一是合作伙伴的实力;二是合作伙伴的诚信度;三是产品的市场份额。物流配送企业与合作伙伴可以通过协商机制和利益机制的作用从而达到"双赢"的效果。配送企业通过与合作伙伴建立稳定的关系,降低运行成本,分散单个企业的竞争压力,规避市场风险,提高企业抗风险能力。

④从物流的角度来看,配送几乎包括了物流的全部活动;从整个流通过程来讲,配送又是物流与商流、信息流的统一体。因此,配送计划的制订要以市场信息为导向、以商流为前提、以物流为基础。

⑤配送路线是指各送货车辆向各个客户送货时所要经过的路线。配送路线是否合理对配送速度、成本、效益有较大的影响,采用科学合理的方法来优化配送路线是配送活动中非常重

要的一项工作。

⑥对配送是否合理的判断是配送决策系统的重要工作内容。在目前尚无明确的技术经济指标体系和判断方法的情况下,人们一般采用几个标志来进行分析,如库存标志、资金标志、成本和收益标志、供应保障标志等。

⑦配送成本分析。配送中心承担了物流企业绝大部分的物流任务,因此其物流成本管理实际上是把企业的利润目标具体化,这就要求推行以预算管理为核心的物流成本计划和统筹管理,并通过成本差异分析发现问题,提出解决问题的方法。

2. 配送作业的实际操作

配送作业的具体内容如图 7-10 所示。这些作业项目之间衔接紧密、环环相扣,整个过程既包括实物流,又包括信息流和资金流。

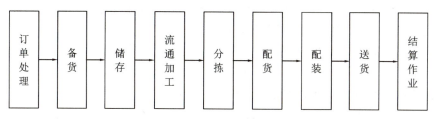

图 7-10 配送作业的具体内容

①配送业务活动以客户订单发出的订货信息作为驱动源。在配送活动开始前,配送中心根据订单信息,对客户的分布、所订商品的名称、商品特性和订货数量、送货频率和要求等资料进行汇总和分析,以此确定所要配送的货物种类、规格、数量和配送的时间,最后由调度部门发出配送信息。

②备货也称进货,是配送的准备工作和基础工作,包括筹集货源、订货或购货、集货及有关的质量检查、结算、交接等。配送的优势之一就是可以集中不同用户的需求进行一定规模的备货,即通过集中采购扩大进货批量,从而降低商品交易价格,同时可以分摊运输成本,减少备货费用,取得集中备货的规模优势。

③配送中的储存有储备及暂存两种形态。配送储备是按一定时期的配送经营要求所形成的对配送的资源保证。一般来说,储备数量较大,储备结构也较完善,视货源及到货情况,可以有计划地确定周转储备及保险储备结构及数量。

④在配送作业中,流通加工这一功能属于增值性活动,虽不具有普遍性,但通常是具有重要作用的功能要素。有些加工作业属于初级加工活动,如按照客户的要求,将一些原材料套裁;有些加工属于辅助加工,如对产品进行简单组装,给产品贴签或套袋等;也有些加工作业属于深加工,食品类配送中心的加工通常是深加工,例如将蔬菜、水果等洗净、切割、过磅、分份并装袋,加工成净菜,或按照不同的风味进行组合,加工成半成品等配送给超市或零售店。

⑤分拣是将物品按品种、出入库的先后顺序进行分门别类堆放的作业。

⑥配货是用各种拣选设备和传输装置,将存放的物品按客户的要求分拣出来,配备齐全,送入指定发货地点。

配货作业有两种基本形式:一是摘取方式(拣选方式),是在配送中心分别为每个用户拣选其所需货物,此方法的特点是配送中心的每种货物的位置是固定的,对于货物类型多、数量少的情况,这种配货方式便于管理和实现现代化;二是播种方式(分货方式),是将需配送的同一种货物从配送中心集中搬运到发货场地,然后根据各用户对该种货物的需求量进行二次分配,就像播种一样,这种方式适用于货物易于集中移动且用户对同一种货物需求量大的情况。

分拣和配货是决定配送成败的重要支持性工作,也是完善送货、支持送货的准备性工作,是不同配送企业在送货时进行竞争和提高自身经济效益的必然延伸。也可以说分拣和配货是送货向高级形式发展的必然要求。

⑦当单个客户的配送数量不能达到车辆的有效载运负荷时,就存在如何集中不同客户的配送货物进行搭配装载,以充分利用运能和运力的问题,这时就需要配装。配装与一般送货的不同之处在于,配装可以大大提高送货水平、降低送货成本。所以,配装是具有现代特点的功能要素,也是现代配送与传统送货的重要区别之一。

⑧送货作业包括将货物装车和实际配送。完成这些作业需要事先规划配送区域或安排配送路线,由配送路线的先后次序来决定商品装车顺序,并在商品配送途中进行商品跟踪、控制,制定配送途中意外状况及送货后文件的处理办法。

⑨结算作业是配送最终能得以实现的重要保证。送货单在得到客户的签字确认后或交给第一承运人并签署后,可根据送货单据制作应收账单,并将账单转入会计部门作为收款凭据。

3. 配送具体运作岗位的操作流程

配送具体运作岗位的操作流程与具体运作人员的工作关系如图 7-11 所示。

图 7-11　配送运作岗位的操作流程与具体运作人员的工作关系

项目自测

1. 不合理配送有哪些表现形式?
2. 配送合理化的判断标志有哪些?

3. 观察你身边的超市,调查连锁及非连锁超市的商品配送或商品运输是如何进行的。
4. 配送的特点是什么?
5. 配送中心的职能有哪些?
6. 如何实现配送作业合理化?
7. 配送中心与物流中心的区别有哪些?
8. 调查一个大型超市,剖析其配送系统的优缺点,结合所学的配送理论就其如何实现配送合理化提出建议。

项目八 物流管理系统

项目引言

物流信息是反映物流各种活动内容的知识、资料、图像、数据、文件的总称,在物流活动中起着神经系统的作用。它不仅对物流活动具有支持和保障作用,而且具有连接整合整个供应链和使整个供应链活动效率化的功能。

知识目标

◆ 了解物流成本管理的相关知识。
◆ 掌握物流信息管理的概念与分类等内容。
◆ 理解供应链管理知识。

思政目标

结合物流管理教学内容,培养理想信念坚定,适应现代物流行业企业和社会发展需要的人才,使其具有良好的人文素养、职业道德和创新意识,具备精益求精的工匠精神。

任务实施

任务一 物流成本管理

案例导入

汽车企业物流成本管理

某物流有限公司作为某汽车企业的物流业务总包者,全面管理该汽车系统供应链所涉及的生产零部件、整车和售后零件等厂外物流。作为第三方物流公司,该物流有限公司在确保物流品质、帮助汽车企业有效控制物流成本方面拥有一套完善的管理机制。其控制物流成本的主要做法有以下几种。

第一,成本企划。

每当出现新的物流线路或进行物流战略调整时,前期的企划往往是今后物流成本控制的关键。企划方案需要全面了解企业的物流量、物流模式、包装形态、供应商分布、物流大致成本等各方面的信息,此外,还要考虑企业和供应商的稼动差、企业的装卸货量和场内面积等物流限制条件。

第二,原单位管理。

该汽车企业把构成物流成本的因素进行分解,并把这些因素分为两类:一类是固定不变的项目(如车辆投资、人工)或相对稳定的项目(如燃油价格),将其称为"原单位";一类是随着月度线路调整而发生变动的项目(如行驶距离、车辆投入数量、司机数量),称为"月度变动信息"。

第三,月度调整线路至最优状态。

随着各物流点的月度间物流量的变动,区域内物流线路的最优组合也会发生变动。该物流有限公司会根据汽车企业提供的物流计划、上月的积载率状况以及成本KPI分析得出改善点,调整月度变动信息,以维持最低的物流成本。

第四,成本KPI导向改善。

对于安全、品质、成本、环保、准时率等物流指标,该物流有限公司建立了KPI体系进行监控,并向汽车企业进行报告,同时向承运商公开成本以外的数据。通过成本KPI管理,不仅便于进行纵向、横向比较,也为物流的改善提供了最直观的依据。

第五,协同效应降低物流费用。

该物流有限公司作为一个平台,管理着汽车企业的物流资源,在与各企业协调的基础上,通过整合资源,充分利用协同效应,大大降低了物流费用。例如,统一购买运输保险,降低保险费用;通过共同物流,提高车辆的积载率,减少运行车辆的投入,从而达到降低费用的目的。在共同物流的费用分担上,各企业按照物流量的比例支付物流费。在具体的物流操作中,该物流有限公司主要从两个方面实现共同物流:一是不同企业在同一区域内共同集货、配送;二是互为起点和终点的对流物流。

以上措施表明,该汽车企业物流成本控制的基本思想是使物流成本的构成明细化、数据化,通过管理和调整各明细项目的变动,来控制整体物流费用。虽然该物流有限公司管理下的汽车企业物流成本水平未在行业中进行比较,但其通过成本企划、精细的原单位管理、成本KPI导向的改善以及协同效应等方法,系统化、科学化地进行物流成本控制,对即将或正在进行物流外包的企业具有一定的借鉴意义。

一、了解物流成本

(一)物流成本概述

物流成本占企业经营成本的比重很大,物流成本的高低直接关系到企业竞争力的强弱,因而物流成本管理已成为企业物流管理的一个核心内容,降低物流成本则成为物流管理的首要任务。

从物流成本管理的角度,可将物流成本分为社会物流成本、货主企业(工商企业)的物流成本以及物流企业的物流成本三种类型。其中,社会物流成本也称宏观物流成本,它是一个国家在一定时期内发生的物流总成本,是不同性质的企业物流成本(微观物流成本)之和。通常用物流成本占GDP的比重来衡量一国物理管理水平的高低。国家和地方政府可以通过制定物流相关政策、进行区域物流规划、建设物流园区等举措来推动物流产业的发展,从而降低宏观物流成本。

可以认为,制造企业物流是物流业发展的原动力,而商业企业是连接工业企业和最终用户的桥梁和纽带,工商企业是物流服务的需求主体。故一般所说的物流成本主要是指货主企业的物流成本,商业企业的物流活动可以看成工业企业物流活动的延伸,而物流企业主要为工商企业提供物流服务。因此,物流企业的物流成本是货主企业物流成本的转移,是货主企业物流成本的组成部分。社会宏观物流成本则是货主企业物流成本的综合。

物流成本是伴随着企业的物流活动而发生的各种费用。国家标准《物流术语》中对物流成本是这样定义的:"物流活动中所消耗的物化劳动和活劳动的货币表现。"具体而言,物流成本指的是产品空间位移(包括静止)过程中所耗费的各种劳动的货币表现,是产品在实物运动过程中,如包装、装卸、搬运、运输、储存、流通加工、物流信息处理等各个环节所支出的人力、财力、物力的总和。可以说,物流成本就是完成各种物流活动所需的费用。

物流成本有广义和狭义之分。狭义的物流成本是指由物品实体的位移而引起的有关运输、包装、装卸等的成本,广义的物流成本是指包括生产、流通、消费全过程的物品实体与价值变换而发生的全部成本。制造企业的物流成本具体包括从生产企业内部原材料和协作件的采购、供应开始,经过生产制造过程的半成品存放、搬运、装卸、成品包装及运送到流通领域,进入仓库验收、分类、储存、保管、配送、运输,最后到消费者手中的全过程发生的所有成本。

物流成本的内涵是比较明确的,关键是在实践中如何正确划分物流成本的范围,如何将物流成本准确地计算出来。目前还缺乏有效的物流管理方法和操作经验,缺乏对物流成本的准确把握,给企业的物流管理带来许多障碍,不利于发现企业物流运作中存在的非效率活动,也难以对物流成本进行纵向和横向的比较。因此,认识物流成本,不能只停留在对概念本身的理解上,还必须对物流成本的统计范围、计算方法及物流成本分析方法等有一个全面的掌握。

(二)物流成本的内容

由于企业类型的不同、成本分析的角度不同以及经济分析的目的不同,物流成本所包含的内容会存在一定的差别,但一般而言,物流成本包含的主要内容有以下方面。

①物流过程的研究设计、重构和优化等费用;

②物流过程中的物质消耗,如固定资产的磨损、包装材料、电力、燃料消耗等;

③物品在保管、运输等过程中的合理损耗及保险费支出;

④用于保证物流顺畅的资金成本,如支付银行贷款的利息等;

⑤在组织物流的过程中发生的其他费用,如有关物流活动进行的差旅费、办公费等;

⑥物流工作人员的工资、奖金及各种形式的补贴等;

⑦在生产过程中一切由物品空间运动(包括静止)引起的费用支出,如原材料、燃料、半成品、在制品、产成品等的运输、装卸搬运、储存、包装、流通加工、配送等费用。

(三)物流成本的具体构成

物流成本按其所处的领域不同,可分为流通企业物流成本、生产企业物流成本和物流企业物流成本。

1. 流通企业物流成本的构成

流通企业主要包括商业批发企业、商业零售企业、连锁经营企业等。流通企业物流成本是指在组织商品的购进、运输、仓储、销售等一系列活动中所消耗的人力、物力、财力的货币表现,其具体构成如下。

①人工费用,与物流相关的职工的工资、奖金、津贴以及福利费等。

②运营费用,物流运营中的能源消耗、运杂费、折旧费、办公费、差旅费、保险费等。
③财务费用,经营活动中发生的存货资金使用成本支出,如利息、手续费等。
④其他费用,与物流相关的税金、资产损耗、信息费等。

2. 生产企业物流成本的构成

生产企业的物流过程一般包括采购供应物流、生产物流、产品销售物流以及回收和废弃物物流等。生产企业的物流成本是指企业在进行供应、生产、销售、回收等过程中所发生的运输、包装、仓储、配送、回收等方面的费用。与流通企业相比,生产企业的物流成本大多体现在所生产的产品成本中,具有与产品成本的不可分割性。生产企业的物流成本一般包括以下内容。
①供应、仓储、搬运和销售物流环节的职工工资、奖金、津贴以及福利费等。
②生产材料的采购费用,包括运杂费、保险费、合理损耗成本等。
③产品销售过程中的物流费用,如运输费、物流信息费、外包物流费用等。
④仓储保管费,如原材料和产成品仓库的维护费、搬运费、合理损耗等。
⑤有关设备和仓库的折旧费、维修费、保养费等。
⑥营运费用,与物流相关的能源消耗费、物料消耗费、办公费、差旅费、保险费、劳动保护费等。
⑦财务费用,仓储原材料、在产品和半成品、产成品等所占用的资金利息。
⑧回收废品发生的物流成本等。

3. 物流企业物流成本的构成

物流企业是为货主企业提供专业物流服务的,它包括一体化的第三方物流服务企业,也包括提供功能性物流服务的企业,如仓储公司、运输公司、货代公司等。物流企业通过专业化的物流服务降低货主企业物流运营的成本,并从中获得利润。可以说,物流企业的整个运营成本和费用实际上就是货主企业物流成本的转移。物流企业的全部运营成本都可以看作广义上的物流成本。

物流企业的物流成本按其所处的物流环节的不同,可以分为运输成本、配送成本、流通加工成本、装卸搬运成本等。

(1)运输成本
①人工费用,如工资、福利费、奖金、津贴和补贴等。
②营运费用,如营运车辆的燃料费、轮胎费、折旧费、维修费、租赁费、车辆牌照检查费、车辆清理费、养路费、过路费、保险费、公路运输管理费等。
③其他费用,如差旅费、事故损失、相关税金等。

(2)配送成本
①配送运输费用,主要包括在配送运输过程中发生的车辆费用和营运间接费用。
②分拣费用,主要包括在配送分拣过程中发生的分拣人工费用及分拣设备费用。
③配装费用,主要包括配装环节发生的材料费用、人工费等。
④流通加工费用,主要包括流通加工环节发生的设备使用费、折旧费、材料费及人工费等。

(3)流通加工成本
①流通加工设备费用。流通加工设备因流通加工形式不同而不同,如木材加工需要电锯,剪板加工需要剪板机等,购置这些设备所支出的费用,以流通加工费的形式转移到被加工的产品中。

②流通加工材料费用,在流通加工过程中,投入到加工过程中的一些材料消耗的费用。

③流通加工劳务费用,在流通加工过程中,支付给从事加工活动的工人及有关人员的工资、奖金等费用。

④除上述费用外,在流通加工中耗用的电力、燃料、油料以及车间经费等费用,也应加到流通加工费用之中。

(4)装卸搬运成本

①人工费用,如工人工资、福利费、奖金、津贴和补贴等。

②营运费用,如固定资产折旧费、维修费、能源消耗费、材料费、设备维修费等。

③装卸搬运合理损耗费用,如装卸搬运过程中发生的货物破损、散失、损耗、混合等损失。

④其他费用,如办公费、差旅费、保险费、相关税金等。

4.物流成本的分类

(1)按物流活动构成划分

以物流活动的几个基本环节为依据,把物流成本大体上分为物流环节费、信息流通费和物流管理费。

①物流环节费。

物流环节费是指产品实体在空间位置转移过程中在所流经环节发生的成本,包括包装费、运输费、保管费、装卸费、加工费等。

②信息流通费。

信息流通费是指为实现产品价值变换,处理各种物流信息而发生的成本,包括与库存管理、订货处理、为客户服务等有关的成本,如入网费、线路租用费等。

③物流管理费。

物流管理费是指为了组织、计划、控制、调配物资活动而发生的各种管理费,包括现场物流管理费和机构物流管理费。

(2)按物流活动过程划分

按物流活动过程,可以把物流成本划分为物流筹备费、供应物流费、生产物流费、销售物流费、退货物流费、废品物流费等。

(3)按费用支出形式分

按费用支出形式,物流成本可以分为为本企业支付的物流成本(也叫直接物流成本)和支付给其他物流组织的物流成本(也叫委托物流成本)。此种分类方法便于检查物流费用在各项日常支出中的数额和所占比重,分析各项费用水平的变化情况。

①直接物流成本。

直接物流成本包括材料费(包装材料费、工具消耗费)、人工费、燃料及动力费、折旧费、管理费、管理信息费、办公费、差旅费、银行利息支出、维护保养费、其他费用(物流工作保护费、材料损耗费、罚金)等。

②委托物流成本。

委托物流成本包括包装费、运输费、手续费、保管费、其他费用。

(4)按物流成本性态划分

成本性态也称为成本习性,是指成本总额与业务总量之间的依存关系。成本总额与业务总量之间的关系是客观存在的,而且具有一定的规律性。将物流成本按成本性态进行划分,有利于开展物流成本的预测、决策和控制。具体来说,物流成本按成本性态可分为变动成本和固定成本两大类。

①变动成本。

变动成本是指成本总额随业务量的增减变化而近似呈正比例增减变化的成本,例如材料的消耗、燃料的消耗、工人的工资等。这类成本的特征是业务量高,成本的发生额也高,业务量低,成本的发生额也低,成本的发生额与业务量近似呈正比关系。

变动成本具有两个特征:一是变动成本总额的正比例变动性,即变动成本总额随业务量的变化而呈正比例变化;二是单位变动成本的不变性,即在业务量不为零时,单位变动成本不受业务量的增减影响而保持不变。

②固定成本。

固定成本是指在一定的业务量范围内,成本总额与业务量的增减变化无关的成本,例如固定资产折旧费、管理部门的办公费等。这类成本在物流系统正常经营的条件下是必定要发生的,而且在一定的业务量范围内基本保持稳定。

固定成本有两个特征:一是固定成本总额的不变性,即固定成本总额不随业务量的增减变动而变动;二是单位固定成本的反比例变动性,即单位固定成本随业务量的增减而呈反比例变化。

在实际工作中,往往会遇到一些成本兼有固定成本和变动成本的性质。这类成本总额会随业务量的增减变动而变动,但其变动幅度并不与业务量的变动保持严格的比例关系,因此,将它们统称为混合成本。这种成本表现为半变动成本或半固定成本。事实上,在物流系统的运营过程中,混合成本所占的比重是比较大的。对于混合成本,可按一定方法将其分解成变动与固定两部分,并分别划归到变动成本与固定成本中。对混合成本进行分解后,可以将整个运营成本分为固定成本与变动成本两个部分,在此基础上,就可进行物流成本的分析与管理。

(5)按物流成本的可控性划分

按物流成本的可控性,可将物流成本划分为可控成本和不可控成本。

第一,可控成本。

可控成本是指责任单位在特定时期内能够控制其发生的成本。例如,在生产企业中直接材料的成本可以由生产部门和供应部门进行控制。因材料的耗用而发生的成本,对生产部门来说是可控的;而价格原因形成的成本只能由供应部门控制,对生产部门来说就是不可控的。可控成本必须同时具备以下 4 个条件。

①责任单位能够通过一定的方式了解这些成本是否发生以及在何时发生。
②责任单位能够对这些成本进行精确的计量。
③责任单位能够通过自己的行为对这些成本加以调节和控制。
④责任单位可以将这些成本的责任分解落实。

第二,不可控成本。

凡不能满足上述条件的成本,称为不可控成本。责任单位不应当承担不可控成本的相应责任。

需要注意的是,成本的可控性是相对的,由于它与责任单位所处管理层次的高低、管理权限和控制范围的大小以及管理条件的变化有着直接的关系,因此,在一定空间和时间条件下,可控成本与不可控成本可以实现相互转化。

(6)按物流成本的核算目标划分

现代物流成本核算有三个主要目标：一是反映业务活动本身的耗费情况，以便确定成本的补偿尺度；二是落实责任，以便控制成本，从而明确有关单位的经营业绩；三是确保物流业务的质量。所以，物流成本按核算目标不同可分为业务成本、责任成本和质量成本。

(7)按物流成本的相关性划分

成本的相关性是指成本的发生与特定决策方案是否有关的性质。物流成本按此性质可分为相关成本和无关成本两类。这种分类有助于成本预测和成本决策，有利于正确开展对未来成本的规划。

(8)按成本计算方法划分

按成本计算方法，物流成本可划分为实际成本和标准成本。

实际成本是指企业在物流活动中实际耗用的各种费用的总和。标准成本是通过精确的调查、分析与技术测定而制定的一种预计成本，是在一定的技术水平和有效管理条件下应当达到的成本目标。通过实际成本与标准成本的比较，可以计算成本差异，并分析成本差异的原因，进而采取相应的改进措施。

这种划分方法有利于开展物流成本的控制。

5.物流成本的特点

(1)物流成本的隐含性

关于物流成本的隐含性，日本早稻田大学的西泽修教授将其描述为"物流冰山"。物流成本隐含性主要表现在三个方面：时间性、质量性和运营性。时间性隐含于物流过程中各环节的时间成本，包括货物采购和发货时间、物流配送时间等。质量性隐含于由物流环节中出现的各种风险和问题所引起的相关费用，如仓储损耗费用、货物损坏或丢失的赔偿费用等。运营性隐含于物流过程中管理和统筹各项任务的人员成本以及相关的诸多费用，如产品包装、装卸、维护等。

(2)有些物流成本是物流部门不能控制的

物流部门作为物流成本管理的责任中心，有权利也有责任对发生的物流成本进行控制。然而对物流部门来说，有些是不可控成本，如保管费中包括了由于过去多进货或过多生产而造成积压的库存费用，以及紧急运输等例外发货的费用。

(3)物流成本之间存在效益背反现象

在物流功能之间，一种功能成本的削减会使另一种功能成本增加，由于各种费用的相关性，必须考虑整体最佳成本。也就是说，物流管理的目标是追求物流总成本的最小化。物流成本之间存在效益背反的现象。所谓效益背反，是指改变系统中任何一个因素，都会影响到其他要素的改变。

(4)物流成本的核算范围、核算对象、核算方法难以统一

目前，我国对物流成本的研究比较贫乏。一是对物流成本的构成认识不清。我国企业现行的财务会计制度中，没有单独的科目来核算物流成本，一般所有的成本都列在费用一栏中，无法分离，这使得许多企业仅将向外部的运输企业支付的运输费用和向外部仓库支付的仓储费用作为企业的物流成本。这种计算方式使得大量的物流成本，如企业内与物流活动相关的人员费、设备折旧费等不为人所知。二是物流成本的计算与控制由各企业分散进行，缺乏相应的权威统计数据。也就是说，各企业根据自己不同的理解和认识来把握物流成本。这样就带

来了一个管理问题,即企业间无法就物流成本进行比较分析,也无法得出产业平均物流成本,因而无法准确衡量各企业相对的物流绩效。

(5)物流成本削减具有乘数效应

物流成本的控制对企业利润的增加具有显著作用,这可以从物流成本削减的乘数效应中看出。假设企业销售额为100万元,物流成本为10万元,若物流成本下降1万元,企业就可以增加10万元的收益。由此可见,物流成本的下降对企业经济利益有很大影响。事实上,这种现象是客观存在的。

6. 影响物流成本的因素

(1)进货渠道与运输工具的选择

进货渠道决定了企业货物运输距离的远近,同时影响着运输工具的选择、进货批量等多个方面。因此,进货渠道是决定物流成本水平的一个重要因素。

不同的运输工具,费用高低不同,运输能力大小不等。一般来讲,运输工具的选择不仅受运输物品的种类、运输量、运输距离、运输时间、运输成本五个方面因素的影响,还取决于企业对某种物品的需求程度及工艺要求。所以,选择运输工具既要保证生产和销售的需要,又要力求成本最低。

(2)存货的控制与货物保管制度

无论是生产企业还是流通企业,对存货实行控制,严格掌握进货数量、次数和品种,都可以减少资金占用和贷款利息支出,降低库存、保管、维护等成本。良好的物品保管、维护、发放制度,可以减少物品的损耗、霉烂、丢失等事故,从而降低物流成本。

(3)产品质量

影响物流成本的一个重要方面是产品质量,即产品废品率的高低。生产高质量的产品可杜绝因次品、废品等回收、退货而发生的各种物流费用。

(4)管理成本开支

管理成本与生产和流通没有直接的数量依存关系,但管理成本的大小直接影响着物流成本的大小,节约办公费、水电费、差旅费等管理成本可以降低物流成本水平。

(5)资金利用率

企业利用贷款进行生产或流通,必然要支付一定的利息(如果是自有资金,则存在机会成本问题),资金利用率的高低影响着收入、支出的大小,从而也影响着物流成本的高低。

7. 物流成本与物流服务的关系

物流服务与成本之间存在着一种矛盾对立的状态。从物流服务的角度来讲,物流应提供尽可能高的服务水平和服务标准,而从成本的角度来讲,又要求物流过程产生尽可能低的成本。这样,在高水平、高标准的服务需求和低物流成本之间就产生了对立与矛盾,存在着"效益背反"现象。物流管理的任务就是在服务与成本之间寻找平衡点,取得最佳的经济效益。

物流服务与成本之间的关系包括以下四种类型。

第一种类型,在物流服务水平不变的前提下,降低物流成本。不改变物流服务水平,通过改变物流系统降低物流成本,这是一种尽量降低成本以维持一定服务水平的方法,即追求效益的办法。

第二种类型,要提高物流服务水平,不惜增加物流成本。这是许多企业在特定顾客或其特定产品面临竞争时,提高物流服务水平所采用的做法。

第三种类型，在物流成本一定的情况下，有效实现物流服务水平的提高。这是一种积极的物流成本决策，是一种有效利用物流成本性能的做法。

第四种类型，在降低物流成本的前提下，实现较高的物流服务。这是增加销售、增加效益、具有战略意义的方法。

企业如何进行选择，应综合考虑物流成本、竞争对手、物流系统所处的环境、商品战略和地区销售战略等因素。

二、了解物流成本管理

物流成本管理的意义在于，通过对物流成本的有效把握，利用物流要素之间的效益背反关系，科学、合理地组织物流活动，加强对物流活动过程中费用支出的有效控制，降低物流活动中的物化劳动和活劳动的消耗，从而达到降低物流总成本、提高企业和社会经济效益的目的。

(一)物流成本管理的内涵

物流成本管理就是对物流成本进行计划、分析、核算、控制与优化，以达到降低物流成本的目的。

所谓物流成本管理，不是管理物流成本，而是通过成本去管理物流。两者的区别在于，前者只重视物流成本的计算，把计算物流成本作为目的，这样虽然掌握了成本，却不知道该如何利用成本去进行经济活动的分析、比较和改进。后者则把成本作为一种管理手段，换句话说，物流成本管理就是以成本为手段的物流管理，通过对物流活动的管理降低物流费用。因此要深入理解物流成本管理，还需要从以下几个层面加以把握。

1. 物流成本管理要以相应的核算体系为基础

由于物流成本是分散在企业的各个管理职能部门的，因此一直没有纳入企业常规管理的范畴，相应地，也就没有建立起相关的会计制度，致使物流的许多成本项目总是和其他的成本项目混在一起。当然，物流成本管理也不仅仅是财务核算和管理的问题。理论上虽然主张各种物流成本项目的独立核算，但在实际管理中，不可能为了建立物流成本的独立核算系统而破坏其他若干成熟的财务会计核算系统。在企业的物流管理进入第三阶段，即集成化物流管理(ILM)阶段后，企业才开始把物流组织确定为企业组织结构的一个重要组成部分，纷纷建立相对独立的物流部门，并将物流成本管理纳入一个独立的核算体系中，从而使物流成本管理有了明确的责任主体。即便如此，物流部门向企业高层管理人员报告的物流成本也只不过是"冰山一角"，这是因为虽然企业的物流部门进行了独立的会计核算，但也只是计算物流成本是多少而已，也就是说，计算物流成本的目的只是单纯地了解物流费用，还没有达到利用物流成本的阶段。这一时期的物流成本管理还没有超出财务会计的范围。尽管如此，完整的物流成本核算对加强企业的物流成本管理还是极具意义的。准确地计算物流成本，不但可以了解物流成本的大小及其在生产成本中所处的地位，提高企业内部对物流重要性的认识，还可以根据物流成本的分布状况发现物流活动中存在的问题，进而明确物流活动中不合理环节的责任者。此外，可以根据物流成本计算结果制订物流计划，调整物流活动并评价物流活动效果，以便通过统一管理和系统优化降低物流费用。

2. 现代物流成本管理超越了单个部门或企业的边界

降低物流成本的问题不能只靠物流部门去解决，还需要生产和销售部门甚至企业外部的协作单位共同参与研究,处理好各项作业环节之间的"效益背反"问题,并努力将物流成本数据变成企业基本的、共享的管理数据。同时,企业应该在流程变革的基础上加强物流信息化建设,建立起完整的供应链体系,推动物流管理向供应链管理(SCM)方向发展。现代物流的成本管理要求从流通全过程来降低物流成本,并通过实现供应链管理、提高对客户的物流服务来削减成本。这要求企业必须构筑现代信息系统,采取效率化的配送或者将物流业务外包给专业的物流服务商。

(二)物流成本管理的意义

无论采用何种物流技术与管理模式,最终的目的都是实现物流合理化,即通过对物流系统目标、物流设施设备以及物流活动组织等进行调整与改善,实现物流系统的整体优化,而最终的目标都是在保证一定物流服务水平的前提下实现物流成本的降低。可以说,整个物流管理的发展过程就是不断追求物流成本降低的过程。

物流成本管理是物流管理的重要内容,而降低物流成本与提高物流服务水平构成了物流管理最基本的课题。物流成本管理的意义在于,通过对物流成本的有效把握,利用物流要素之间的效益背反关系,科学、合理地组织物流活动,加强对物流活动过程中费用支出的有效控制,降低物流活动中的物化劳动和活劳动的消耗,从而达到降低物流总成本、提高企业和社会经济效益的目的。

从微观的角度看,降低物流成本给企业带来的经济效益主要体现在以下两个方面:

①由于物流成本在企业产品成本中占有很大的比重,在其他条件不变的情况下,降低物流成本意味着产品的边际利润增加,企业的获利能力增强,总利润增加。

②物流成本的降低意味着企业产品的价格竞争力增强,企业可以以相对低廉的价格在市场上出售自己的产品,从而提高产品的市场竞争力,扩大销量,获得更多的利润。

从宏观的角度讲,降低物流成本给行业和社会带来的经济效益主要体现在以下三个方面:

①如果全行业的物流效率普遍提高,平均物流费用降低到一个新的水平,将会增强该行业在国际上的竞争力。而对于一个地区性的行业来说,则可提高其在全国市场的竞争力。

②全行业物流成本的普遍下降将会对产品价格产生一定的影响,导致物价降低,这有利于刺激消费,提高国民的购买力。

③对于全社会而言,物流成本的降低意味着创造同等数量的财富,在物流领域所消耗的物化劳动和活劳动得到节约。这样就实现了以尽可能少的资源投入创造出尽可能多的物质财富,达到了节约资源的目的。

总之,从微观角度看,降低物流费用可以提高企业的物流管理水平,加强企业的经营管理,促进经济效益的提高;从宏观角度看,降低物流费用对发展国民经济、建立节约型社会、提高人民生活水平都具有重要意义。

(三)物流成本管理的原则与内容

1. 物流成本管理的原则

①认真执行财务制度。由于物流成本是特殊的成本体系,因此物流管理开支必须按照财务制度的规定,不得随意扩大开支范围和提高开支标准。

②厉行节约。在保证物流活动正常进行和提高物流服务水平的前提下,尽量减少一切不必要的开支,努力降低物流费用水平。

③实现计划管理。正确编制物流费用计划,对企业的费用开支实现计划管理,保证完成计划规定的降低费用的任务。

2. 物流成本管理的内容

(1)物流成本预测

物流成本预测是根据有关数据和企业具体的发展情况,运用一定的技术方法,对未来的成本水平及其变动趋势做出科学的估计,如仓储环节的库存预测、运输环节的货物周转量预测、流通环节的加工预测等。

(2)物流成本决策

物流成本决策是在成本预测的基础上,结合其他有关资料,运用一定的科学方法,从若干个方案中选择一个满意的方案的过程,如仓储中心各种货架投入的决策,配送中心新建、改扩建决策,装卸搬运设备、设施的投入决策,流通加工合理下料的决策等。

(3)物流成本计划

物流成本计划是根据成本决策所确定的方案、计划期的生产任务、降低成本的要求以及有关资料,通过一定的程序,运用一定的方法,以货币形式规定计划期物流各环节耗费水平和成本水平,并提出保证成本计划顺利实现所采取的措施。

(4)物流成本控制

物流成本控制是根据计划目标,对成本发生和形成过程以及影响成本的各种因素和条件施加主动的影响,以保证实现物流成本计划的一种行为。从企业生产经营过程看,成本控制包括成本的事前控制、事中控制和事后控制。通过成本控制,可以及时发现存在的问题,采取相应的纠正措施,保证目标成本的实现。

(5)物流成本核算

物流成本核算是根据企业确定的成本计算对象,采用相适应的成本计算方法,按规定的成本项目,通过一系列的物流费用汇集与分配计算出各物流活动成本计算对象的实际总成本和单位成本。物流成本核算可以如实地反映生产经营过程中的实际耗费,也是对各种活动费用实际支出的控制过程。

(6)物流成本分析

物流成本分析是在成本核算以及其他有关资料分析的基础上,运用一定的方法,揭示物流成本水平的变动,进一步查明影响物流成本变动的各种因素。通过物流成本分析,可以提出积极的改进建议,采取有效的措施,合理地控制物流成本。

上述各项物流成本管理活动的内容与实施是互相配合、互相依存的一个有机整体。物流成本预测是物流成本决策的前提;物流成本计划是物流成本决策所确定目标的具体化;物流成本控制是物流成本计划的实施与监督,以保证目标的实现;成本核算与分析是对目标是否实现的检验。

3. 物流功能要素的成本控制

物流功能要素的成本控制是对物流活动前成本的预测和计划,物流运行中成本的监督与调整,物流作业结束后成本的计算和分析,实质上就是物流成本管理。物流功能要素的成本控制主要包括以下几个方面。

(1)运输成本控制

①运输成本的构成。

第一,变动成本。变动成本由具体的运输作业确定,包括劳动成本、燃料费用、维护保管费用和运输端点的场、站费用。

第二,固定成本。固定成本表现为固定资产折旧,它与具体的运输活动不相关,而是按期提成。

第三,管理费用。管理费用是与运输作业直接相关的管理成本。

②运输成本的控制要点。运输成本的控制要点是合理选择运输工具,采用联合运输,降低成本,推行直达运输。

(2) 保管成本控制

保管成本包括仓储成本和存货成本。

①仓储成本的构成与控制。仓储成本由固定成本、变动成本和管理费三部分组成,其中仓库的固定资产和土地费用为主要部分。控制仓储固定成本的主要措施如下。

第一,合理选择仓库位置,降低土地成本。尽量选择在低地价区域设置仓库,在高地价区域只能租用土地。

第二,对于仓库内部设施,主要的成本控制对象是货架、叉车及巷道堆垛起重机。

②存货成本的构成与控制。存货成本属于变动成本范畴,具体表现为存货资金成本、存货服务成本、存货储存保管成本、存货风险成本。存货成本控制是通过合理的订货数量和订货批次,实现库存流量最大,库存最低,存货成本最小。

(3) 配送成本控制

①配送成本的构成。配送成本主要由三部分构成:分拣配货成本、送货成本、储存保管成本。

②配送成本控制措施如下。

第一,合理设置分拣作业程序,配备输送设备,节省分拣劳动成本。

第二,实行共同配送,优化配送路线,减少短途送货成本。

(4) 装卸搬运成本控制

装卸搬运成本控制集中表现在集装箱移动作业和生产物流过程中的物料移动作业方面。

①集装箱移动成本控制。集装箱移动成本控制主要通过作业前对集装箱堆场的合理布置,实现尽量减少集装箱的移动次数。

②生产物流过程中的物料移动成本控制。生产物流过程中物料储存地点和物料运行路线的合理布局可以使物料移动的成本降低。

(5) 订单与客户服务成本控制

这部分成本控制原则上属于管理成本的控制。客户流失或物流服务水平低会导致物流价格低,其主要原因是客户服务水平低,应吸收高水准的物流客户服务人员,以提高客户服务水平。

(四) 物流成本管理的模式

1. 成本效益模式

成本效益模式可以通俗地表述为"为了省钱而花钱"的思想,即为了长期地、大量地削减开支而支出某些短期看来似乎较高昂的费用。比如引进新型自动分拣设备、建设智能化仓库可能导致一笔较大的支出,但在今后设备使用期间,因设备利用效率的提高而增加的产出,加上设备维修费用降低的综合效益,在抵补支出之外仍有剩余,总体效益由此得到了增加。

2. 成本节省模式

成本节省模式是成本降低的一种初级形态,即力求在工作现场不消耗无谓的成本和改进工作方式以节约将发生的成本支出,这是一种有组织、有计划地运用各种方法以降低企业内各项成本的措施。

成本节省不是一项临时措施,而是一个提高企业生产力的持续过程。成本节省一般表现为成本维持和成本改善两种执行形式。

物流成本维持即从日常物流作业中消除不必要的物流浪费,提高作业环节的效率。物流成本维持可以采取以下措施。

①在库存成本方面可以维持合理库存量,提高保管效率,防止货物被盗、毁损。

②在运输成本方面可以通过商物分流缩短运输距离,减少运输次数,提高车辆装载率,选择最佳运输方式,开展集运、直运、共同运输等。

③在包装成本方面可以使用价格便宜的包装材料,实行包装作业机械化、标准化,回收利用旧包装。

④在装卸成本方面可以减少装卸次数,实现装卸作业灵活化、省力化,利用信息引导系统。

物流成本改善即通过规模经济效益扩大经营规模,提高劳动效率,降低单位成本。现代作业成本法应用于物流成本计算和作业成本管理以及物流作业分析与控制,是更科学、更深入的物流成本改善技术。

成本节省贯穿于物流活动的全部领域和整个过程。为了维持成本和改善成本,在日常工作中需要对各环节的物流工作予以关注,这样才能发现问题,加以改进。

3. 成本避免模式

从管理的源头来降低成本称为成本避免模式(或称成本免除模式),这可视为成本降低的高级模式。其基本思想是立足于预防,即早期避免成本的发生,如从物流据点的选址、物流功能的规划等方面来避免一些成本的发生。

传统管理会计中的"零基预算法"被认为是成本避免的较好办法。零基预算法在对任何一项支出做预算时,不考虑历史的或现实的费用水平,一切以零为起点,重新独立地分析支出项目的必要性和数额大小,借此避免不合理费用的继续存在。

4. 物流质量管理模式

物流质量具体包括以下内容。

(1)物流对象质量

物流对象是具有一定质量的实体,即有合乎要求的等级、尺寸、性质、外观。这些质量是在生产中形成的,物流过程在于转移和保护这些质量,最后实现对客户的质量保证。

(2)物流服务质量

物流具有很强的服务性质,整个物流的质量目标就是其服务质量。服务质量因客户要求不同而异,因此必须要了解和掌握客户对物流服务的要求,主要包括商品质量的保持程度,流通加工对商品质量的提高程度,批量及数量的满足程度,配送额度、间隔交货期的保证程度,配送、运输方式的满足程度,成本水平及物流费用的满足程度,相关服务(信息提供、索赔及纠纷处理等)的满足程度。

（3）物流工作质量

物流工作质量是指物流各环节、各工种、各岗位的具体工作质量。物流工作质量是物流服务质量的保证和基础,物流服务水平取决于各工作质量的水平。

（4）物流工程质量

在物流过程中,将对产品质量发生影响的各因素(如人的因素、体制的因素、设备的因素、工艺方法因素、计量与测试因素、环境因素等)统称为"工程"。物流质量不仅取决于工作质量,也取决于工程质量。

物流质量管理是用经济的方法向客户提供满足其要求的物流质量的方法与手段体系。完善的物流质量管理可以提高顾客对服务的满意度,增强顾客的信任感和忠诚度;可以为企业赢得市场,扩大经营规模,从而为降低成本创造良好的条件;可以减少物流过程的消耗,逐步消除各种差错事故,提高物流效率。

5. 供应链管理模式

供应链是指围绕核心企业,通过对信息流、物流和资金流的控制,从采购原材料到将产品送到消费者手中的全过程,即将供应商、制造商、分销商、零售商直至最终用户连成一体的功能网链结构模式。供应链管理指的是对整个供应链系统进行计划、协调、控制和优化。应用供应链管理模式,就是要重组供应链业务流程,改进供应链:通过改进与下游商家的合作关系,能对市场变化做出快速、正确的反应,减少不适销商品库存,掌握商品销售动态,消除过剩库存;与上游商家合作,可保证原材料供应,减少原材料库存,最终减少与之相关的运输、装卸搬运等物流成本。总之,改进供应链关系可减少经营风险,降低物流成本。

6. 物流外包模式

物流外包是企业为了获得比单纯利用内部资源更多的竞争优势,将其非核心业务交由合作企业完成。选择物流外包的企业首先必须确定企业的核心竞争力,并把企业内部的资源集中在那些具有核心竞争力的活动上,然后将其他业务活动外包给最好的专业公司。

由于物流公司的专业性,它们往往能提供比本企业自营物流更好的服务,且花费更低的成本。物流外包不失为降低成本的有效手段。企业如何判断是否需要进行物流外包呢?可以从以下几方面进行分析。

（1）经营战略

企业受经营资源、资金和技术水平的限制而将物流外包,可使主要精力集中于主营业务与核心竞争力上面。但如果物流外包会泄露企业经营诀窍、商业秘密,则应选择自营。

（2）产品特性

当企业产品存在季节性波动大而经营量小,品种少,标准化程度高,销售市场广阔、地区变化较大,寿命不长等情况时,一般将物流外包会取得更好的经济效益。

（3）物流作业类型

①运输。当进行需要专业技术的国际运输、笨重物资运输、长距离干线运输时一般都选择外包,此外,如果运输量少、波动大或运输时不兼做销售、收款工作的,企业一般也选择外包。

②仓储。频繁出入库的货物,装卸费用占物流成本的比例高,可考虑外包,因为营业性仓库通常拥有先进的装卸设备和装卸技术,可大大降低装卸搬运成本。若仓库是合理化物流系统的关键设施,作为核心支柱发挥作用,则不应外包。

③包装。对于工业包装的制成品,若需要特殊包装技术或该工业包装足以保证产品的其

他功能环节都能合理进行,可以将其包装作业委托给专业包装公司,这样效率和效益更高。

不同企业具有不同的经营特点和经营规模,生产的产品也不相同,因此要结合各方面因素进行综合分析,才能做出物流是否外包的正确决策。

7. 物流成本的合理化管理

凡是能够降低成本、提高物流效率的物流优化管理,都可以认为是物流成本的合理化管理。物流成本的合理化管理应该遵循以下流程。

①做好物流成本的预测和计划。成本预测是对成本指标、计划指标事先进行测算平衡,寻求降低物流成本的有关技术经济措施,以指导成本计划的制订,而物流成本计划是成本控制的主要依据。

②强化物流成本的计算。在计划开始执行后,对产生的生产耗费进行归纳,并以适当方法进行计算。

③采取适当手段进行物流成本控制。对日常的物流成本支出采取各种方法进行严格的控制和管理,使物流成本减到最低限度,以达到预期的物流成本目标。

④进行科学的物流分析。对计算结果进行分析,检查和考核成本的完成情况,找出影响成本升降的主客观因素,总结经验,发现问题。

⑤及时向决策部门反馈物流成本信息。收集有关数据和资料并提供给决策部门,使其掌握情况,加强成本控制,保证规定目标的实现。

⑥进行物流成本决策。根据信息反馈的结果,采用能以最低耗费获得最大效果的最优方案,以指导今后的工作,更好地进入物流管理的下一个循环过程。

三、物流成本的基本理论

(一)物流成本冰山说

这一理论是由日本早稻田大学的西泽修教授提出的。西泽修教授认为,人们对物流成本的全貌并不知晓,如果把物流成本比喻成一座冰山,大家看到的只是露出海面的冰山一角,而被海水淹没的大部分冰山才是物流成本的主体部分。他指出,企业在计算盈亏时,"销售费用和管理费用"项目所列支的"运费"和"保管费"的金额一般只包括企业支付给其他企业的运费和仓储保管费,而这些外付物流费用不过是企业整个物流费用的"冰山一角"。见图8-1。

一般情况下,在企业的财务统计数据中,我们只能看到支付给外部运输企业和仓储企业的委托物流费用,而实际上,这些委托物流费用只占整个企业物流费用的很小一部分。因为物流基础设施设备的折旧费,企业利用自己的车辆运输和利用自己的仓库保管货物,由自己的工人进行包装、装卸等自营物流费用都计入了原材料、生产成本(制造费用)、管理费用和销售费用等科目中。从现代物流管理的需求来看,当前的会计科目设置使企业管理者难以准确把握物流成本的全貌。

物流成本冰山说之所以成立,除了因为会计核算制度本身没有设立专门的物流成本科目外,还有以下三个方面的原因:

①物流成本的计算范围太大,包括供应物流、生产物流、销售物流、逆向物流与废弃物物流。物流活动范围广,涉及的主体多,很容易漏掉其中的某一部分,结果会导致物流费用的计算结果相距甚远。

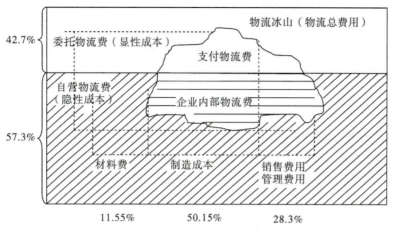

图 8-1 物流成本冰山说

②运输、保管、包装、装卸以及物流信息处理等物流环节中的哪些环节作为物流成本的计算对象没有统一标准。只计算运费和保管费与把运输、保管、包装、装卸以及物流信息处理等全部费用都记入物流成本相比,计算结果的差别会很大。

③选择哪几种成本科目列入物流成本没有统一标准。比如,向外部支付的运输费、保管费、装卸费等费用一般都会列入物流成本,而本企业内部发生的物流费用,如与物流相关的人工费、物流设施建设费、设备购置费,以及折旧费、维修费、电费、燃料费等不一定列入物流成本。

综上所述,物流成本确实犹如大海里的一座冰山,露出海面的仅是冰山一角。

(二)"第三利润源"说

西泽修教授在 1970 年所写的《流通费用:不为人知的第三利润源泉》一书中指出,利用劳动对象和劳动者提高生产效率、创造利润,分别是企业的"第一利润源"和"第二利润源"。在"第一利润源"和"第二利润源"可利用空间越来越小的情况下,物流成为企业增加利润的"第三利润源"。显然,"第三利润源"学说揭示了现代物流的本质,使物流能在战略和管理上统筹企业生产、经营的全过程,并推动现代物流的发展。

(三)"黑大陆"学说

1962 年,"现代管理学之父"彼德·德鲁克在《财富》杂志上发表的《经济的黑暗大陆》一文中,把物流比作"一块未开垦的处女地",强调应高度重视流通及流通过程的物流管理。他指出,"流通是经济领域的黑暗大陆"。虽然彼得·德鲁克在这里泛指的是流通,但由于流通领域中物流活动的模糊性特别突出,而该领域恰恰是人们尚未认识清楚的领域,所以"黑大陆"学说主要是针对物流而言的。"黑大陆"学说是一种未来学的研究结论,是战略分析的结论,带有较强的哲学抽象性,这一学说对于研究物流成本起到了启迪和动员作用。

(四)成本中心说

该学说认为,物流在整个企业战略中只对企业营销活动的成本产生影响。物流是重要的企业成本的产生点,又是"降低成本的宝库",因而解决物流的问题并不只是为了搞合理化、现代化,也不只是为了支持和保障其他活动,重要的是通过物流管理和一系列物流活动降低成本。所以,成本中心既指主要成本的产生点,又指降低成本的关注点,物流是"降低成本的宝库"等说法正是这种认识的形象表述。

(五)物流成本交替损益观

在物流管理中,要使任何一个要素产生增益,必将对其他要素产生减损的作用,这就是物流成本的"交替损益",也称"效益背反"或"二律背反"。该规律主要体现在物流成本与物流服务水平之间以及各物流功能要素之间。

一般来说,物流服务水平的提高必然以提高物流成本为代价,在没有很大技术进步的情况下,企业很难做到在提高物流服务水平的同时又降低物流成本。因此,需要在物流成本与物流服务水平之间进行权衡。

物流成本与物流服务水平之间是一种此消彼长的关系,两者间的关系适用于收益递减规律。如图 8-2 所示,物流服务水平与物流成本之间并非呈线性关系。在服务水平较低的阶段,如果增加 a 个单位的成本,则服务水平将提高 b 个单位;而在服务水平较高的阶段,同样增加 a 个单位的成本,则服务水平仅提高 c 个单位,且 $c<b$。若无限度地提高物流服务水平,则会导致物流成本迅速上升,而物流服务水平并没有同步增长,甚至可能会出现下降的趋势。从理论上讲,企业可以在保持一定的物流成本的情况下,提高物流服务水平;或者在保持一定的物流服务水平的情况下,降低物流成本。当然,在具体运作时还必须考虑客户的需求以及竞争对手的反应。因此,有效物流管理的目标就是在保持客户要求的物流服务水平的同时,使物流成本达到最低。

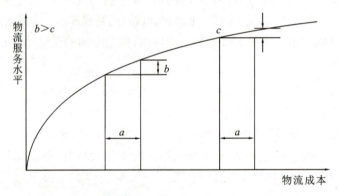

图 8-2　物流成本与物流服务水平的效益背反

四、物流成本管理与控制系统

物流成本管理与控制系统主要由物流成本管理系统和物流成本日常控制系统两部分组成。

(一)物流成本管理系统

物流成本管理系统是指在物流成本核算的基础上,运用专业的预测、计划、核算、分析和考核等经济管理方法来进行物流成本的管理,具体包括物流成本预算管理、物流成本性态分析、物流责任成本管理以及物流经济效益分析等。物流成本管理系统有三个层次,如图 8-3 所示。

需要说明,在进行物流成本核算时,首先,要明确核算的目的,不能仅仅停留在会计核算层面,而要充分利用物流成本信息,服务于管理决策。其次,要明确物流成本的构成内容,要将全部物流成本从原有的会计资料中分离出来。最后,进入具体核算阶段,要将物流成本按照一定的标准进行分配与归集核算。比如,按产品、顾客、地域、物流功能或费用支付形式等进行归集,这些归集方法与目前的财务会计核算口径是一致的,或者按照作业成本法进行归集,这种方法更加科学、有效。

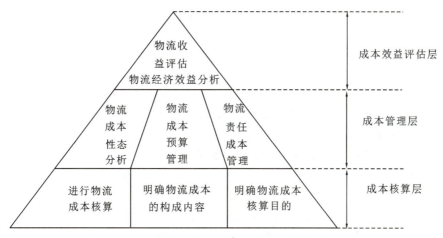

图 8-3　物流成本管理系统的层次结构与基本内容

(二)物流成本日常控制系统

物流成本日常控制系统是指在物流运营过程中,通过物流技术的改善和物流管理水平的提高来降低和控制物流成本。物流成本控制的技术措施主要有:①提高物流服务的机械化、装箱化、托盘化水平;②改善物流途径,缩短运输距离;③扩大运输批量,减少运输次数,实施共同运输;④维持合理库存,管好库存物质,减少物质损毁。

物流成本控制是物流成本管理的中心环节。物流成本控制的对象有很多,在实际工作中,一般可将物流成本的形成阶段作为控制对象,也可将物流服务的不同功能作为控制对象,还可将物流成本的不同项目作为控制对象。这三种物流成本控制的形式并非各自独立,彼此间存在相互作用与影响。物流成本控制的对象如图 8-4 所示。

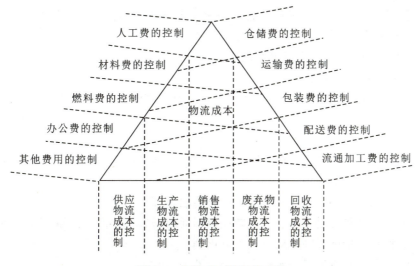

图 8-4　物流成本控制的对象

综上所述，对物流成本进行综合管理与控制，就是要将物流成本管理系统与物流成本日常控制系统结合起来，形成一个不断优化的物流系统的循环。

任务二　物流信息管理

案例导入

仓库管理系统的应用案例

意大利 A 公司精品鞋业区域分拨中心（regional distribution center，RDC）和配送中心（distribution center，DC）的货物入库及出库一般是依据 A 公司的采购订单和销售订单进行的，由于鞋的款式、颜色、尺码众多，在手工条件下很难完全按照入库单及出库单的内容准确地进行收货、拣货和发货，经常发生大量的串色串码情况，导致仓库收发货出错、门店的单品库存数量不准确、门店断色断码，丧失了销售机会。有时公司不得不对断色断码商品进行削价甩卖，降低了公司的盈利率。为此，物流中心建立了先进的仓库管理系统，并且在收货及发货环节采用成熟的 Barcode 解决方案，通过采集收货及发货数据并与订单自动对照和匹配，准确记录货物入库、出库及订单执行情况，提高了订单执行的效率和准确性，保证了库存数据的准确性。

一、物流信息概述

目前，物流管理已经发展到了供应链管理阶段。供应链管理涉及物流、资金流、信息流、商流等各种流，其中，物流在供应链的整合中经常起着主导作用。此外，物流信息的质量和及时性直接影响到物流活动的效果和效率，并影响到物流、资金流、商流等能否顺畅、连续地流动。因此，必须高度重视物流信息管理工作。

（一）信息的概念

迄今为止，信息并没有一个明确的定义，比较有代表性的说法有以下几种：
①信息是确定性的增加，即肯定性的确认。
②信息是物质、能量、信息及其属性的标志。
③信息是事物属性的标志。

通俗地说，信息是加工后的数据，是一种经过选择、分析和综合处理的数据，它帮助人们了解、认识事物。

信息的特性如下。
①真伪性：信息有真伪之分，真实的信息能够客观、准确地反映现实世界的事物。
②层次性：信息是分等级的。
③可传输性：信息需要依附于某种载体进行传输。
④可变换性：可变换性是指信息可以转换成不同的形态，也可以由不同的载体来存储。
⑤可识别性：信息能够以一定的方式予以识别。
⑥可处理性：信息可以通过一定的手段进行处理。

⑦扩散性和共享性:同一信源可以供给多个信宿,因此信息是可以共享的。

⑧时效性和时滞性:信息在一定的时间内是有效的信息,在此时间之外就是无效信息;而且任何信息从信源传播到信宿都需要经过一定的时间,都有其时滞性。

⑨存储性:信息可以用不同的方式存储在不同的介质上。

⑩价值性:信息是一种资源,因而是有价值的。

(二)物流信息的概念

物流信息(logistics information)是指"反映物流各种活动内容的知识、资料、图像、数据、文件的总称"。狭义的物流信息是指与物流活动有关的信息,一般是伴随从生产到消费的物流活动而产生的信息流。这些信息通常与运输、保管、包装、装卸等物流功能活动有机结合在一起,是物流活动顺利进行必不可少的条件。而广义的物流信息除包括狭义物流信息的内容外,还包括与其他流通活动有关的信息,如商品交易信息和市场信息等。

物流信息通常伴随着物流活动的发生而发生,为了对物流活动进行有效控制,就必须及时掌握准确的物流信息。物流发达的国家往往把物流信息管理作为改善物流状况的关键环节而予以重点关注。

(三)物流信息的分类

物流信息有多种分类方法,一般来说,可按照管理层次、信息来源、信息的可变度以及信息沟通方式等标准进行划分。

1. 按照管理层次分类

按照管理层次,可将物流信息划分为战略管理信息、战术管理信息、知识管理信息和运作管理信息四类。

①战略管理信息。这类信息是企业高层管理者制定企业年度经营目标、进行战略决策所需要的信息,如企业年度经营业绩综合报表、消费者收入动向、市场动态以及国家有关的政策法规等信息。

②战术管理信息。这类信息是部门管理者制定中短期决策所需要的信息,如月销售计划完成情况、单位产品的制造成本、库存成本、市场商情等信息。

③知识管理信息。这类信息是企业知识管理部门对企业的知识进行收集、分类、储存、查询和分析所得到的信息,如专家决策知识、物流企业业务知识、员工的技术和经验形成的知识等信息。

④运作管理信息。这类信息产生于运作管理层,反映并控制着企业的日常运营活动,如产品质量指标、客户的订货合同、供应商的供应信息等。这类信息一般发生频率高且信息量较大。

2. 按照信息来源分类

按照信息来源,可将物流信息划分为物流系统内信息和物流系统外信息两类。

①物流系统内信息。这类信息是伴随物流活动而产生的信息,包括物料流转信息、物流作业层信息(如货运、储存、配送、流通加工以及定价等信息)、物流控制层信息以及物流管理层信息。

②物流系统外信息。这类信息是在物流活动以外发生,但需要提供给物流活动使用的信息,包括供应商信息、客户信息、订货合同信息、社会运力信息、交通及地理信息、市场信息、政

策信息，以及企业内部生产、财务等与物流有关的信息。

此外，按照信息的可变度，可将物流信息划分为固定信息（如物质消耗定额、固定资产折旧、物流活动的劳动定额等）和变动信息（如库存量、货运量等）；按照信息沟通方式，可将物流信息划分为口头信息（如物流市场调查信息）和书面信息（如物流相关报表、物流技术资料等）。

(四) 物流信息的功能

物流信息与物流活动相伴而生，贯穿物流活动的整个过程。它不仅对物流活动具有支持和保障作用，而且具有连接整合整个供应链和使整个供应链活动效率化的功能。物流信息的功能具体表现在以下几方面。

1. 物流信息有助于物流活动各环节的衔接

物流系统是由采购、运输、库存以及配送等子系统构成的，物流系统内各子系统的相互衔接是通过信息予以沟通的，基本资源的调度也是通过信息传递实现的。物流信息起着桥梁和纽带的作用，可保证物流活动各环节的有效运转，使物流系统成为一个有机整体。

例如，企业接到客户的订货信息后，首先要查询库存信息，若库存能满足顾客需求，就可以发出配送指示信息，通知配送部门配货送货；若库存不能满足顾客需求，则发出采购或生产信息，通知采购部门采购货品，或由生产部门安排生产，以此来满足顾客的订单需求。配送部门接到配送指示信息后，就会据此对商品进行个性化包装，并反馈包装完成信息；运输部门则开始设计运输方案，进而产生运输指示信息，指示送货人员送货；在货物运送的前后，配送中心还会发出装卸指示信息，指导货物的装卸；当货物成功送达客户后，还要传递配送成功的信息。因此，物流信息的传送连接着物流活动的各个环节，并指导各环节的工作，起着桥梁和纽带作用。

2. 物流信息有助于物流活动各环节的协调与控制

合理组织物流活动依赖于物流系统中有效的信息沟通，只有实现高效的信息传递和及时的信息反馈，才能实现物流系统的有效运行。在物流活动过程中，任何一个环节都会产生大量的信息，物流系统通过合理地应用现代信息技术手段，对这些信息进行充分挖掘与分析，得到下一环节活动的指示性信息，从而对各环节的活动进行协调与控制。例如，根据客户订购及库存信息来安排采购计划或生产计划，根据出库信息来安排配送作业或库存补充计划等。因此，物流信息有助于物流活动各环节的协调与控制，能有效地支持和保障物流活动顺利进行。

3. 物流信息有助于物流管理和决策水平的提高

有效的物流管理可以提高客户服务水平，而进行物流管理需要大量准确、及时的信息和用以协调物流系统运作的反馈信息。任何信息的遗漏和错误都有可能影响决策的正确性，并将影响物流系统运转的效率和效果，进而影响企业的经济效益。物流系统产生的效益来自物流服务水平的提高和物流成本的降低，这些都与信息在物流过程中的协调作用密不可分。通过运用科学的分析工具，对物流活动所产生的各类信息进行科学分析，可获得有价值的信息，从而服务于决策，提高管理水平。

正因为物流信息具有上述功能，物流信息在现代企业经营管理中才占有越来越重要的地位。建立物流信息系统，提供快速、准确、及时、全面的物流信息是现代企业获得竞争优势的必要条件。

二、了解物流管理信息系统

物流管理信息系统的产生和发展是建立在管理信息系统基础之上的,它是管理信息系统在物流领域的应用。一般而言,物流管理信息系统是企业管理信息系统的一个子系统,它对于物流运营管理极为重要。

(一)物流管理信息系统的概念

物流管理信息系统(logistics management information system,LMIS)是"由计算机软硬件、网络通信设备及其他办公设备组成的,服务于物流作业、管理、决策等方面的应用系统"。换言之,物流管理信息系统是由人员、计算机硬件和软件、网络通信设备及其他办公设备组成的人机交互系统。其主要功能是进行物流信息的收集、存储、加工处理、传输及系统维护,为物流管理者及其他组织管理人员提供战略、战术及运作决策支持,以达到提高物流运营管理效率、获取企业竞争优势的目的。通常,人们将物流管理信息系统(LMIS)也称作物流信息系统(LIS),包括物流信息传递的实时化、信息存储的数字化、信息处理的计算机化等主要内容。

(二)物流管理信息系统的特征

物流管理信息系统(LMIS)作为企业经营系统的一部分,与企业其他部门的管理信息子系统并无本质的区别。但由于物流活动具有动态性强、时空跨度大等特点,物流管理信息系统除了具备一般信息系统的实时化、网络化、规模化、专业化、集成化、智能化等特点外,还具有以下特征。

1. 开放性

除了将物流管理信息系统与公司内部其他系统(如财务管理子系统、人力资源管理子系统等)进行集成与整合外,还应使其与公司外部供应链各个环节的信息系统实现无缝连接,这样才能实现数据实时交换与共享。我国在构筑物流管理信息系统时还应充分考虑相关国际标准的要求,例如,在运输领域,目前国际上已在推行一系列 EDI 标准,我国交通运输部也制定并推广了一部分 EDI 标准。物流管理信息系统只有具备开放性,才能实现信息资源共享,最终提高企业的物流管理水平。

2. 可扩展性与灵活性

物流管理信息系统应具有可扩展性与灵活性。在建设物流管理信息系统时,应具有前瞻性,充分考虑到企业未来的管理及业务发展需要,要能够在原有系统的基础上建立更高层次的管理模块。目前,经济社会发展速度非常快,企业的业务及管理手段的变化也很快,这就要求构筑的系统能够升级换代。如果企业进行了业务流程再造(BPR),导致原来的系统不能满足流程再造后的物流管理需要,就必然要进行再投资,对原来的系统进行改造,这就会造成资源的浪费。因此,构筑的物流管理信息系统应具有足够的可扩展性。

3. 安全性

企业内部网(Intranet)的建立、因特网(Internet)的接入使物流企业的触角延伸得更远、数据更集中,但安全性问题也随之而来。在系统开发初期,安全性问题往往容易被人们忽略,但随着系统开发的深入,特别是网上支付的实现、电子单证的使用,安全性日益成为构筑物流管理信息系统必须解决的首要问题。

(1) 内部安全性问题

应根据实际需要赋予不同部门人员适当的权限,行使数据的输入、修改与查询等功能,否则,可能会对企业造成重大损失。例如,若运费等数据被别有用心的员工篡改,客户信息被未授权的人员看到或修改,抑或商业秘密被泄露给竞争对手,都会给企业带来巨大的损失。这可通过给不同的用户授予不同的权限、设置操作人员进入系统的密码、对操作人员的操作进行记录等方法来加以控制。

(2) 外部安全性问题

系统在接入 Internet 后,将面临遭受病毒、黑客或未经授权的非法用户等的攻击而导致系统瘫痪的威胁,也可能遭受外来非法用户的入侵而导致公司机密的泄露,甚至通信链路上的数据可能被截获等,因此系统应具备足够的安全性以抵御外来入侵。这可通过对数据通信链路进行加密、监听,或设置 Internet 之间的防火墙等措施实现。

4. 协同性

① 与公司内部各部门之间的协同。例如,业务人员可将客户、货物的数据输入物流管理信息系统,并实时提供资料供商务部门制作发票和报表,财务人员则可根据业务人员输入的数据进行记账及控制等处理。

② 与客户的协同。物流管理信息系统应与客户的 ERP 系统及库存管理系统等实现连接,系统可定期给客户发送各种物流信息,如库存信息、船期信息、催款提示等信息。

③ 与有业务往来的其他物流公司的协同。系统应与船公司、拖车公司、仓储企业、铁路或公路等企业及其他有业务往来的第三方物流公司通过网络实现信息传输。

④ 与社会各部门的协同,即通过网络实现与银行、海关、税务等机关的实时信息传输。例如:系统与银行联网,可以实现网上支付和网上结算,还可查询企业的资金信息;系统与海关联网,则可实现网上报关、报税。

5. 动态性

系统反映的数据应该是动态的,可随着物流状况的变化而变化。系统要能实时反映货流的各种状况,要能支持客户及公司员工等用户的在线动态查询。

6. 快速反应性

系统应能对用户的在线查询、修改、输入等操作做出快速反应。在市场瞬息万变的今天,企业要能跟上市场的变化,才能在激烈的竞争中求得生存与发展。物流管理信息系统是物流企业的数字化神经系统,系统的每一个神经元都渗入了供应链的每一末梢,而每一末梢受到的刺激都能引起系统的快速反应。

7. 信息的集成性

物流活动环节多,物流信息分布广,物流信息管理应高度集成。同样的数据和信息只需输入一次,就能实现资源共享。要尽量避免重复操作,并尽量减少差错的发生。目前大型的关系数据库通过建立数据之间的关联可帮助实现这一点。

8. 支持远程处理

在经济全球化的今天,国际贸易迅猛增长,国际物流扮演着越来越重要的角色。与此同时,信息网络化时代的来临使天涯成为咫尺。相应地,物流管理信息系统应能支持远程业务查询、数据输入以及人机对话等事务处理。

9. 具备检测、预警与纠错功能

为保证数据的准确性和稳定性,应在系统中设置一些具有检测功能的小模块,以便对输入的数据进行自动检测,从而发现无效的数据。例如,在编制集装箱号时应遵循一定的编码规则(如前四位是字母,最后一位是检测码等),若系统具有自动检测功能,就可对操作人员输入的错误信息进行提示。又如,许多公司不允许出现重复的提单号,则系统就可在操作人员输入重复提单号时发出警示并锁定进一步的操作。

(三)物流管理信息系统的结构

物流管理信息系统是一个由人和计算机共同组成的,能进行物流信息的收集、传递、存储、加工、维护和使用的系统。在垂直方向,可将其划分为三个层次,即管理层、控制层和作业层;在水平方向,信息系统贯穿供应物流、生产物流、销售物流、回收与废弃物流以及运输、仓储、装卸搬运、包装、流通加工等物流活动各个环节,如图 8-5 所示。

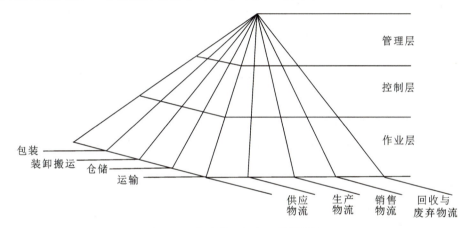

图 8-5 物流管理信息系统的结构

在垂直方向上还可进一步划分,以满足物流系统中不同管理层级的部门或人员对不同类型物流信息的需要。一个完善的物流管理信息系统通常应具有五个层次,如图 8-6 所示。

图 8-6 物流管理信息系统的层次结构

①数据库。数据库是整个物流管理信息系统的基础,它将收集、加工的物流信息以数据库的形式加以存储。

②业务处理系统。业务处理系统对数据库中的各种数据(如合同、票据、报表等数据)进行

日常处理。

③运用系统。运用系统对经过处理的信息进行实际运用,如进行运输线路选择、制订仓库作业计划、实施库存管理等。

④控制系统。由控制系统制定评价标准,建立控制与评价模型,根据运行信息监测物流系统的状况。

⑤决策系统。决策系统可以建立各种物流系统分析模型,辅助高层管理人员制订物流战略计划。

(四)物流管理信息系统的分类

物流管理信息系统有多种分类方法,可以按照系统的功能性质、系统配置、系统的网络范围以及服务对象等标准进行划分。

①按照系统的功能性质,可将物流管理信息系统划分为操作型系统和专家系统两类。

②按照系统配置,可将物流管理信息系统划分为单机系统和计算机网络系统两类。

③按照系统的网络范围,可将物流管理信息系统划分为基于物流企业内部局域网的系统、分布式企业网与Internet相结合的系统、企业内部局域网与Internet相结合的系统三类。

④按照服务对象,可将物流管理信息系统划分为面向制造商的物流管理信息系统以及面向批发商、零售商、第三方物流企业等节点企业的物流管理信息系统。

(五)物流管理信息系统的子系统

按照系统的业务功能,还可进一步将物流管理信息系统划分为若干次级系统,主要包括:

①进、销、存管理系统。这是企业经营管理的核心环节,是企业能否获得经济效益的关键所在,包括进货管理子系统、销货管理子系统、库存管理子系统。

②订单管理系统。订单管理系统提供完整的产品生命周期流程,使客户有能力跟踪和追踪订单、制造、分销、服务流程的所有情况。其主要功能包括:a.网上下单,EDI接收电子订单,访销下单;b.订单预处理(包括订单合并与分拆);c.支持客户网上订单查询;d.支持紧急插单。

③仓储管理系统。仓储管理是现代物流的核心环节之一。WMS具有货物储存、进出库程序、单据流程、货物登记与统计报表、盘点程序、货物报废审批及处理、人员管理、决策优化(如"先进先出"或"后进先出")等功能,包括入库作业系统、保管系统、拣选作业系统、出库作业系统等子系统。借助于该系统,可进行单据打印、商品信息数据管理,对货品进行实时动态管理,为用户在制订生产和销售计划、及时调整市场策略等方面提供持续、综合的参考信息。

④运输管理系统。运输管理系统(transportation management system,TMS)是对运输实施全面管理的计算机信息系统。TMS通常为运输管理软件,具有资源管理、客户委托、外包管理、运输调度、费用控制等功能,包括货物跟踪系统、车辆运行管理系统、配车配载系统等子系统。该系统具有运输管理系统网络化(具有功能强大的跟踪服务平台)、能集成GPS/GIS系统等特点。借助于该系统,可实现货运业务管理、基本信息查询、费用管理以及数据统计等功能。典型的TMS的架构如图8-7所示。

⑤配送管理系统。配送管理系统具有货物集中、分类、车辆调度、车辆配装、配送线路规划、配送跟踪管理等功能。

⑥货代管理系统。货代管理系统通常为货代管理软件,属于执行层面的信息管理系统,具

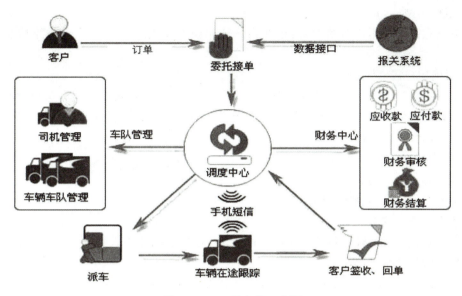

图 8-7　TMS 的架构示意图

有客户委托、制单作业、集货作业、订舱、预报、客户接受确认（proof of delivery，POD）、运价管理等主要功能。

⑦财务管理系统。财务管理系统具有总账管理、应收账款管理、应付账款管理、财务预算管理、固定资产管理、财务分析管理、客户化财务报表等主要功能。

（六）物流信息系统规划

物流信息系统规划是物流系统规划的一部分，也是企业战略规划的一部分。它服务于企业的长期规划，是长期规划的手段和保证。

1. 物流信息系统规划的主要内容

①物流信息系统的目标、总体结构和约束条件。

②企业现有的物流信息系统情况和评价，包括各个计算机应用项目。

③企业的业务流程现状、存在的问题，流程在新信息技术下的重组。

④对影响规划的信息技术发展方向的预测。

⑤近期计划。

⑥对以上内容形成系统规划报告。

2. 物流信息系统规划原则

①完整性原则。

②可靠性原则。

③经济性原则。

3. 物流信息系统规划的步骤

（1）确定用户需求

① 项目的提出。

项目书的内容包括当前系统存在的问题与现状概述，新系统应该实现的目标，可提供的开发资源，开发进度的要求。

② 用户类型。

物流信息系统的用户包括两类：企业内物流信息系统的用户和企业外物流信息系统的用户。

③ 明确用户需求。

系统分析人员明确用户需求时应确定以下内容：系统的用户是谁？现有系统的问题是什么？严重程度如何？系统的现状怎样？各类用户的需要是什么？明确要达到的目标，识别用户需求的正确性和合理性。

(2) 初步调查

① 初步调查的目的。

初步调查的目的因企业不同而各异。

② 初步调查的内容。

第一，整个企业的概况，包括企业经营目标、企业的规模、职工人数、产品结构、企业结构以及目前的经营管理水平等。

第二，现行信息系统的概况，包括已有的计算机应用项目及其功能等。

第三，企业与外部的关系，包括企业的环境因素，与外部单位之间物质、资金或信息的来往关系等。

第四，本企业的领导者、管理部门对物流信息系统的态度、支持的程度（包括人力、资料与数据），对新、老信息系统的看法以及对信息的需求。

第五，开发物流信息系统的资源，包括人力、资金以及开发周期等资源情况。

③ 调查方法。

调查方法主要有查阅资料法、开调查座谈会、调查表法、实地调查法、取样调查法、重点调查法。

(3) 项目可行性分析

① 可行性分析的内容。

第一，技术上的可行性。

第二，经济上的可行性。

第三，社会环境方面的可行性。

② 可行性报告。

可行性报告主要包括目标名称，系统现状分析，初步方案，方案的可行性论证，方案当前存在的问题及其解决建议、结论，项目开发初步计划大致进度，汇报文件，附加材料。

4. 物流信息系统规划的方法

物流信息系统规划的主要方法有关键成功因素法（critical success factors，CFS）、战略目标集转移法（strategy set transformation，SST）和企业系统规划法（business system planning，BSP）。其他方法有企业信息分析与集成技术（BIAIT）、产出/方法分析（E/MA）、投资回收法（ROI）、征费法、零线预算法、阶石法等。

(1) 关键成功因素法

在现行系统中，总存在着多个变量影响系统目标的实现，其中若干个因素是关键的和主要的（即关键成功因素）。通过对关键成功因素的识别，找出实现目标所需的关键信息集合，从而确定系统开发的优先次序。

关键成功因素来自组织目标,通过组织目标的分解和识别、关键成功因素识别、性能指标识别确定实际工作中的管理目标,最后产生数据字典。其步骤可用因果图表示出来,如图8-8所示。

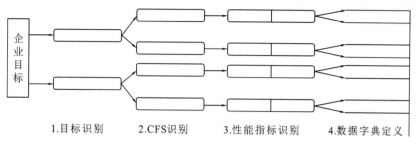

图8-8 关键成功因素法

关键成果因素法的一般步骤:

第一步,了解企业战略目标。

第二步,识别所有成功因素。主要是分析影响战略目标的各种因素和因素的子因素。

第三步,确定关键成功因素。

第四步,明确关键成功因素的性能指标和评估标准。

关键成功因素法能够使所开发的系统具有强烈的针对性,能够较快地取得收益。应用关键成功因素法需要注意的是,当关键成功因素解决后,又会出现新的关键成功因素,这时必须重新开发系统。

(2)战略目标集转移法

把整个战略目标看成一个由使命、目标、战略等组成的"信息集合",战略目标集转移法的过程就是把组织的战略目标转变为信息系统的战略目标的过程。其步骤可用图8-9表示。

战略目标集转移法的一般步骤如下。

第一步,识别组织的战略集合,包括描绘组织各类实体结构,识别每类实体的目标,识别每类实体的使命及其战略。

第二步,将组织战略集合转化成信息系统的战略集合,包括:

①对组织战略目标加以分析;

②划分组织的关联集团的结构;

③确定②中各集团的目标;

④确定组织关于各集团的任务和战略;

⑤完成组织的战略集合到管理信息系统战略结合的转移。

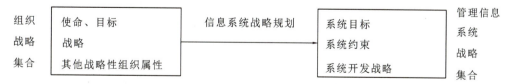

图8-9 战略目标集转移法过程

(3)企业系统规划法

企业系统规划法是由IBM公司于20世纪70年代提出的对企业信息系统进行规划和设

计的结构化方法,应用十分广泛。这种方法从企业的目标入手,逐步将企业目标转化为管理信息系统的目标和结构,从而更好地支持企业内部信息系统开发。其步骤可用图8-10来表示。

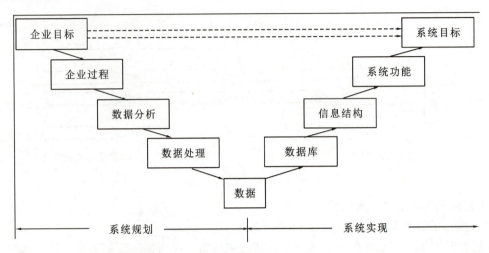

图 8-10　系统规划和实现的方法

企业系统规划法的一般步骤:

第一步,设定企业目标,即识别企业的战略。

第二步,明确企业过程。通过对企业的计划与控制资源、产品服务资源和支持性资源的分析,得出相应的企业过程。

第三步,进行数据分析。

第四步,确定信息系统的总体结构。

企业系统规划法的优点在于能够确定未来信息系统的总体结构,明确系统的子系统组成和开发子系统的先后顺序;能对数据进行统一规划、管理和控制,明确各子系统之间的数据交换关系,保证信息的一致性。同时,企业系统规划法能保证管理信息系统独立于企业的组织机构,也就是能够使信息系统具有对环境变更的适应性。

任务三　供应链管理

案例导入

超市"无缝"式供应链管理

物流的含义不仅包括物资流动和存储,还包含上下游企业的紧密配合。被评为先进企业的某大型超市之所以取得成功,很大程度上是因为该超市采取了"无缝点对点"的物流系统。"无缝"的意思是指整个供应链达到一种非常顺畅的联结状态。该超市的供应链是指产品从工厂到商店货架的整个物流系统,这个物流过程应尽可能平滑,每一个供应者都是供应链中的一个环节。该超市使整个供应链的运作成为一个非常平稳、光滑、顺畅的过程,这样,超市的运输、配送、订单处理与顾客购买等所有环节都是一个完整网络当中的一部分,这样就大大降低了物流成本。

在与上游供应商衔接时,该超市有一个非常好的系统,可以使供应商直接进入超市的系统中,超市称之为"零售链接"。通过零售链接,供应商就可以随时了解超市的销售情况,对其货物的需求量进行预测,以便制订生产计划,避免盲目生产,这样就可以降低产品成本,从而使整个流程成为一个"无缝"的过程。

一、供应链管理概述

(一)供应链的基础知识

1. 供应链的概念

供应链目前尚未形成统一的定义,许多学者从不同的角度出发,给出了许多不同的定义。

早期的观点认为,供应链是制造企业中的一个内部过程,是指把从企业外部采购的原材料和零部件通过生产转换和销售等活动,传递到零售商和用户的一个过程。传统的供应链概念局限于企业的内部操作层面,注重企业自身的资源利用。

有些学者把供应链的概念与采购、供应管理相关联,用来表示企业与供应商之间的关系,这种观点得到了研究合作关系、JIT 关系、精细供应、供应商行为评估和用户满意度等问题的学者的重视。但这样一种关系也仅仅局限在企业与供应商之间,而且供应链中的各企业独立运作,忽略了与外部供应链成员的联系,往往造成企业间的目标冲突。

后来供应链的概念注意了与其他企业的联系,注意了供应链的外部环境,认为它应是一个"通过链中不同企业的制造、组装、分销、零售等过程,将原材料转换成产品,再到最终用户的转换过程",这是更大范围、更为系统的概念。

现在,供应链的概念更加注重围绕核心企业的网链关系,如核心企业与供应商、供应商的供应商乃至一切前向的关系,与用户、用户的用户及一切后向的关系。此时对供应链的认识形成了一个网链的概念,如丰田、耐克、尼桑、麦当劳和苹果等公司的供应链管理都是从网链的角度来实施的。

在研究分析的基础上,我们给出一个供应链的定义:供应链是围绕核心企业,通过对信息流、物流、资金流的控制,从采购原材料开始,制成中间产品以及最终产品,最后由销售网络把产品送到消费者手中的将供应商、制造商、分销商、零售商和最终用户连成一个整体的功能网链结构模式。它是一个范围更广的企业结构模式,包含所有加盟的节点企业,从原材料的供应开始,经过链中不同企业的制造加工、组装、分销等过程,直到最终用户。它不仅是一条连接供应商到用户的物料链、信息链、资金链,还是一条增值链,物料在供应链上因加工、包装、运输等过程而增加价值,给相关企业都带来收益。

2. 供应链的结构模型

根据以上供应链的定义,其结构可以简单地归纳为图 8-11 所示的模型。

从图 8-11 中可以看出,供应链由所有加盟的节点企业组成,其中一般有一个核心企业(可以是产品制造企业,也可以是大型零售企业),节点企业在需求信息的驱动下,通过供应链的职能分工与合作(生产、分销、零售等),以资金流、物流和服务流为媒介实现整个供应链的不断增值。

3. 供应链的特征

从供应链的结构模型可以看出,供应链是一个网链结构,由围绕核心企业的供应商、供应

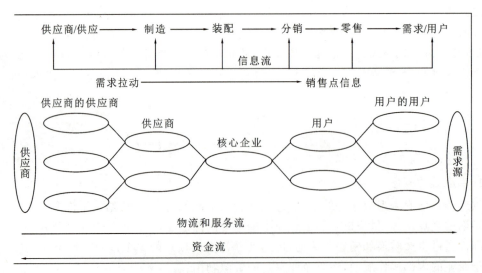

图 8-11 供应链的结构模型

商的供应商和用户、用户的用户组成。一个企业是一个节点,节点企业和节点企业之间是一种需求与供应关系。供应链主要具有以下特征。

①复杂性。因为供应链节点企业组成的跨度(层次)不同,供应链往往由多个、多类型甚至多国企业构成,所以供应链结构模式一般比单个企业的结构模式更为复杂。

②动态性。供应链管理因企业战略和适应市场需求变化的需要,其中的节点企业需要动态更新,这就使得供应链具有明显的动态性。

③面向顾客需求。供应链的形成、存在、重构都是基于一定的市场需求而发生的,并且在供应链的运作过程中,顾客的需求拉动是供应链中信息流、产品/服务流、资金流运作的驱动源。

④交叉性。节点企业可以是这个供应链的成员,同时又可以是另一个供应链的成员,众多的供应链形成交叉结构,从而增加了协调管理的难度。

4. 供应链的类型

(1)平衡的供应链和倾斜的供应链

根据供应链容量与用户需求的关系,可以将供应链划分为平衡的供应链和倾斜的供应链。一个供应链具有一定的、相对稳定的设备容量和生产能力(所有节点企业能力的综合,包括供应商、制造商、运输商、分销商、零售商等),但用户需求处于不断变化的过程中。当供应链的容量能满足用户需求时,供应链处于平衡状态;而当市场变化加剧,造成供应链成本增加、库存增加、浪费增加等现象时,企业不是在最优状态下运作,则供应链处于倾斜状态,如图 8-12 所示。

平衡的供应链可以实现各主要职能(采购/低采购成本、生产/规模效益、分销/低运输成本、市场/产品多样化和财务/资金运转快)之间的均衡。

(2)有效性供应链和反应性供应链

根据供应链的功能模式(物理功能和市场中介功能),可以把供应链划分为有效性供应链(efficient supply chain)和反应性供应链(responsive supply chain)。有效性供应链主要体现供应链的物理功能,即以最低的成本将原材料转化成零部件、半成品、产品,以及在供应链中的运输等;反应性供应链主要体现供应链的市场中介功能,即把产品分配到满足用户需求的市

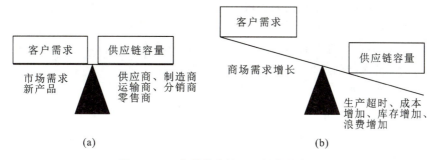

图 8-12 平衡的供应链和倾斜的供应链

场,对未预知的需求做出快速反应等。

(二)供应链管理的基础知识

1. 供应链管理的概念与重要性

供应链管理有许多不同的定义和称呼,如有效用户反应(efficient consumer response,ECR)、快速反应(quick response,QR)、虚拟物流(virtual logistics,VL)或连续补充(continuous replenishment),等等。这些称呼因考虑的层次、角度不同而不同,但都通过计划和控制实现了企业内部和外部之间的合作,它们在一定程度上都集成了供应链和增值链两个方面的内容。

(1)供应链管理的概念

供应链管理是一种集成的管理思想和方法,它执行供应链中从供应商到最终用户的物流计划和控制等职能。例如,伊文斯(Evens)认为:"供应链管理是通过前馈的信息流和反馈的物料流及信息流,将供应商、制造商、分销商、零售商,直到最终用户连成一个整体的管理模式。"菲利浦(Phillip)则认为供应链管理不是供应商管理的别称,而是一种新的管理策略,它把不同企业集成起来以增加整个供应链的效率,注重企业之间的合作。最早人们把供应链管理的重点放在管理库存上,它作为平衡有限的生产能力和适应用户需求变化的缓冲手段,通过各种协调手段,寻求把产品迅速、可靠地送到用户手中所需要的费用与生产、库存管理费用之间的平衡点,从而确定最佳的库存投资额。因此其主要的工作任务是管理库存和运输。现在的供应链管理则把供应链上的各个企业作为一个不可分割的整体,使供应链上各企业分担的采购、生产、分销和销售的职能成为一个协调发展的有机体。

(2)供应链管理的重要性

在过去几年里,许多企业已经使制造成本降到了尽可能低的程度。产品质量在很长一段时间内是竞争的分离器,现在也逐渐趋于同等水平,于是满足用户对产品交付的特殊要求就成为获取竞争优势的下一个关键机遇。那些懂得如何改进供应链管理的公司将在全球市场上获得成功。研究显示,优异性能与平均性能的供应链组织之间存在重大的成本差异,因此有效的供应链管理已经成为许多企业必须采取的下一个战略步骤。

供应链管理能够通过分享信息和共同计划使整体物流效率得到提高。它能够使渠道安排从一个松散地联结着独立企业的群体,变为一种致力于提高效率和增加竞争力的合作力量。在本质上,它是从每一个独立参与者进行库存控制,变为一种渠道整合和管理。供应链管理还能增强渠道的竞争力,使合作行为减少风险,提高整个物流过程的效率,排除浪费和重复努力。

在传统的渠道中，配置的大量库存构成了极大的风险，而分享信息和共同计划可以排除或减少与存货投机相关的风险。

供应链管理如此重要，难怪有学者认为，以前的竞争是企业与企业之间的竞争，未来竞争将是供应链与供应链之间的竞争。

2. 供应链管理的内容

供应链管理主要涉及四个主要领域：供应（supply）、生产计划（schedule plan）、物流（logistics）、需求（demand）。由图 8-13 可见，供应链管理是以同步化、集成化生产计划为指导，以各种技术为支持，尤其以 Internet/Intranet 为依托，围绕供应、生产作业、物流（主要指制造过程）、需求来实施的。供应链管理主要包括计划、合作、控制从供应商到用户的物料（零部件和成品等）和信息。

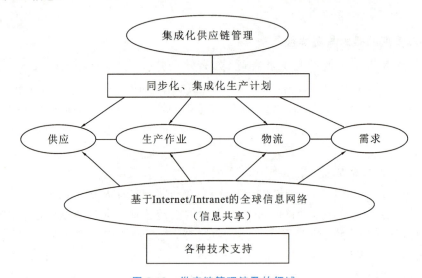

图 8-13　供应链管理涉及的领域

在以上四个领域的基础上，我们可以将供应链管理细分为职能领域和辅助领域。职能领域主要包括产品工程、产品技术保证、采购、生产控制、库存控制、仓储管理、分销管理；而辅助领域主要包括客户服务、制造、设计工程、会计核算、人力资源、市场营销。

由此可见，供应链管理关心的并不仅仅是物料实体在供应链中的流动。除了企业内部与企业之间的运输问题和实物分销以外，供应链管理还包括以下主要内容：

①战略性供应商和用户合作伙伴关系管理。
②供应链产品需求预测和计划。
③供应链的设计（全球节点企业、资源、设备等的评价、选择和定位）。
④企业内部与企业之间物料供应与需求管理。
⑤基于供应链管理的产品设计与制造管理、生产集成化计划、跟踪和控制。
⑥基于供应链的用户服务和物流（运输、库存、包装等）管理。
⑦企业间资金流管理（汇率、成本等问题）。
⑧基于 Internet/Intranet 的供应链交互信息管理等。

供应链管理注重总的物流成本（从原材料到最终成品的费用）与用户服务水平之间的关系，为此要把供应链各个职能部门有机地结合在一起，从而最大限度地发挥出供应链整体的力量,达到供应链企业群体获益的目的。

3. 供应链管理的特点

(1) 供应链管理与传统管理模式的区别

供应链管理与传统的物料管理和控制有着明显的区别,主要体现在以下几个方面。

① 供应链管理把供应链中所有节点企业看作一个整体,供应链管理涵盖整个物流从供应商到最终用户的采购、制造、分销、零售等职能领域过程,如图 8-14 所示。

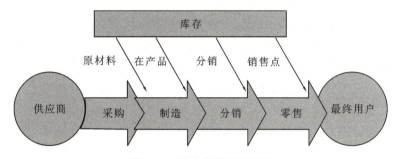

图 8-14 供应链管理的范围

② 供应链管理强调和依赖战略管理。"供应"是整个供应链中节点企业之间事实上共享的一个概念(任意两节点之间都是供应与需求关系),同时它又是一个有重要战略意义的概念,因为它影响或者可以认为它决定了整个供应链的成本和市场占有份额。

③ 供应链管理最关键的是要采用集成的思想和方法,而不仅仅是节点企业、技术方法等资源的简单连接。

④ 供应链管理具有更高的目标,通过管理库存和合作关系来达到高水平的服务,而不是仅仅完成一定的市场目标。

(2) 供应链管理的特征

① 管理目标呈现多元化特征和超常的性质。

在传统的管理活动中,管理目标一般是针对现有问题来制定的,设计的管理行为主要着力于最终解决问题,因此管理的目标比较单一。供应链管理的目标则较复杂,它不仅追求问题的最终解决,还关注解决问题的方式,要求以最快的速度、最优的方式、最佳的途径解决问题。这就使得供应链管理的目标既有时间方面的要求,也有成本方面的要求,同时还有效果的追求。例如,"在最合适的时间,将合适的产品,以最低的价格送到合适的消费者手中",正说明了供应链管理目标的多元化。

② 管理视域极大拓宽。

管理视域代表着管理主体行为的活动范围,管理视域越窄,管理行为就越受限制,管理的影响力度也就必然越小。在集成思想的指导下,供应链管理的视野得到极大拓宽,过去那种围绕企业内某具体部门,或某个企业,或某个行业的点、线或面式的管理疆域,现在已被一种更加开放的全方位、立体式的管理空间所取代。在这里,管理的触角从一个部门伸到了另外一个部门,从企业内伸到了企业外,从本行业伸到了其他相关的诸多行业。总之,管理视野是全方位、立体状的,从而为供应链管理提供了充分自由的运作空间。

③ 管理要素更加多样,包容度大大增加。

在过去的管理活动中,人、财、物是基本的管理要素。随着社会科技的进步,一方面,上述管理要素的内容不断演化更新;另一方面,各种新的管理要素大量涌现,各种管理要素的重要性也相继发生转换。由于科技已上升为经济增长的主要推动力量,因而它在管理中的地位也变得至关重要。在供应链管理中,管理要素的种类和范围都比以往有更大的拓展,从人、财、物到信息、知识、策略等,管理对象无所不包,几乎涵盖了所有的软、硬资源要素,因而管理者的选择余地大大增加,同时管理难度也进一步加大。尤其应引起管理人员注意的是,软性要素在供应链管理中的作用日渐重要。由于供应链管理中知识的含量大大增加,在许多情况下,信息、策略和科技等软性要素常常是决定供应链管理成败的关键。

④管理系统的复杂程度增加,系统边界日益模糊。

从本质上看,企业供应链管理行为既是由企业内在本质所决定的并受企业支配的各项活动的总和,又是随着外界环境的变化而变化并受外在环境刺激所做出的各种决策和对策的反应。供应链管理行为所涵盖的不只是企业内部的技术行为,还涉及一系列广泛而又复杂的社会经济行为。它融合了宏观与微观、纵向与横向、外部环境与内部要素的交互作用,并且彼此之间形成了一个密切相关的、动态的、开放的有机整体。而且,其中的各项要素交织成相互依赖、相互制约、相互促进的关系链,从而使得供应链管理行为极其复杂,难以把握。另外,供应链管理打破了传统管理系统的边界限制,追求企业内外资源要素的优化整合,即企业的内部资源、功能及优势与外界的可以相互转化、相互协调、相互利用,形成一种"内部优势外在化、外部资源内在化"的态势,从而使管理的系统边界越来越难以确定。因此,在供应链管理中,必须运用非常规的分析方法才有可能较好地把握管理系统的内在本质。

⑤需求驱动。

供应链的形成、存在、重构都是基于特定的市场需求,用户的需求是供应链中物流、资金流、信息流的驱动源。一般来说,供应链的运作是在客户订单的驱动下进行的,由客户订单驱动企业的产品制造,产品制造又驱动采购订单,采购订单驱动供应商。在订单驱动的供应链运作中,成员企业需要协同,需要努力以最小的供应链总成本最大限度地满足用户的需求。

⑥系统优化。

供应链是核心企业和上下游企业以及众多的服务商(包括物流服务商、信息服务商、金融服务商等)结合形成的复杂系统,是将供应链各环节有机集成的网链结构。供应链的功能是系统运作体现出的整体功能,是各成员企业能力的集成。因此,通过系统优化提高供应链的整体效益是供应链管理的特点之一。

⑦流程整合。

供应链管理是核心企业对企业内部及供应链成员企业间物流、资金流、信息流的协调与控制过程,需要打破企业内部部门间、职能间的界限,需要打破供应链成员企业间的阻隔,将企业内外业务流程集成为高效运作的一体化流程,以降低供应链系统成本,缩短供应提前期,提高顾客满意度。

⑧信息共享。

供应链系统的协调运行是建立在成员企业之间高质量的信息传递和信息共享的基础之上的,及时、准确、可靠的信息传递与共享,可以提高供应链成员企业之间沟通的效果,有助于成员企业的群体决策。信息技术的应用为供应链管理提供了强有力的支撑,供应链的可视化极大地提高了供应链的运行效率。

⑨互利共赢。

供应链是核心企业与其他成员企业为了适应新的竞争环境而组成的利益共同体,成员企业通过建立协商机制,谋求互利共赢的目标。供应链管理改变了企业传统的竞争方式,将企业之间的竞争转变为供应链与供应链之间的竞争,强调供应链成员之间建立起战略伙伴关系,扬长避短,优势互补,强强联合,互利共赢。

(三)供应链管理的目标

供应链管理的目的是增强企业竞争力,首要的目标是提高顾客满意度,具体目标是通过调和总成本最小化、总库存最少化、响应周期最短化以及服务质量最优化等多元目标之间的冲突,实现供应链绩效最大化。

第一,总成本最低。

总成本最低并非指供应链中某节点企业的运营成本最低,而是指整个供应链系统的成本最低。为了实施有效的供应链管理,必须将供应链成员企业作为一个有机的整体来考虑,以实现供应链运营总成本最小化。

第二,库存总量最少。

传统管理思想认为,库存的设置是为了应对供需的不确定性,是必须的。然而,按照精益管理思想,库存乃"万恶之源",会导致成本上升。因此,为了控制成本,企业就必须将供应链系统的库存控制在最低的程度。总库存最少化目标的达成,需要核心企业在集成供应链各库存点信息的基础上对供应链中的库存进行集中控制,抑或上下游企业协同对供应链库存进行控制。

第三,响应周期最短。

供应链的响应周期是指从接到客户订单到最终交货的总时间。如果说20世纪80年代企业间的竞争是"大鱼吃小鱼",那么,进入21世纪后企业间的竞争更多地演变为"快鱼吃慢鱼"。时间已成为决定当今企业市场竞争成败的关键要素之一。因此,加强供应链成员企业间的合作,构筑完善的供应链物流系统,最大限度地缩短供应链的响应周期,是提高顾客满意度、提升企业竞争力的关键。

第四,质量最优。

企业产品及服务质量的优劣直接关系到企业的兴衰成败,因而质量最优也是供应链管理的重要目标之一。而要实现质量最优化,必须从原材料、零部件供应的零缺陷开始,经过生产制造、产品分拨,直到产品送达用户手里,涉及供应链全程的质量最优。

一般而言,上述目标之间存在一定的背反性:客户服务水平的提高、响应周期的缩短、交货品质的改善必然以库存、成本的增加为前提。然而运用集成化供应链管理思想,从系统的观点出发,改善服务、缩短周期、提高品质与减少库存、降低成本是可以兼顾的。只要加强企业间的合作,优化供应链业务流程,就可以消除重复与浪费,降低库存水平,降低运营成本,提高运营效率,提高顾客满意度,最终在服务与成本之间找到最佳的平衡点。

(四)供应链管理的优势

成功的供应链管理能够协调整合供应链所有活动,使之成为无缝连接的一体化流程。具体而言,供应链管理主要有以下几方面的优势:

第一,加强供应链管理能够减少非增值环节,消除无效的劳动与浪费,避免库存的重复设置,减少流通费用,创造竞争的成本优势。

第二，实施供应链管理能够通过成员企业的快速重构形成动态联盟，对市场需求做出快速反应，实现供求良好结合，创造竞争的时空优势。

第三，实施供应链管理可以在成员企业之间构筑战略伙伴关系，实现成员企业在战略、战术和运作层面的协同，实现核心能力的协同整合，创造强大的竞争优势。

第四，实施供应链管理可以促使企业采用现代化的信息技术和物流技术手段。在供应链管理中，信息技术的广泛应用是其成功的关键，而先进的物流设施设备、科学的管理方法是其成功的重要保障。

总之，实施供应链管理可以提高供应链的运营效率，降低供应链的运营成本，提高客户服务水平，提高顾客满意度，给企业带来强大竞争优势。

某公司曾经做过一项关于集成化供应链管理的调查，涉及6个行业共165家企业。调查结果显示，企业实施有效的供应链管理可以获得以下竞争优势：①供应链总成本降低10%（占销售收入的百分比）以上，订单响应周期缩短25%～35%；②中型企业的准时交货率提高15%，其资产运营绩效提高15%～20%，库存降低3%；③绩优企业的库存降低15%，而现金流周转周期比一般企业少40～65天。

(五) 供应链管理的基本要求

供应链由具有供求关系的多个企业组成，成员企业各有各的产权，各有各的利益，彼此间还存在竞争。因而，供应链管理的成功实施有一定的难度，对核心企业的要求较高。一般而言，实施供应链管理对成员企业有以下基本要求。

第一，根据客户所需的服务特性进行市场细分。

传统意义上的市场细分一般是根据客户的产品需求特性划分目标客户群体，往往忽视了客户的服务（尤其是物流服务）需求特性。而供应链管理强调根据客户的服务需求特性进行市场细分，并在此基础上决定提供的服务方式和服务水平，尽可能满足客户的个性化需求。

一家造纸企业在市场调查的基础上按照传统的市场细分原则划分客户群，其结果是，有三种类型的客户群对纸张有需求：印刷企业、经营办公用品的企业和教育机构。接下来，该公司针对这三类客户制定差别化的服务策略。但若要实施供应链管理，还需进一步按客户所需的服务特性来细分客户群。比如印刷企业就应再细分为大型印刷企业和小型印刷企业，因为这两类企业的需求有差异，前者允许较长的供应提前期，而后者要求JIT供货（要求在24小时内供货）。

第二，根据客户需求和盈利率设计企业的物流网络。

客户需求是供应链运作的驱动源，而盈利率是企业实施供应链管理要达成的目标。因此，在设计企业的物流网络时，企业必须考虑这两个重要因素。

一家造纸企业过去无论是针对大型印刷企业还是小型印刷企业，均只设计一种物流网络，即在印刷企业较集中的地区设立一个中转站，并建立仓库。这往往造成对大型印刷企业的供应量不足，而小型印刷企业持有较多的库存，引起小型印刷企业的不满。因为这既不能满足小型印刷企业的个性化需求，还占用了其较多的资金，导致其成本与风险均上升。实施供应链管理后，这家造纸企业建立了3个大型配送中心和46个紧缺物品快速反应中心，分别满足了这两类企业的不同需求。

第三，实施延迟策略。

实施延迟策略是供应链管理的一条重要原则。所谓延迟策略（postponement strategy），是指为了降低供应链的整体风险,有效地满足客户个性化的需求,将最后的生产环节或物流环节推迟到客户提供订单以后进行的一种经营策略。通常实施的延迟策略包括形式延迟策略、生产延迟策略、物流延迟策略和完全延迟策略等几种策略。延迟策略在戴尔、松下、福特、惠普、耐克等公司得到了广泛的应用。

①形式延迟策略。形式延迟策略也称结构延迟策略,是指在产品设计阶段采用模块化设计理念,使零部件或工艺流程标准化、通用化和简单化,尽量减少产品设计中的差异化部分,使产品由结构简单、具有通用性的模块构成。

②生产延迟策略。生产延迟策略是指尽量使产品处于"基型"或"雏形"的状态,由分销中心完成最后的生产或组装。

③物流延迟策略。物流延迟策略是指在供应链中,产品的实物配送尽量被延迟,产品仅储存在工厂成品库中,接到订单后,采用直接配送的方式将产成品送到零售商或顾客手中。

④完全延迟策略。对于客户的个性化需求,订单直接(或经由零售商)传递给制造商。在得到产成品后,由制造商直接将产品运送给顾客或零售商。顾客的订货点已经移至生产流程阶段,生产和物流活动完全由订单所驱动。

实施延迟策略一般需要具备以下条件:模块化产品设计、零部件通用化与标准化、产品规格标准化、业务流程再造(BPR)、IT手段的支撑(信息共享)、经济合理。

第四,建立双赢/共赢合作机制。

供应链成员企业间的合作必须建立在双赢/共赢的基础之上。核心企业把上下游企业及其他服务商整合起来,形成集成化的供应链网络,各成员企业仍然从事本企业的核心业务,保持自己的经营特色,但它们必须为供应链价值的最大化而通力合作。为此,企业间首先应建立共赢合作机制,这是实施供应链管理的基本要求。

第五,实时信息共享。

供应链成员企业间的协同必须建立在实时信息共享的基础上。而传统供应链渠道长、环节多,需求信息易扭曲、失真。为此,一方面企业要优化供应链的结构,实现供应链的简约化,另一方面企业要借助 EDI、(移动)互联网以及物联网等现代信息技术手段,打造透明的供应链,实现供应链的可视化,为成员企业的协同运作奠定良好的基础和条件。

第六,实施供应链协同管理。

供应链协同是指供应链成员企业为实现共同的目标而共同制订计划,在实时信息共享的基础上同步协调运作,以实现供应链流程的无缝衔接。供应链协同应以信息共享、相互信任、群体决策、流程无缝衔接和共同的战略目标为基础。供应链协同管理包括战略层、战术层和运作层三个层次。

第七,实施供应链绩效评估。

绩效评估是管理工作的重要环节之一,但供应链绩效评估有别于传统的企业绩效评估。其区别在于,既要对供应链上的企业进行绩效评估,又要对供应链的整体绩效进行评估。供应链管理成功与否的最终检验标准是顾客的满意度。

(六)供应链管理的发展趋势

供应链管理的发展趋势主要表现为全球供应链管理、电子供应链管理、绿色供应链管理以及供应链金融等。

(1) 全球供应链管理

全球供应链管理是指企业在全球范围内构筑供应链系统,根据企业经营的需要在全球范围内选择最具竞争力的合作伙伴,实现全球化的产品设计、采购、生产、销售、配送和客户服务,最终实现供应链系统成本和效率的最优化。构筑全球供应链的策略主要包括生产专门化(规模经济)、库存集中化、延迟与本土化。构筑全球供应链应遵循决策与控制全球化、客户服务管理本土化、业务外包最大化、供应链可视化等原则。

(2) 电子供应链管理

因特网的飞速发展改变了企业的性质及其竞争方式,基于网络技术协同的电子供应链(e-supply chain)应运而生。电子供应链建立在一体化供应链网络之上,而一体化供应链网络通过物流网络和信息网络连接在一起。电子供应链管理(e-SCM)是核心企业将电子商务理念和互联网技术应用于供应链管理,通过电子市场将供应商、客户及其他交易伙伴连接在一起,形成电子供应链,或将传统供应链转变成电子供应链。电子市场主要有专有市场和公共市场两种类型。专有市场由核心企业开发和运作,包括电子采购平台和电子销售平台;公共市场由平台服务商开发和运作,是为核心企业提供定位、管理支持以及核心企业与合作伙伴协同的平台。

(3) 绿色供应链管理

面对全球资源的枯竭以及环境污染的加剧,绿色供应链(green supply chain)作为现代企业可持续发展的模式,越来越受到关注。我们可以把产品形成、消费一直到最终废弃处理作为一个环境生命周期(ELC),通过生命周期评价(LCA)来评估整个供应链对环境的影响。如果企业及其供应链伙伴相互协作能够减少供应链活动对环境的影响,就可以逐步形成环境友好型的绿色供应链。绿色供应链管理(GrSCM)将环境管理与供应链管理整合在一起,可以识别供应链流程对环境的影响。它倡导企业通过内外变革来对环境产生积极的影响,包括要求合作伙伴通过 ISO 14001 环境管理体系认证等。绿色供应链管理不仅可以通过确保供应链符合环境法规、将环境风险最小化、维护员工健康以及采取环境保护等措施来避免额外的供应链成本,而且可以通过提高生产率、促进供应链关系、支持创新以及加快增长等途径形成供应链的环境价值。

某市从 2018 年起启动了绿色供应链促进平台的构建。在硬件方面,建立了绿色供应链公共网站,为供应商、制造商、分销商、零售商和消费者提供绿色产品信息以及相关技术服务支持,为多方互动交流搭建平台;在软件方面,针对供应链的环境绩效评估手段以及供应链绿色改善的技术方法,为企业在开展供应链管理尤其是供应商评估方面提供支持,并通过绿色供应链案例库的形式为更多企业普及绿色供应链管理的理念和技术。目前,该市依托平台组织培训、研讨和绿色供应链案例征集评选活动,为企业开展绿色供应链管理创造了条件。

(4) 供应链金融

供应链金融(supply chain finance)是面向供应链成员企业的一项金融服务创新,主要通过将供应链核心企业的信用价值有效传递给上下游众多的中小企业,提高其信贷可得性,降低其融资成本,进而提高整个供应链的财务运行效率。供应链金融的行为主体包括核心企业、上下游企业、物流企业、商业银行、电子商务平台以及保险公司和抵押登记机构等其他供应链服务成员。供应链金融包括前向物流金融和后向物流金融等模式。其中,前向物流金融模式最典型的是"厂商银",又称买方信贷或保税仓融资模式。后向物流金融最典型的是基于应收账款的物流金融服务。基于物流产生的应收账款融资主要包括应收账款质押融资和应收账款保理两种方式。

天物大宗是一家为大宗商品贸易提供在线服务的电子商务企业。近年来,该公司大力开发大宗商品贸易的在线供应链金融服务,逐步实现了大宗商品供应链的商流、物流和资金流的在线整合。其中,利用电子商务平台为贸易双方提供在线供应链金融服务是天物大宗业务的最大特色。天物大宗通过真实的交易信息确定贸易双方的信用等级,并利用网络化、信息化的"物流监管"优势,有效降低了在线供应链金融服务的风险。凭借母公司丰富的自有资金和银行的授信额度优势,天物大宗可以为客户提供订货融资、合同融资、仓单融资和应收款保险理赔融资四种在线融资服务。

沃尔玛的供应商利用沃尔玛延迟支付的应收账款作为信用凭证,以获得银行的融资服务。其基本流程为:供应商在网上接到沃尔玛的订单后,向银行提出融资申请,用于组织生产和备货;获得融资并生产产品后,向沃尔玛供货,供应商将发票、送检入库单等单据提交给银行,银行即可办理应收账款保理融资,归还订单融资;应收账款到期,沃尔玛按约定支付货款到供应商在银行开设的专项收款账户,银行收回保理融资,从而完成供应链融资的整套办理流程。

二、供应链的设计和实施

(一)供应链的设计

设计和构建一个有效的供应链对于企业的成功至关重要。有效率和有效益的供应链可以增强企业的运作柔性,降低运作成本,提高客户服务水平,提升企业竞争力。

供应链的设计策略主要有基于产品的供应链设计策略、基于成本的供应链设计策略、基于多代理的供应链设计策略等。其中,比较成熟、应用较广的是基于产品的供应链设计策略。该策略的提出者费舍尔(Marshall L. Fisher)认为,供应链的设计要以产品为中心。供应链的设计者首先要清楚顾客对产品的需求,包括产品类型以及需求特性(不同的产品可以满足不同的客户需求)。此外,还应该明确不同类型供应链的特征,在此基础上,设计出与产品特性相一致的供应链。

我们知道,根据产品生命周期、产品边际利润、需求的稳定性以及需求预测的准确性等指标可以将产品划分为功能型产品和创新型产品两种基本类型,而根据供应链的功能模式可以将供应链划分为效率型供应链和响应型供应链两种类型。根据这两类产品的特性以及这两种类型供应链的特征,就可以设计出与产品需求相一致的供应链。基于产品的供应链设计策略矩阵如图 8-15 所示。

	功能型产品	创新型产品
效率型供应链	匹配	不匹配
响应型供应链	不匹配	匹配

图 8-15 基于产品的供应链设计策略矩阵

策略矩阵中的四个元素分别代表四种不同的产品类型与供应链类型的组合,从中可以看出产品和供应链的特征,管理者据此就可以判断企业的供应链类型是否与产品类型相匹配。

显然,这四种组合中只有两种是有效的,即效率型供应链与功能型产品相匹配以及响应型供应链与创新型产品相匹配的组合。

显然,上述供应链设计思想主要考虑了产品类型及需求特性,忽略了供应特性(如供应市场的复杂度与不确定性)。事实上,不同的行业、不同的产品市场领域,企业所面临的供应风险是不同的。如果综合考虑需求的不确定性以及供给的不确定性,上述供应链设计策略矩阵可以进一步得到优化,如图 8-16 所示。

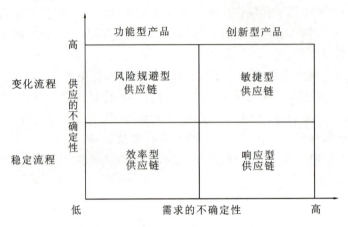

图 8-16　供应链设计策略矩阵的优化

若需求与供给都相对稳定,我们可以设计为效率型供应链;若需求与供给的不确定程度都较高,我们可以设计为敏捷型供应链;若供给稳定而需求的不确定性程度高,我们可以设计为响应型供应链;若需求稳定而供给的不确定程度高,我们可以设计为风险规避型供应链。

需要指出,基于产品的供应链设计策略应该与公司的业务战略相适应,并能最大限度地支持公司的竞争战略。许多学者也认为,应该在产品开发的初期设计供应链。因为产品生产和流通的总成本最终取决于产品的设计,这样就能使与供应链相关的成本和业务得到有效的管理。

(二)供应链的设计原则

设计供应链时,应遵循如下基本原则,其目的是确保在供应链的设计、优化乃至重构过程中能贯彻落实供应链管理的基本思想。

第一,双向原则。

该原则是指自上而下与自下而上相结合。自上而下即从全局到局部,是设计目标和任务逐级分解的过程;自下而上则是从局部到全局,是设计方案的系统集成的过程。在进行供应链设计时,企业供应链管理者(如 CSCO)一般会根据企业所在的产品市场领域以及客户的产品与服务需求特性进行供应链规划,再结合采购与供应、生产运作、分销(拨)、客户服务以及物流等相关职能领域的业务流程特点进行详细设计。在供应链运营过程中,供应链管理者还要充分利用自下而上不断反馈的信息,对供应链进行优化、整合。因此供应链的设计与优化是自上而下与自下而上两种策略的有机结合。

第二,简约化原则。

该原则也称简洁性原则。为了使供应链具有快速响应市场需求变化的能力,供应链的环节要少,同时每个节点都应该是敏捷的,能够根据客户订单进行供应链的快速重构。因此,合作伙伴的选择就应该遵循"少而精"的原则。企业通过和少数业务伙伴建立战略联盟,努力实现从精益采购到精益制造,再到精益供应链这一目标。

第三,集优原则。

供应链成员企业的选择应遵循"强强联合"的原则,以实现企业内外资源的优化整合。每个节点企业都应该具有核心业务,在理想的情况下都应该具有核心能力,并且需要实施"归核化"战略,将资源和能力集中于核心业务,培育并提升本企业的核心能力。通过成员企业间的"强强联合",实现成员企业核心能力的协同整合,全面提升整个供应链系统的核心竞争力。

第四,优势互补原则。

供应链成员企业的选择还应遵循"优势互补"的原则。"利益相关,优势互补"是组织之间或个体之间合作的一条基本原则。尤其是对企业这种营利性的经济组织而言,企业合作的前提是成员企业能实现"优势互补"。企业间通过合作,取长补短,实现共赢。

第五,协调性原则。

供应链的设计应体现协调性原则。每个成员企业在供应链中所处的位置与作用,在很大程度上取决于供应链管理目标实现的程度。为此,供应链中各个参与体的存在应当根据供应链管理目标的达成进行取舍。同时,各成员企业至少要能够承担供应链的某一项职能,要能够从供应链绩效目标达成的角度体现出整个供应链的协调性。

第六,动态性原则。

动态性是供应链的一个显著特征。一方面,企业经营环境是动态、复杂多变的,另一方面,成员企业间的相互选择必然使供应链的构成发生变化。为了能适应竞争环境,供应链节点应根据企业经营的需要动态更新。因此,供应链的设计应符合动态性原则,应根据企业发展的需要优化乃至重构供应链,以适应不断变化的竞争环境。此外,处于不同产业的企业,其供应链的类型与结构也有所不同,在设计、构建供应链时应体现权变、动态的原则,不可盲目照搬。

第七,创新性原则。

创新性是供应链设计的一条重要原则。在对供应链进行创新设计时,企业要注意以下几点:一是目标导向,即创新必须在企业总体目标和战略的指导下进行,并与企业的战略目标保持一致;二是客户导向,即供应链的设计要从用户的需求出发,体现市场导向、需求导向的理念,最大限度地满足客户需求;三是集思广益,即要充分发挥企业采购、生产、物流以及客户服务等相关人员的积极性、主动性和创造性,并加强与关键供应商和关键客户及其他关键合作伙伴的沟通,群策群力,确保供应链创新设计的有效性;四是科学决策,即要建立科学的供应链设计项目评价体系和组织管理体系,并进行技术经济分析以及可行性论证。

第八,战略性原则。

供应链的设计应具有战略性,应在企业竞争战略和供应链管理策略的指导下进行。供应链的规划与设计应从长计议,不能仅仅着眼于满足眼前企业运营的需要,还应该能够满足企业未来发展的需要。为此,供应链高级经理应至少对企业未来5年涉足的产品市场领域进行展望,并在此基础上进行供应链的顶层设计,确保战略性原则的贯彻与落实。

(三)供应链的设计步骤

基于产品的供应链设计主要有以下八个步骤,如图8-17所示。

1. 环境分析

市场竞争环境分析的主要目的是明确顾客的产品需求及相关服务需求,包括产品类型及

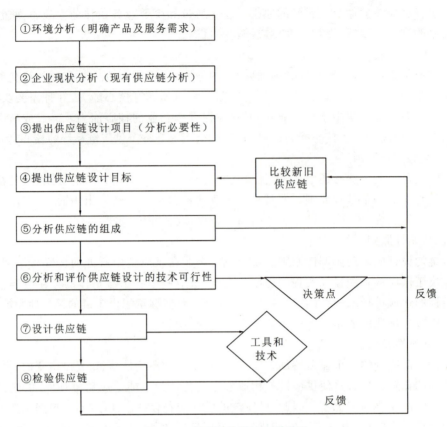

图 8-17　供应链的设计步骤模型

其特征、相关服务需求及其特性。为此，我们需要运用 PEST 模型、波特竞争模型、产品生命周期(PLC)模型等多种管理工具，分析企业经营环境，包括环境的不确定性、所在行业的成长性、市场的竞争性(特别是同业竞争者、关键的用户、关键原料或产品供应商、替代品或替代服务供应商、新入侵者/潜在进入者等特殊环境要素所构成的竞争威胁)。我们在市场调查、研究、分析的基础上确认用户的需求以及市场竞争压力。第一步输出的结果是按每种产品的重要性排列的市场特征。

2. 企业现状分析

这一步主要是分析企业供求管理的现状(若企业已经在实施供应链管理，则应着重分析供应链及其运营管理的现状)，其目的是发现、分析、总结企业存在的问题(特别是影响供应链运营绩效的问题)，找出影响供应链设计(或再设计/优化设计)的瓶颈环节，并明确供应链开发或改进的方向。

3. 提出供应链设计项目

针对存在的问题提出供应链设计项目，并分析其必要性。例如，是供应渠道需要优化还是分销渠道需要优化；是生产系统需要改进，还是客户服务水平需要提高；是供应链物流系统需要构筑，还是供应链信息系统需要集成，等等。

4. 提出供应链设计目标

供应链设计的主要目标在于寻求客户服务水平与服务成本之间的平衡，同时可能包含以下目标:进入新市场、开发新的分销渠道、开发新的供应渠道、建立新的生产基地、改善售后服务水平、提高供应链的运营效率、降低供应链的运营成本等。

5. 分析供应链的组成

供应链由供应商、制造商、分销商、零售商和用户等节点组成,供应链系统还包括供应链物流系统、供应链信息系统等子系统。因此,分析供应链包括哪些节点、哪些物流环节,进行这些节点及环节的选择与定位并确定评价标准,提出供应链的基本框架,就成了这一步的主要任务。

6. 分析和评价供应链设计的技术可行性

本阶段的主要任务是进行供应链设计的技术可行性分析,如果技术可行,设计者就可以进行下一步的设计;否则,就要进行回溯分析,重新评估供应链的设计项目、设计目标和供应链的组成等。

7. 设计供应链

这一步是供应链设计的主要环节,包括以下主要内容:

①确认供应链的成员组成,主要包括供应商、制造商、分销商、零售商、用户、物流服务商、银行等金融机构、IT 服务商等成员。

②明确物料的来源,需要考虑以下问题:是企业内部自制还是外购,是直接供应还是间接供应,是采用多层次的供应商网络还是单源供应等。

③生产系统设计,主要包括产品决策、生产能力规划、生产物流系统设计等问题。

④分销系统与能力设计,主要包括需求预测、目标市场选择、分销渠道设计(如采用多级分销还是直销模式,抑或采用多渠道系统)等问题。

⑤供应链物流系统设计,包括生产资料供应配送中心、成品库、物流中心、区域分拨中心(RDC)、成品配送中心等物流节点的选择、选址与定位;运输方式的规划;物流管理信息系统的开发,如仓库管理系统(WMS)、运输管理系统(TMS)、库存管理系统(IMS)以及进货管理系统等子系统的开发与集成;物流系统流量预估等。

⑥供应链信息系统设计,主要解决基于 Internet/Intranet、EDI 的供应链成员企业间的信息组织与集成问题。

在供应链设计中,需要用到许多设计方法、工具和技术。前者如网络图形法、数学模型法、计算机仿真分析法、CIMS-OAS 框架法,后者如设计软件、流程图等。

8. 检验供应链

供应链设计完成以后,应采用一些方法和技术进行测试,抑或通过试运行进行检验。如果不可行,则要返回到第四步进行重新设计;如果可行,便可实施供应链管理。

(四)供应链管理策略

随着供应链管理在企业竞争战略中地位的加强,人们对供应链管理战略目标实现策略的研究与实践也在不断深化,先后开发出了快速反应、有效客户反应等策略。实践证明,供应链管理策略的成功实施,能有效支持企业的竞争战略,能提高顾客满意度,提升企业竞争力。

1. 快速反应

快速反应是美国纺织与服装行业发展起来的一种供应链管理策略。

快速反应(quick response,QR)是指"供应链成员企业之间建立战略合作伙伴关系,利用电子数据交换(EDI)等信息技术进行信息交换与信息共享,用高频率小批量配送方式补货,以实现缩短交货周期、减少库存、提高顾客服务水平和企业竞争力为目的的一种供应链管理策略"。换言之,QR策略是供应链成员企业为了实现共同的目标,如缩短供应提前期、降低供应链系统库存量、避免大幅度降价、避免产品脱销、降低供应链运作风险、提高供应链运作效率等而加强合作,实现供应链的可视化和协同化,其重点是对消费者的需求做出快速反应。

实施QR策略,要求零售商和供应商一起工作,通过共享POS数据来预测补货需求,不断监测环境变化以发现新产品导入的机会,以便对消费者的需求做出快速反应。从业务运作的角度看,贸易伙伴需要利用EDI来加快供应链中信息的传递,共同重组业务活动以缩短供应提前期并最大限度地降低运作成本。

(1) QR策略的实施步骤

QR策略的实施包括以下几个主要步骤:

①商品单元条码化,即将所有商品消费单元用EAN/UPC条码标识,将商品贸易单元用ITF-14条码标识,将物流单元用UCC/EAN-128条码标识。

②POS数据的采集与传输。零售商通过RF终端扫描商品条形码,从POS系统得到及时准确的销售数据,并通过EDI传输给供应商共享。

③补货需求的预测与补货。供应商根据零售商的POS数据与库存信息,主动预测补货需求,制订补货计划,经零售商确认后发货。

(2) QR策略成功实施的条件

QR策略的成功实施需要具备以下基本条件:

①供应链成员企业间建立战略伙伴关系。

企业必须改变通过"单打独斗"来提高经营绩效的传统理念,要树立与供应链成员企业建立战略伙伴关系、实现资源共享、共同提高经营绩效的现代供应链管理理念。

②供应链成员企业间建立有效的分工协作关系的框架。

明确成员企业间分工协作的方式和范围,加强协同,消除重复作业。一般来说,零售商在QR系统中起主导作用,零售店铺是构筑QR系统的起点。

③实现供应链的可视化。

开发和应用现代信息技术手段,打造透明的供应链(实时信息共享),以供应链的可视化促进供应链的协同化。这些信息技术手段包括条码技术、条码自动识别技术、物流信息编码技术、物流标签、电子订货系统(EOS)、销售时点系统(POS)、射频识别(RFID)、电子数据交换(EDI)、提前装运通知(ASN)、电子资金转账(electronic funds transfer,EFT)等。

④采用先进的物流技术和管理方法。

在QR策略的实施过程中,需要采用供应商管理库存(VMI)、连续补货计划(CRP)、越库配送/直接换装(CD)等先进的物流管理方法和手段,以减少物流作业环节,降低供应链系统的库存量,实现及时补货。

⑤柔性生产与供应。

在供应链中需建立柔性生产系统,实现多品种小批量生产,努力缩短产品生产周期,满足客户的订货需求。

(3) QR策略的实施效果

对于零售商来说,需要投入占销售收入1.5%～2%的成本以支持条码、POS系统和EDI

的正常运行。这些投入主要用于以下几方面：EDI 启动软件，现有应用软件的改进，租用增值网(VAN)，产品查询，系统开发，教育与培训，EDI 工作协调，通信软件，网络及远程通信，CPU 硬件，条码标签打印的软件与硬件等。

实施 QR 策略的收益是巨大的，远远超过其投入。Kurt Salmon 公司的 David Cole 在 1997 年曾说过："在美国那些实施 QR 第一阶段的公司每年可以节省 15 亿美元的费用，而那些实施 QR 第二阶段的公司每年可以节省 27 亿美元的费用。"他提出，如果企业能够过渡到第三阶段——协同计划、预测与补货(CPFR)，每年可望节约 60 亿美元的费用。

沃尔玛利用信息技术手段有效整合物流和资金流，是基于 CPFR 供应链计划管理模式的实践。在供应链运作的整个过程中，CPFR 应用一系列技术模型，对供应链中的不同客户、不同节点的执行效率进行信息交互式管理和监控，对商品资源、物流资源进行集中的管理和控制；通过共同管理业务过程和共享信息来改善零售商和供应商的伙伴关系，提高采购订单的计划性、市场预测的准确度、供应链运作的效率，控制存货周转率，并最终控制物流成本。

2. 有效客户反应

有效客户反应是 1992 年从美国食品杂货业发展起来的一种供应链管理策略。

(1)有效客户反应的内涵

有效客户反应(efficient customer response，ECR)是"以满足顾客要求和最大限度降低物流过程费用为原则，能及时做出准确反应，使提供的物品供应或服务流程最佳化的一种供应链管理策略"。

ECR 策略的目标是建立一个具有高效反应能力和以客户需求为基础的系统，在零售商与供应商等供应链成员企业之间建立战略伙伴关系。其目的是最大限度地降低供应链系统的运营成本，提高供应链系统的运营效率，提高客户服务水平。

ECR 策略的优势在于供应链成员企业为了提高消费者满意度这个共同的目标而结盟，共享信息和诀窍。它是一种把以前处于分离状态的供应链各方联系在一起以满足消费者需求的有效策略。

ECR 策略的核心是品类管理，即把品类(商品品种类别)作为战略业务单元(SBU)来管理，通过满足消费者需求来提高经营绩效。品类管理是以数据为决策依据，不断满足消费者需求的过程。品类管理是零售业精细化管理之本。

品类管理主要由贯穿供应链各方的四个关键流程(即 ECR 的四大要素)组成，包括有效的新品引进、有效的品种管理、有效的促销活动以及有效的商品补货。如图 8-18 所示。

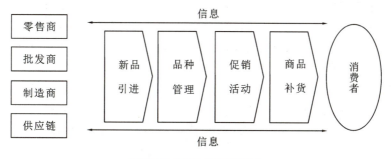

图 8-18　ECR 的运作过程

在上述四个关键流程中，品种管理是 ECR 策略的核心。

(2)ECR策略的实施

ECR策略在实施过程中的注意事项如下：

第一，确保给消费者提供更高的让渡价值。传统的贸易关系是一种此消彼长的对立型关系，即贸易各方按照对自己有利的条件进行交易，这是一种零和博弈。ECR策略强调供应链成员企业建立战略伙伴关系，通过合作，最大限度地压缩物流过程费用，以更低的成本向消费者提供更高的价值，并在此基础上获利。

第二，确保供应链的整体协调。传统流通活动缺乏效率的主要原因在于制造商、批发商和零售商之间存在企业间联系的非效率性和企业内采购、生产、销售和物流等部门或职能之间存在部门间联系的非效率性。传统的企业组织以部门或职能为基础开展经营活动，以各部门或职能的效益最大化为目标。这样，虽然能够提高各个部门或职能的效率，但容易引起部门或职能间的摩擦。同样，在传统的业务流程中，各个企业以本企业的效益最大化为目标，这样虽然能够提高各个企业的经营效率，但容易引起企业间的利益摩擦。ECR策略要求去除各部门、各职能以及各企业之间的隔阂，进行跨部门、跨职能和跨企业的管理和协调，使商品流和信息流在企业内和供应链系统中顺畅地流动。

第三，需要对关联行业进行分析研究。既然ECR策略要求对供应链整体进行管理和协调，ECR策略所涉及的范围必然包括零售业、批发业和制造业等相关的多个行业。为了最大限度地发挥ECR策略所具有的优势，必须对关联行业进行分析研究，对组成供应链的各类企业进行管理和协调。

(3)ECR策略的实施原则

在实施ECR策略时应遵循以下基本原则：①以更低的成本向消费者提供更优质的产品和服务；②核心企业主导供应链的运作；③供应链成员企业实时信息共享，科学决策；④最大限度压缩物流过程费用，确保供应链的增值；⑤重视供应链绩效评估，成员企业共同获利。

(4)ECR策略在实施中使用的关键技术与方法

ECR策略在实施中使用的关键信息技术手段包括条码技术、销售时点系统(POS)、射频识别(RFID)、电子数据交换(EDI)、电子订货系统(EOS)、提前装运通知(ASN)以及产品、价格和促销数据库(item，price and promotion database)等。

ECR策略在实施中使用的关键物流技术和管理方法包括供应商管理库存(VMI)、连续补货计划(CRP)、直接换装/越库配送(CD)、品类管理(CM)等。

(5)ECR策略的实施效果

实施ECR策略的效益是显著的。欧洲供应链管理委员会对392家企业的调查结果显示：对于制造商，预期销售额增加5.3%，制造费用减少2.3%，销售费用降低1.1%，仓储费用减少1.3%，而总盈利上升5.5%；对于批发商和零售商，销售额增加5.4%，毛利增加3.4%，仓储费降低5.9%，库存量下降了13.1%。

除此之外，上述企业及其客户还存在着广泛的共同潜在效益，包括信息通畅、货物品种规格齐全、减少缺货、提高企业信誉、改善贸易双方的关系、客户购货便利、增加了可选择性以及货品新鲜等。由于减少了商品流通环节，消除了不必要的成本和费用，最终消费者、制造商、零售商均受益。

需要指出的是，ECR策略的主要目标是降低供应链系统的总成本，而QR策略的目标是对客户的需求做出快速反应，这两种供应链管理策略的侧重点是不同的。

三、会展物流供应链管理

会展物流供应链管理是指在会展活动中对物流和供应链过程进行规划、组织、实施和控制的管理活动。它包括从物品采购到运输、仓储和分发的全过程,旨在确保展品顺利运输、存储和展示,并满足展商和观众的需求。以下是会展物流供应链管理的一些关键方面。

(一)供应链规划

制定供应链规划,包括供应商选择、物流方案和仓储规划,应考虑展品特性、数量、尺寸和展会场地的要求,以及供应链的时间和成本效益。

(二)采购管理

与供应商合作,进行采购活动。确保及时获取展品,并与供应商确定好交货时间和方式。

(三)运输管理

选择合适的运输方式,如航空运输、陆地运输或海运,并与物流公司协调运输。确保展品按时到达展会场地,并跟踪物流过程。

(四)仓储管理

设置合适的仓库设施,并制订仓储计划。确保展品在展会期间安全存储,并根据需要及时进行分发。

(五)物流信息管理

利用物流信息系统,实时跟踪和管理物流过程。确保物流信息的准确性和可靠性,优化物流流程。

(六)供应链协调

与供应商、物流公司、展商和展会管理方进行紧密的协调和沟通。确保所有相关方对供应链计划和要求有清晰的理解,并共同解决问题和改善供应链效率。

(七)风险管理

评估供应链中的潜在风险,并采取相应的预防措施和应急措施。确保物流过程的稳定性和安全性,减少潜在问题的影响。

有效管理会展物流供应链可以提高会展的执行效率和客户满意度。良好的供应链管理可以确保展品准时到达、正确存储和展示,为展商提供良好的展示效果,并提升会展的品牌形象。

项目自测

1. 简述物流信息的定义、功能与特征。
2. 何为物流管理信息系统?物流管理信息系统有哪些特征?
3. 简述物流管理信息系统的结构与分类。
4. 某物流公司要开展物流信息化建设,以小组为单位进行讨论,并在讨论的基础上撰写一份建设方案。
5. 什么是供应链?供应链有哪些特征?
6. 怎样理解物流与供应链之间的关系?
7. 怎样才能实施有效的供应链管理?

8.收集当前企业应用的物流信息系统软件,了解软件的功能、应用范围、厂商品牌、市场占有率等。

9.运用所学的知识,结合某物流企业自身的特点,为企业做一次全面"体检",提出合理的降低成本的建议。

项目九 现代物流管理

·项目引言·

21世纪以来,物流产业在国民经济中的地位愈加突出。现代物流作为一种先进的资源管理技术,受到政府和企业的高度重视,良好的物流管理可以提高企业竞争力,挖掘企业潜力,降低总的经营成本;同时可以提高客户满意度,扩大销售范围,提高市场占有率,最终将给企业带来利润的增加,成为企业重要的竞争优势。物流管理最基本的目标就是以最低的成本提供令用户满意的物流服务。由此可见,在学校开展现代物流管理的学习有利于学生的成长。

·知识目标·

◆ 了解第三方物流。
◆ 掌握国际物流知识。
◆ 明确绿色物流的有关知识。

·思政目标·

结合现代物流管理教学内容,培养理想信念坚定,适应现代物流行业企业和社会发展需要的人才,使其具有良好的人文素养、职业道德和创新意识,具备精益求精的工匠精神。

任务实施

任务一 第三方物流

·案例导入·

某食品集团第三方物流体系

某食品集团生产的食品总计达到了2000多个品种,其中糖果销售近1亿元。市场需求增大了,但运输配送跟不上,集团拥有货运车辆近400辆,要承担该市3000多家大小超市和门店的配送,还有外地的运输配送任务。该集团长期实行计划经济体制,造成运输配送效率低下,出现淡季运力空放、旺季忙不过来的现象,加上车辆的维修更新,每年维持车队运行的费用达到上百万元。为此,集团专门召开会议,研究如何改革运输体制,降低企业成本。

集团意识到物流管理工作的重要性,通过使用第三方物流,克服了自己搞运输配送带来的弊端,加快了产品流通速度,增强了企业效益,使集团产品更多更快地进入千家万户。

该集团下属合资公司率先做出探索,将公司产品的配送运输工作全部交给第三方物流。物流外包以后,不仅配送准时准点,费用也节省了许多。该公司把节约下来的资金投入到开发新品与改进包装上,使企业又上了一个新台阶。为此,集团销售部门专门组织各企业到该公司学习,决定在集团系统推广他们的做法。经过选择比较,集团委托某物流有限公司作为第三方物流机构。

物流公司与食品集团签约后,通过集约化配送极大地提高了效率。每天一早,物流公司的员工在电脑上输入食品集团相关的配送数据,制定出货最佳搭配装车作业图,安排准时、合理的车流路线,绝不让车辆走回头路。不管货物多少,就是两三箱也送。此外,按照签约要求,遇到货物损坏的情况,物流公司按规定进行赔偿。一次,整整一车糖果在运往河北的途中翻入河中,司机掏出5万元,将掉入河中损耗的糖果全部"买下"做赔。

据统计,该食品集团委托第三方物流以来,产品的流通速度大大加快。原来铁路运输发往北京的货途中需7天时间,现在物流运输只需2~3天,而且实行的是门对门的配送服务。5个月时间就节约了40万元的费用,销售额和利润都有了较大增长。

由于第三方物流配送及时周到、保质保量,商品的流通速度加快,集团的销售额也有了较大增长。此外,更重要的是企业的领导能从非生产性的后期工序——包装、运输中解脱出来,集中精力抓好生产、开发新品、提高质量、改进包装。

第三方物流机构能为企业节约物流成本、提高物流效率,这已被越来越多的企业,特别是中小企业所认识。在欧洲,很多仓储和运输业务也都是由第三方物流来完成的。

按照供应链的理论,当今企业之间的竞争实际上是供应链之间的竞争,谁的成本低,流通速度快,谁就能更快赢得市场。因此,物流外包充分利用外部资源,也是当今增强企业核心竞争力的一个有效的举措。

第三方物流是物流专业化的重要形式,而且第三方物流的占有率与物流业的水平之间有着非常紧密的相关性。西方国家物流业的发展过程可以证明,独立的第三方物流至少占社会的50%时,物流产业才能形成。因此,第三方物流的发展程度反映和体现着一个国家物流业发展的整体水平。

一、第三方物流概述

(一)第三方物流产生的原因及其概念与特征

1. 第三方物流产生的原因

第三方物流产生的原因如下所述。

(1)第三方物流产生是社会分工的结果

在out-sourcing等新型管理理念的影响下,各企业为增强市场竞争力,将企业的资金、人力、物力投入到核心业务上,寻求社会化分工协作带来的效率和效益的最大化。专业化分工的结果导致许多非核心业务从企业生产经营活动中分离出来,其中包括物流业务。将物流业务委托给第三方专业物流公司负责,可降低物流成本,完善物流活动的服务功能。

(2)第三方物流的产生是新型管理理念的要求

进入20世纪90年代,信息技术特别是计算机技术的高速发展与社会分工的进一步细化,推动着管理技术和思想的迅速更新,由此产生了供应链、虚拟企业等一系列强调外部协调和合作的新型管理理念。这既增加了物流活动的复杂性,又对物流活动提出了零库存、准时制、快速反应、有效的顾客反应等更高的要求,而一般企业很难承担此类业务,由此产生了专业化物流服务的需求。第三方物流的思想正是为满足这种需求而产生的。它的出现一方面迎合了个性需求时代企业间专业合作(资源配置)不断变化的要求,另一方面实现了进出物流的整合,提高了物流服务质量,加强了对供应链的全面控制和协调,促进供应链达到整体最佳状态。

(3)改善物流与强化竞争力相结合意识的萌芽

物流研究与物流实践经历了成本导向、利润导向、竞争力导向等几个阶段。将改善物流与强化竞争力相结合是物流理论与技术成熟的标志,这是第三方物流概念出现的逻辑基础。

(4)物流领域的竞争激化导致综合物流业务的发展

随着经济自由化和贸易全球化的发展,物流领域的政策不断放宽,导致物流企业自身竞争日趋激化。物流企业不断地拓展服务内涵和外延,从而推动了第三方物流的出现。这是第三方物流概念出现的历史基础。第三方物流插图如图9-1所示。

图9-1　第三方物流

2. 第三方物流的概念

第三方物流(third-party logistics,3PL/TPL)在国外又称为契约物流(contract logistics),是20世纪80年代中期以来在欧美发达国家出现的概念。我国的国家标准《物流术语》对第三方物流所下的定义是:由独立于物流服务供需双方之外且以物流服务为主营业务的组织提供物流服务的模式。

根据定义,第三方物流主要由以下两个要件构成。第一,主体要件,即在主体上是指"第三方",表明第三方物流是独立的第三方企业,而不是依附于供方或需方中任何一方的非独立性经济组织。第二,行为要件,即在行为上是指"物流",表明第三方物流从事的是现代物流活动,而不是传统意义上的运输、仓储等活动。

也有人认为第三方物流的概念源自管理学中的 out-sourcing。out-sourcing 意指企业动态地配置自身和其他企业的功能和服务,利用外部的资源为企业内部的生产经营服务。将 out-sourcing 引入物流管理领域,就产生了第三方物流的概念。本书将第三方物流的定义概括为:第三方物流是指生产经营企业为集中精力搞好主业,把原来属于自己处理的物流活动以合同方式委托给专业物流服务企业,同时通过信息系统与物流服务企业保持密切联系,以达到对物流全程的管理和控制的一种物流运作与管理方式。提供第三方物流服务的企业,其前身一般是运输业、仓储业等行业中从事物流活动的企业。从事第三方物流的企业在委托方物流需求的推动下,从简单的存储、运输等单项活动转为提供全面的物流服务,其中包括物流活动的组织、协调和管理,最优物流方案的设计和建议及物流全程的信息搜集、管理等。

3. 第三方物流的特征

第三方物流具有以下特征:整合超过一个物流功能的活动,通常为客户提供两项以上物流功能的服务;通常不会代替客户做存货管理,仓储不等于存货管理;为客户提供服务所使用的物流设备通常是由第三方物流企业所控制的,即使这些资产不隶属于第三方物流企业本身;具备全面的物流服务能力,提供附加价值等。

(二)第三方物流为物流中心带来的机遇

目前我国的物流业还处于起步阶段,随着物流业在国民经济中的地位日益提高,我国发展物流业已成当务之急。第三方物流概念的出现为生产经营者提供了开放的、良好的物流服务体系,也为物流中心提供了新的发展机遇,即通过物流活动的管理和组织,将物流服务作为一种资源提供给需要的企业。

第一,物流需求的产生为物流中心的发展提供了机会,企业的物流服务需求是物流中心提供物流服务的基础。out-sourcing 等管理理念的应用使更多企业接受和应用第三方物流。过去,流通企业常直接进行贸易活动,与生产经营企业共同分享商品利润,容易同生产经营企业产生利益矛盾。一旦条件允许,生产经营企业就跳过流通企业直接进行交易,从表面上看,生产经营企业可从中收回一部分利润,实际上这些企业付出的物流成本难以计数。第三方物流概念的出现使企业从大而全的误区中解脱出来,企业开始寻求专业化的第三方物流企业管理其物流活动,由此产生了物流服务需求。物流中心以其专业化的管理、优良的设施设备、高效的服务成为满足企业需求的首选。

第二,高品质的物流服务为物流中心带来更多机遇。当生产经营企业产生物流服务需求时,物流中心应迅速、准确地提供物流的设计、管理、组织、协调、实施、沟通等第三方物流服务。此时物流中心与生产经营企业共同分享的是第三方物流服务所带来的物流成本节约的一部分,易与生产经营企业达成共识和合作,而良好的合作关系是形成供应链并保证供应链高效工作的首要条件。令客户满意的物流服务供给会促进更多物流需求的产生,这是一个良性循环的过程。

第三,信息技术及供应链理论的应用将为第三方物流提供良好的发展环境。作为第三方,需与委托方和相关方保持密切联系,共享需求和物流信息。高科技信息技术的广泛应用为第三方物流打下了良好的工作基础。供应链理论的推广使接受物流服务的各方都认识到第三方物流带来的好处,同时认识到协调和合作的重要性,从而支持第三方物流的发展。

二、第三方物流的发展模式

(一)第三方物流的运作模式

1. 传统外包型物流运作模式

这是一种简单而普通的物流运作模式,是第三方物流企业独立承包一家或多家生产商或经销商的部分或全部物流业务。

企业外包物流业务可降低库存,甚至达到"零库存",节约物流成本,同时可精简部门,集中资金、设备于核心业务,提高企业竞争力。第三方物流企业以契约形式与客户形成长期合作关系,保证了自己稳定的业务量,避免了设备闲置。这种模式以生产商或经销商为中心,第三方物流企业几乎不需专门添置设备和业务训练,管理过程简单。订单由产销双方完成,第三方物流只完成承包服务,不介入企业的生产和销售计划。

目前我国大多数物流业务都采用这种模式,实际上这种模式和传统的运输、仓储业相比并没有太大的优势。这种模式以生产商或经销商为中心,与第三方物流之间缺少协作,没有实现资源更大范围的优化。这种模式最大的缺陷是生产企业与销售企业和第三方物流之间缺少沟通的信息平台,会造成生产的盲目和运力的浪费或不足,以及库存结构的不合理。据统计,目前物流市场以分包为主,总代理比例较低,难以形成规模效应。

2. 战略联盟型物流运作模式

这种模式就是运输、仓储、信息经营者等以契约形式结成战略联盟,相互协作,实现内部信息共享和信息交流,形成第三方物流网络系统。联盟可包括多家同地和异地的各类物流企业,理论上联盟规模越大,可获得的总体效益就越大。信息处理方面,联盟成员可以共同租用某信息经营商的信息平台,由信息经营商负责收集、处理信息,也可连接联盟内部各成员的共享数据库(技术上已可实现),实现信息共享和信息沟通。目前我国的一些电子商务网站普遍采用这种模式。

这种模式与第一种模式相比有两方面的改善。首先,系统中加入了信息平台,实现了信息共享和信息交流,各单项实体以信息为指导制订运营计划,在联盟内部优化资源,同时信息平台可作为交易系统,完成产销双方的订单和对第三方物流服务的预定和购买。其次,联盟内部各实体实行协作,某些票据联盟内部通用,可减少中间手续,提高效率,使得供应链衔接更顺畅。例如,联盟内部各种经营方式的运输企业进行合作,实现多式联运,一票到底,可大大节约运输成本。

这种模式下联盟成员是合作伙伴关系,实行独立核算,彼此间服务租用,因此有时很难协调彼此的利益。在彼此利益不一致的情况下,要实现资源更大范围的优化就存在一定的困难。例如,A地某运输企业运送一批货物到B地,而B地恰有一批货物运往A地,为减少空驶率,B地承包这项业务的某运输企业应转包这次运输,但 A、B 两家在利益协调上也许很难达成共识。

3. 综合物流运作模式

综合物流运作模式就是组建综合物流公司或集团。综合物流公司集成物流的多种功能——仓储、运输、配送、信息处理和其他一些物流的辅助功能,如包装、装卸、流通加工等,组建完成各相应功能的部门。综合物流大大扩展了物流服务范围,对上家生产商可提供产品代理、管理服务和原材料供应,对下家经销商可全权代理配货送货业务,同时完成商流、信息流、资金流、物流的传递。

(二)企业物流模式的选择

企业物流模式主要有自营物流和第三方物流等。企业在进行物流决策时,应根据自己的需要和资源条件,综合考虑以下因素,慎重选择物流模式,以提高企业的市场竞争力。

1. 物流对企业成功的影响度和企业对物流的管理能力

物流对企业成功的影响程度高,企业处理物流的能力相对较低,应采用第三方物流;物流对企业成功的影响程度低,同时企业处理物流的能力较低,则采用物流外包;物流对企业成功影响程度很高,且企业处理物流能力较强,则采用自营物流。

2. 企业对物流控制能力的要求

越是竞争激烈的产业,企业越是要强化对供应链和分销渠道的控制,此时企业应该选择自营物流。

3. 企业产品自身的物流特点

对于大宗工业品原料的回运或鲜活产品的分销,应利用相对固定的专业物流服务供应商和短渠道物流;对全球市场的分销,宜采用地区性的专业物流公司提供支援;产品线单一的或为主机厂做配套的企业,则应在龙头企业的统一下采用自营物流;对于技术性较强的物流服务,如口岸物流服务,企业应采用委托代理的方式;对非标准设备的制造商来说,企业自营物流虽利润较高,但还是应该交给专业物流公司运作。

4. 企业的规模和实力

一般说来,大中型企业实力较雄厚,有能力建立自己的物流系统,制订合适的物流需求计划,保证物流服务的质量,还可以利用过剩的物流网络资源拓展外部业务(为别的企业提供物流服务)。而小企业受到人员、资金和管理资源的限制,物流管理效率难以提高。此时,企业为把资源用于核心的业务上,就适宜把物流管理交给第三方专业物流代理公司。

5. 物流系统总成本

在选择物流模式时,必须核算不同模式物流系统总成本的情况。计算公式为:

物流系统总成本＝总运输成本＋库存维持费用＋批量成本＋总固定仓储费用
＋总变动仓储费用＋订单处理和信息费用＋顾客服务费用

这些成本之间存在着二律背反现象,在选择和设计物流系统时,要对物流系统的总成本加以论证,最后选择成本最小的物流系统。

6. 第三方物流的客户服务能力

在选择物流模式时,第三方物流为本企业及企业顾客提供服务的能力是至关重要的。也就是说,应将第三方物流企业对企业产品的零售商和最终顾客不断变化的需求的反应能力等方面作为首要的因素来考虑。

7. 自拥资产和非自拥资产第三方物流的选择

自拥资产第三方物流企业是指有自己的运输工具和仓库,从事实实在在物流操作的专业物流公司。它们有较大的规模、雄厚的客户基础、到位的系统,专业化程度较高,但灵活性受到一定限制。非自拥资产第三方物流是指不拥有硬件设施或只租赁运输工具等少量资产,主要从事物流系统设计、库存管理和物流信息管理等职能,而将货物运输和仓储保管等具体作业活动交由其他物流企业承担,但对系统运营承担责任的物流管理公司。这类公司运作灵活,能定制服务内容,可以自由混合、调配供应商,管理费用较低。企业应根据自己的要求对两种模式加以选择和利用。

(三)选择第三方物流的优越性及风险

1. 选择第三方物流的优越性

①有利于集中主业。由于任何企业拥有的资源都是有限的,很难将涉及自身产品的全部业务都做得非常出色。因此,企业必须充分利用现有的资源,集中精力于核心业务和核心能力构筑,应将不擅长或条件不足的功能弱化或外包。

②有利于减少库存。企业不能承担多种原料和产品库存的无限增长,尤其是高价值的配件要被及时送往装配点才能保证库存最小。利用第三方物流可以在保证生产经营和营销正常进行的前提下实现"零库存",从而降低库存成本。

③有利于减少投资和加快资本周转。企业自营物流往往要进行物流设施设备的投资,如建设仓库、购买车辆、构建信息网络、组织管理等,这样的投入是相当大的,对于缺少流动资金的企业是个沉重的负担。采用第三方物流,企业可以减少在此方面的巨额投资,可以将固定投资转变为可变资本。

④有利于灵活运用新技术。随着物流业务的发展和科技进步的加速,物流领域的新技术、新设备层出不穷,表现为物流功能专业化、自动化、智能化等。非物流企业通常缺乏时间、精力、资金等资源来适应快速发展的物流活动。采用第三方物流可以在不增加投入的情况下,不断获取物流功能带来的新技术,并获取一定的增值利益。

⑤有利于提高顾客服务水平。顾客服务水平的提高会增加顾客的满意度,增强企业信誉,促进销售,提高市场占有率,进而提高利润率。采用第三方物流先进的信息网络和通信技术,有助于提高市场响应速度,加快对顾客订货的反应能力,尤其是对销售物流、回收物流的作用,以保证企业为客户提供稳定、可靠的高水平服务。

⑥有利于降低物流成本。物流成本通常被认为是企业经营中较高的成本之一,控制了物流成本,就等于控制了总成本。采用第三方物流可以使物流成本降低一定比例。对企业而言,应建立一套完整的物流成本核算体系,以便真实地反映企业采用第三方物流所带来的效益,促使企业物流活动日趋合理化。

⑦有利于建立本地关系而进入新的市场。通过专业化的发展,第三方物流企业通常已经开发了信息网络并积累了针对不同物流市场的专业知识,包括运输、仓储和其他增值服务,在国内外可能有良好的运输和分销网络。采用第三方物流,就有可能开展自身无法开展的物流业务。

⑧有利于提升企业形象。企业可以通过第三方物流"量体裁衣"式的设计,制定出以客户为导向的低成本、高效率的物流方案,为企业在竞争中取胜创造条件。

2. 选择第三方物流的风险

①对物流的控制能力降低甚至丧失的风险。企业采用第三方物流后,第三方物流企业介入客户企业的采购、生产、销售及顾客服务的各个环节,成为客户企业的物流管理者,必然使客户企业对物流的控制能力降低,这将导致第三方物流企业具有与客户企业讨价还价的能力。

另外，采用第三方物流使原来通过企业内部沟通来解决的问题变成两个企业之间的沟通，在沟通不充分的情况下，容易产生相互推诿的情况，影响物流效率。

②顾客关系管理上的风险。采用第三方物流，在顾客关系管理上容易产生以下风险：一是企业同顾客关系被削弱的风险，由于订单集成、产品的递送甚至售后服务基本上是由第三方物流企业完成的，企业势必减少与客户的沟通，可能导致企业的快速反应体系失灵；二是客户资料被泄露的危险。

③企业战略遭泄密的危险。在市场竞争日益激烈的情况下，企业的核心竞争力是其生存与发展的重要保障。而采用第三方物流后，由于双方合作的紧密性以及提高物流效率的需要，双方的信息平台经常会进行对接，这就势必增加企业经营战略遭泄密的风险。

④连带经营风险。企业采用第三方物流后，双方可能形成战略伙伴关系。一旦需要解除合作关系，需要付出一定的成本。如果第三方物流企业自身经营不善导致暂停或终止提供服务，将可能直接影响客户企业的经营，甚至会带来相当大的损失。特别是在合约解除过程中，企业要面临新的第三方物流企业的选择成本和磨合成本。

⑤机会主义风险。采用第三方物流后，双方对合作关系依赖性的不同，可能导致在出现合作纠纷时第三方物流企业往往处于有利地位，有时甚至欺诈客户而变相提高价格或提出其他较为苛刻的条件，或转向其他能满足他们利益的客户，产生机会主义风险。

三、第三方物流服务的内容

(一)第三方物流的服务功能与服务范围

据有关部门统计，从物流企业的服务功能上看，我国物流服务商85%的收益来自基础性服务，如运输管理(占53%)和仓储管理(占32%)，增值服务及物流信息服务与支持物流的财务服务的收益只占15%。增值服务主要是货物拆拼箱、重新贴标签、重新包装、货品分类、并货、产品退货管理等，加工、配送、订制服务等增值服务功能仍处在发展完善阶段。生产企业和商业企业的外包物流主要集中在市内配送、单纯仓储和干线运输。

从服务的范围来看，我国第三方物流的服务范围相对较小，业务多数集中在国内，只有少部分企业的业务范围扩展到国外，开始与国际物流对接。从服务的客户群体来看，我国第三方物流的服务对象主要集中在外资企业、合资合作企业，其次是民营企业和少数改制后的国有企业。我国第三方物流企业在信息技术的应用方面发展仍然缓慢，而现代物流的运作越来越依靠信息系统的支撑。

(二)第三方物流企业的管理

第三方物流企业管理的主要内容包括合同管理、供应商管理、客户共享管理、能力管理、信息管理。

1. 合同管理

①建立合同。客户企业与第三方物流企业经过协商后，签订一份购买物流服务与销售物流服务的合同。在双方认可的情况下，此合同作为正式文件。合同中应包含的内容有：购买物流服务方和销售物流服务方的公司名称、物流服务内容、物流服务合同起止时间、涉及物品数量、服务收费、付款方法及时间、服务要求、验收方法、违约经济责任及处理方法。合同必须具有以上基本内容，而且内容应详细具体。

②合同修改或终止。在合同执行期间,由于各种因素的影响,有可能需要修改或者终止合同。签约双方可以根据实际需要进行协商,就修改或终止合同达成统一意见。

③合同执行及跟踪。在合同执行过程中,必须注意对合同执行情况进行跟踪,以便随时掌握以下情况:合同执行是否顺利,遇到了哪些困难,已执行的内容有哪些,尚未执行的内容又有多少,在时间进度上是否符合要求,付款情况如何等。做到及时发现问题、解决问题,更好地为客户服务。

2. 供应商管理

第三方物流在整合物流资源和能力的基础上提供服务,因此,作为供应商的一方在第三方物流企业的业务中起着非常重要的作用。供应商的控制和管理水平是第三方物流企业获得成功的关键因素之一。在我国现阶段,基于战略联盟的供应商管理对于提高物流的服务质量、提高物流企业的协同能力具有重要的意义。

联盟型供应商的管理措施如图 9-2 所示。

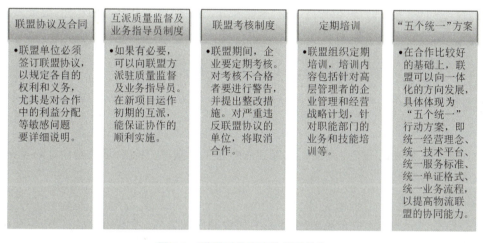

图 9-2　联盟型供应商的管理措施

3. 客户关系管理

第三方物流企业从一开始就是作为客户企业的战略伙伴出现的,因此,第三方物流企业同客户企业必须体现为一种互惠双赢、长期发展的战略性合作伙伴关系。第三方物流企业在客户关系管理上要做到以下几点。

①认真对待每一个客户。

②要尽最大努力为客户提供服务。

③认真对待客户投诉。

4. 能力管理

第三方物流企业必须对自身物流资源进行全面的规划和衡量,以便了解自身有多大的能力,可以承接多大的项目,完成多少订单等。只有对这些都做到心中有数,第三方物流企业才能最大限度地发挥物流管理的能力,平衡物流负荷,达到最好的物流资源销售水平,从而取得最佳的经济效益。

5. 信息管理

在第三方物流企业的物流管理中,信息管理是重要的组成部分,它贯穿于合同管理、供应商管理、客户关系管理、能力管理及其他物流管理中。第三方物流企业一般会建立一个物流信息系统,这个信息系统可以利用新的信息技术,如条码技术、电子数据交换、全球定位系统等。物流信息系统的成功运作对增加销售收入、提高产品在市场上的占有率有很大的帮助。物流信息系统在供应商、分销商、零售商以及消费者这条供应链中起着重要的纽带作用,它直接影响到客户的满意度以及新产品从研制到投入市场的时间,从而影响整个物流系统的灵活性、速度和可靠性。

四、会展物流管理

会展物流管理是指在会展活动中对物流流程进行规划、组织、实施和控制的过程,主要目标是确保展览物品的顺利运输、存放和分发,以满足会展需求并提供良好的参展体验。以下是会展物流管理一些重要的方面。

(一) 物流计划

制订详细的物流计划,包括物品运输、仓储和分发方案,考虑到展品的特性、数量、尺寸、重量以及展会场地的特殊需求。

(二) 运输管理

选择合适的运输方式,如航空运输、陆地运输或海运。与物流公司合作,协调运输,并确保货物按时到达展会场地。

(三) 仓储管理

确保展品在会展期间安全存储。设置合适的仓库设施,并制订合理的仓储计划,以确保展品的有序放置和取出。

(四) 展位布置

根据展品的分类和展位布局,安排展品的摆放顺序和方式,考虑到展示效果、易于访问和流动的要求。

(五) 文档管理

对于大规模的会展活动,必须建立有效的文档管理系统,包括物品清单、运输文件、仓储记录等。这有助于跟踪和控制物品的位置和状态。

(六) 安全管理

制定安全措施,确保展品在整个物流过程中的安全,例如,使用安全封条和标签,对仓库和会展场地进行监控,防止展品丢失或损坏。

(七) 联络协调

与展馆管理方、展商和物流公司进行有效的沟通和协调。确保所有相关方对物流流程的安排和要求有清晰的了解,并保持沟通渠道畅通。

(八) 风险管理

评估物流过程中的潜在风险,并采取相应的预防措施和应急措施,例如,安排备用的交通方式,运输时间避开节假日高峰期等。

会展物流管理对于展览的顺利进行至关重要。有效的会展物流管理能够确保展品准时到达、有效存储和展示，并提供良好的服务，提升展商和观众的满意度。

任务二　国际物流

▍案例导入▐

手机企业的国际物流

苹果公司的核心业务是电子科技产品，在高科技企业中以大胆创新而闻名。苹果公司旗下的知名产品有 Macintosh 电脑、iPod 音乐播放器、iTunes 商店、iPhone 手机和 iPad 平板电脑等。2021 年，苹果手机在全球智能机出货量中的占比高达 22%，超越了三星，成为全球最大的手机出货商。

作为一家典型的品牌输出型企业，苹果公司主要负责的是各项产品的创意、研发和设计，产品制造和组装则在全球范围内寻找合格的供应商，最终通过合理规划的全球物流体系，将产品送到各个苹果商店。因为苹果公司有大量供应商在亚洲，很多人想到苹果产品的时候，会认为是"中国制造"的，但从整体上来看，苹果公司的供应链遍布全球。东南亚分布着苹果公司超过 80% 的供应商，中国在其中的地位相当重要，菲律宾的半导体工厂、印度尼西亚的锡业公司都是苹果公司供应链上相当重要的一环。此外，在北美、欧洲、南美和澳大利亚也有苹果公司的供应商，向苹果公司提供不同的产品和服务。

2016 年 9 月，苹果公司发布了新手机——iPhone 7。在苹果公司 CEO 蒂姆·库克发布这款新产品的同时，数以百万计的新款 iPhone 正沿着苹果公司复杂而又高效的供应链流向世界各地。

该过程一般为，iPhone 的无标识集装箱经过安全检查后从代工厂运出，随后装上卡车，运上预先租用的运输机并输送到世界各地的苹果商店，苹果产品的爱好者们才能在各个零售商店买到喜爱的产品。在产品开始销售之后，苹果公司会根据零售店的需求不断调整出货量。

一般来说，在产品发布之前的几个月就必须开始筹划新产品的物流工作。苹果公司首先要组织运输机和卡车，将组件从供应商那里运送到代工厂进行组装。在此过程中，销售、市场营销、运营和财务团队必须通力合作，对产品的市场销售量进行初步预测。内部预测至关重要，因为预测不准确所带来的库存积压会导致公司价值的蒸发。做出预测之后，数以百万计的iPhone 会在组装厂里组装成型，同一时刻，位于美国的苹果公司总部的软件团队负责开发与之相匹配的 IOS 软件，在完成最终软件后，IOS 软件将被安装到每一部手机上。接下来，这些 iPhone 会被运送到世界各地的配送中心，专业的安保人员将会参与到从卡车到机场、海关，再到存储仓库的每一个步骤。

空运虽然成本高昂，但 iPhone 昂贵的价格和轻便的重量意味着苹果即使选择空运也仍有巨大的利润空间。在销售 iPhone 的过程中，苹果公司会通过监测其全球范围内的零售商店、网站和第三方经销商的销售，获得基于大量物流数据的支持信息。根据这些信息，苹果公司会基于需求重新安排手机的生产组装，工厂里的工人就会根据网上收到的订单，将 iPhone 裸机制作成客户所需要的型号。销量稳定后，苹果公司的物流团队要在公司总部进行总结，以期做得更好。

通过差异化销售渠道、先进的设计创新、精简的库存管理和建立供应链联盟,苹果公司建立起供应商、公司和顾客之间的快速连接,实现了全球物流供应链的高效运作。

一、国际物流概述

(一)国际物流的概念

国际物流是不同国家之间的物流,这种物流是国际间贸易的一个必然组成部分。各国之间的相互贸易最终通过国际物流来实现。国际物流是现代物流系统中重要的物流领域,近十几年有很大发展,也是一种新的物流形态。

目前,贸易国际化的势头越来越盛。随着国际贸易壁垒的拆除和新的国际贸易组织的建立,若干地区已突破国界的限制而形成统一市场,这又使国际物流出现了新的情况,国际物流形式也随之不断变化。所以近年来,各国学者非常关注国际物流问题的研究。第十七届中国国际物流节的主题为"智慧、绿色、民生",紧密围绕"双碳"战略、政企交流、智慧物流、联运发展、港航及国际物流、中欧班列、冷链规划、"一带一路"等多个热点话题展开深入研讨。物流的观念及方法随物流国际化步伐的加速不断扩展。

从企业角度看,近几十年跨国企业发展很快,不仅是已经国际化的跨国企业,即便是一般有实力的企业也在推行国际化战略。企业在全世界寻找贸易机会,寻找最理想的市场,寻找最好的生产基地,这就将企业的经济活动领域由地区、一个国家扩展到国际之间。这样一来,企业的国际物流也提到议事日程上来。企业必须为支持这种国际贸易战略更新自己的物流观念,扩展物流设施,按国际物流要求对原来的物流系统进行改造。

对跨国公司来讲,国际物流不仅是由商贸活动决定的,而且是本身生产活动的必然产物。企业国际化战略的实施使企业分别在不同国家生产零件、配件,又在另外一些国家组装或装配整机。企业的这种生产环节之间的衔接也需要依靠国际物流。

(二)国际物流的特点

1. 物流环境存在差异

国际物流的一个非常重要的特点是各国物流环境的差异,尤其是物流软环境的差异。不同国家物流适用的不同法律使国际物流的复杂性远高于一国的国内物流,甚至会阻断国际物流;不同国家的不同经济和科技发展水平会造成国际物流处于不同科技条件的支撑下,甚至有些地区根本无法应用某些技术而迫使国际物流全系统水平下降;不同国家的不同标准也造成国际间"接轨"的困难,因而使国际物流系统难以建立;不同国家的风俗人文也使国际物流受到很大局限。

物流环境的差异迫使一个国际物流系统需要在几个不同法律、人文、习俗、语言、科技、设施的环境下运行,无疑会大大增加物流的难度和系统的复杂性。

2. 物流系统范围广

物流本身的功能要素、系统与外界的沟通就已经很复杂,国际物流再在这复杂系统上增加不同国家的要素,所涉及的内外因素更多,所需的时间更长,广阔范围带来的直接后果是物流难度和复杂性增加,风险增大。

3. 国际物流必须有国际化信息系统的支持

国际化信息系统是国际物流,尤其是国际联运非常重要的支持手段。国际信息系统建立的难度在于,一是管理困难,二是投资巨大。此外,由于世界上有些地区物流信息水平较高,有些地区物流信息水平较低,信息水平不均衡使得信息系统的建立更为困难。

4. 国际物流的标准化要求较高

要使国际物流畅通起来,统一标准是非常重要的。可以说,如果没有统一的标准,国际物流水平是无法提高的。目前,美国、欧洲基本实现了物流工具、设施标准的统一,如托盘采用 1000 mm×1200 mm,集装箱采用几种统一规格及条码技术等。这样一来,大大降低了物流费用,也降低了转运的难度。而不向这一标准靠拢的国家,必然在转运、换车等许多方面要多耗费时间和费用,从而降低国际竞争能力。

5. 国际物流的流量结构正在发生重大的调整和转移

国际物流的流量结构是同国际产业结构调整相联系的。世界产业结构演变的共同趋势是劳动密集型→资本密集型→技术知识密集型。产业结构的这种演变规律,使得各国进出口商品的结构不断调整,因此国际物流的流量结构也必须随之进行调整与转移。

6. 国际物流的输送形式以海运为主

国内物流,无论是企业物流还是城市物流,其输送方式主要是公路运输、铁路运输、内河运输。而国际物流的距离远、运量大,同时考虑输送成本,所以以海上运输为主。

7. 具有特殊要求的国际物流

国际物流对物流基础设施有特殊要求,如在货物运输中以集装箱运输为主等。

8. 国际物流客观上要求缩短物流中转过程

由于国际物流是两个不同国家的物流公司(或企业)相互提供的不同服务,因此客观上要求缩短物流的中转过程。于是,直达运输成为货物运输的一种有效途径。

二、国际物流的发展

(一)国际物流的发展背景

随着经济全球化的发展,跨国经营以前所未有的速度和规模在世界范围内展开。企业为拓展生存发展空间而跨出母国地域界线,以国际市场为舞台,从全球战略出发,自觉参与国际分工和国际经济活动,通过全球资源的合理配置来获取跨国经营效益,实现经济利益最大化。随着企业跨国采购、跨国生产、跨国销售的不断增长,国际物流也呈现出迅速增长的趋势。

1. 跨国采购与国际物流

20 世纪 90 年代以来,越来越多的跨国公司重新调整战略,开始实行全球化战略,逐步向全球公司转变。为了进一步压缩自己的成本,提高自己的核心竞争力,跨国公司将大量的非核心业务外包,将采购的触角延伸到质量有保证、成本低廉的其他国家或地区,跨国采购成为跨国公司实施全球化战略的重要环节。

20 世纪 90 年代至 21 世纪初,由于我国具有很强的劳动力成本优势,生产的产品又具有较高的质量,许多大型跨国公司的采购网络都向我国市场延伸,如通用、大众、西门子、沃尔玛、家乐福等知名的跨国公司都在我国设立了国际采购部或采购中心,以便从我国获得质优价廉的产品及零部件。随着我国劳动力成本的上升,这些跨国公司的采购逐渐向成本更加低廉的国家转移。以沃尔玛为例,随着印度等国家制造业的不断发展,沃尔玛的采购已逐渐开始向这些国家转移。

我国企业出于同样的目的,也开始将采购的目光放在全球市场上。我国上海大众汽车有限公司每年的采购额度高达200亿元,在成立统一的采购部门前,对供应商的管理一度较为混乱。为应对我国加入WTO给汽车行业带来的市场压力,上海大众成立了专门的采购部门和协调部门,在全球范围内寻找成本较低和质量最优的供应商。

随着跨国采购的发展,与其相关的国际物流必然呈迅速增长之势。无论对于通用汽车这样的生产企业而言,还是对于沃尔玛这样的流通企业而言,国际物流的效率都不仅关系到跨国采购所节约的成本是否会被侵蚀,而且关系到所采购的产品或零部件能否及时运达。

2. 跨国生产与国际物流

为了提高最终产品的价格竞争力,在母国劳动力成本不断上升的情况下,跨国公司越来越倾向于到成本更低、潜力更大的国家进行投资。一个以跨国公司为核心的国际生产体系正在迅速形成,"以世界为工厂""以各国为车间"的全球化企业经营格局已成为一股势不可当的潮流。

尽管跨国生产所产出的很大一部分产品在东道国市场上出售,但仍有一部分会进入国际市场,尤其是从低成本的东道国流回高成本的母国市场。跨国生产的迅速增长刺激着国际物流的增长。

3. 跨国销售与国际物流

现代生产的一个很重要的特点就是具有较强的规模经济性,因此,生产企业的竞争力往往建立在大规模产出的基础上。在国内市场竞争日益激烈的情况下,在国际上寻找产品的销售市场对于企业的发展、壮大就显得至关重要,跨国销售成为企业拓展市场的有效渠道。各种产品在高度集约的生产国和消费国之间不断流动,大大增加了世界范围内的物流需求,使物流活动成为跨国销售重要的支撑条件。

对于跨国公司而言,为了有效地开展跨国经营,必须更新自己的物流观念,扩展物流设施,调整物流管理战略,以适应跨国采购、跨国生产、跨国销售的需要。当然,跨国公司国际物流网络的集聚效应一旦形成,就在相当一段时期内具有稳定性和不可复制性,有助于跨国公司获得持久的竞争优势。

(二)国际物流的发展历程

第二次世界大战以前,各国之间已有了不少的经济交往,但是无论从数量还是质量要求来讲,都没有将伴随国际交往的运输放在主要地位。

第二次世界大战以后,各国间的经济交往才越来越活跃。尤其在20世纪70年代的石油危机以后,国际贸易从数量来讲已达到了非常巨大的数字,交易水平和质量要求也越来越高。在这种新情况下,原有为满足运送必要货物的运输观念已不能适应新的要求,系统物流就是在这个时期进入国际领域的。

20世纪60年代开始形成了各国间的大规模物流,在物流技术上出现了大型物流工具,如20万吨的油轮、10万吨的矿石船等。20世纪70年代,受石油危机的影响,国际物流不仅在数量上进一步发展,船舶大型化趋势进一步加强,而且出现了提高国际物流服务水平的要求,大规模、高质服务型物流从石油、矿石等物流领域向物流难度较大的中、小件杂货领域深入,其标志是国际集装箱及国际集装箱船的大发展。各国间主要航线的定期班轮都投入了集装箱船,一下子把散杂货的物流水平提了上去,使物流服务水平获得很大提高。20世纪70年代中、后期,国际物流的质量要求和速度要求进一步提高。这个时期在国际物流领域出现了航空物流大幅度增加的新形势,同时出现了更高水平的国际联运。20世纪80年代前、中期国际物流的突出特点是,在物流量基本不继续扩大的情况下出现了"精细物流",物流的机械化、自动化水平提高。同时,伴随新时代人们需求观念的变化,国际物流着力于解决"小批量、高频度、多品种"的物流,出现了不少新技术和新方法,这就使现代物流不仅覆盖了大量货物、集装杂货,而且覆盖了多品种的货物,基本覆盖了所有物流对象,解决了所有物流对象的现代物流问题。20世纪80年代国际物流领域的另一大发展是伴随国际物流,尤其是伴随国际联运式物流出现的物流信息和首先在国防物流领域出现的电子数据交换(EDI)系统。信息的作用,使物流向更低成本、更高服务、更大量化、更精细化方向发展,许多重要的物流技术都是依靠信息才得以实现的,这在国际物流中的表现更为突出,国际物流的每一项活动几乎都有信息支撑。物流质量取决于信息,物流服务依靠信息。

20世纪90年代初至今是国际物流快速发展时期,这一时期经济全球化、一体化加速了国际物流的发展,其概念和重要性已被世界各国所接受。互联网、条形码以及全球卫星定位系统在物流领域得到普遍应用,极大提高了物流的信息化水平和服务水平,世界各国广泛开展国际物流理论和实践方面的大胆探索。另外,贸易伙伴遍布全球,必然要求物流国际化,即物流设施国际化、技术国际化、服务国际化、货物运输国际化、包装及流通加工国际化,等等。此时人们已经形成共识——物流无国界。只有广泛开展国际物流合作,才能促进世界经济繁荣。

现代物流的国际化表现为两个方面的内容:一方面,其他领域的国际化产生了国际物流需求,即国际化的物流;另一方面,随着经济全球化的发展,将会有越来越多的跨国物流企业开展综合物流业务,从而实现国内物流和国际物流的一体化,或者进口物流和出口物流的一体化。

进入21世纪以来,随着物流信息化的迅速发展,物流的标准化、网络化、大数据、云计算、智能化、低碳化日益成为国际物流快速发展的显著标志和变革要求。跨境物流成为实现跨境电商的基本渠道和发展国际物流新的增长点。

(三)国际物流的发展趋势

随着经济全球化步伐的加快,科学技术尤其是信息技术、通信技术的不断发展,以及跨国公司的出现所导致的本土化生产、全球采购、全球消费趋势的加强,当前国际物流的发展呈现出新的趋势。

1. 第三方物流快速发展并在物流产业中逐渐占据主导地位

第三方物流是指在物流渠道中由中间商提供的服务。因此,第三方物流提供商是一个为外部客户管理、控制和提供物流服务作业的公司,它们并不在供应链中占有一席之地,仅仅是第三方,但通过提供一整套物流活动来服务于供应链。

国际上大多数第三方物流公司都是以传统的"内物流业"为起点而发展起来的,如仓储业、运输业、货运代理或企业内的物流部门等,它们可以根据客户的不同需要,通过提供各具特色的物流服务取得成功。因此,全世界的第三方物流市场具有潜力大、渐进性和增长率高的特征,这种特征使第三方物流企业拥有大量的客户群。

2. 物流产业在经济发展中的地位越来越重要

随着世界经济的全球化、一体化、信息化发展,发展物流产业的经济意义越来越明显,其主要表现是:第一,有利于资源合理配置,促进和改善国家的基础设施建设;第二,有利于加速物资在时空上的有效流动,节约社会成本;第三,有利于提高制成品在国际上的综合竞争能力;第四,有利于提高国民的综合生活水平。

物流产业的实际发展情况也证明了它在国民经济中的重要地位。在一项对德国和美国企业的调查中,有71%的德国企业和53%的美国企业把物流放在企业经营第一或第二的位置。为了促进物流产业的发展,各国政府制定了各种有利于物流发展的政策,利用各自不同的资源优势开展不同的物流产业规划。

3. 国际物流业务快速发展,物流企业国际化特征日益明显

在现代国际贸易发展中,跨国公司的地位和作用是有目共睹的。通过推行全球化策略,跨国公司不断地拓展市场,其在国际贸易中的作用也越来越重要。在跨国生产和经营过程中,跨国企业对强有力的物流服务体系的需要与日俱增。

通信技术和信息技术的发展是国际物流发展的技术基础,不仅能大大降低物流成本,而且能大大提高物流效率。在国际贸易中,诸如订单、交付凭证以及海关表格之类的国际商业文件,通常属于硬拷贝文件,需要花费大量的时间传输,往往还含有许多误差。但目前采用先进的信息技术,加快了订货需求的传输速度、生产进度、装运进度以及海关清关速度。

各类国际贸易管制措施的逐步减少、解除为国际物流业的发展提供了制度条件。国际物流的壁垒主要源于三个方面:一是营销和竞争方面的壁垒,如对国外投资者在进入方面的限制。二是金融方面的壁垒,主要来自推动物流成长的金融机构的基础结构不完善。没有同物流相匹配的银行、保险公司、法律顾问和运输承运人的业务衔接,更没有相关的法律体系。三是配送渠道方面的壁垒,其主要表现为基础结构标准化和贸易协定等方面在国与国之间存在差异。上述三个方面的壁垒在发达国家之间基本已消除,但在发达国家和发展中国家之间依然存在,正在逐步消除。

4. 国际物流服务呈现多样化、信息化、系统化的趋势

物流企业过去一般提供五项基本服务:联合运输、仓储管理及运作、承运人的挑选、运费磋商和运输管理及运作。当企业经过一定时期的经营发展后,提供的最主要的五项服务内容为联合运输、仓储管理及运作、物流信息服务、产品的回流和存货补充等。对物流企业而言,联合运输和仓储管理及运作是最为传统、最为基本的服务内容,也是物流企业收入的主要来源,但是随着生产商对物流服务要求的细化,加之物流企业自身发展的需要,物流企业所能够提供的服务项目也在不断地发展变化。除了上述服务项目以外,一些物流企业还为客户提供诸如订单处理、重贴标签、再包装、产品测试等服务。

经济的发展使各类企业发现只管理它们自己的组织已经远远不够了,必须涉足直接或间接地提供投入的所有上游企业和负责向最终客户交货和提供售后服务的所有下游企业,才能实现高效益。"供应链管理"的出现正是这种认识的体现。而供应链管理的真正实现有赖于物流服务方式的网络化、信息化。现代物流服务的方式正在从以对"物"的处理为基础的物流经营模式向以电子商务为主轴的发展模式转变,即物流的发展方向不是仅仅将物流服务项目作为一项业务来完成,而是作为一种系统来完成。未来物流经营模式在物流的整个价值链中将更加依赖电子技术、网络技术,以形成低物流成本,向客户提供优质物流服务的机制,实现高速、安全、可靠和低费用的"3S1L原则"。因此,在现代物流发展过程中,物流标识技术和电子数据交换技术是关键的技术。

5. 国际物流企业的战略联盟

在整个物流管理过程中,一个连接紧密的供应链体系是通过诸如采购、生产和销售,以及仓储、存货管理、运输和信息系统等基本商务运作环节实现的。由于商业运作的复杂性,某一单一的物流服务提供方难以提供低成本、高质量的服务,也无法给客户带来较高的满意度。通过建立战略联盟解决资金短缺和应付市场波动压力,进而增加营销服务品种和扩大企业的地理覆盖面,为客户提供"一站式服务",从联合营销和销售活动中获得收益正成为许多具有一定实力的物流企业的发展战略。最流行的结盟方式是与其他物流企业以及仓储、运输、货代、报关代理、空运快递公司、国际分销公司结盟,此外,还可以与信息系统公司、制造商、设备租赁商、海运公司等结盟。通过结盟,企业得以在未进行大规模的资本投资的情况下扩大业务范围,提高市场份额和竞争能力。许多物流业经营和研究人员认为,相同的文化背景和彼此相互信赖、有效而积极的沟通和信息支付、共同的企业经营目标和凝聚力、技术上的互补能力、双方高层管理人员在管理方面的共同努力等是使物流企业联盟成功的关键因素。

6. 物流产业由单一的业态向多元化业态发展

在发达国家,随着电子商务、网络技术及物流全球化的迅速发展,广义的区域物流与企业物流通过上、下游的延伸与拓展,呈现了相互融合的趋势。这种趋势促使物流企业模式即物流产业经营类型与业态向着多元化和细分化的方向发展。根据对全球前20名专业物流公司经营模式的分析,我们可将国外物流产业经营类型与业态粗略归结为以下三类:

①由交通运输业、邮电业态组织发展起来的物流企业。
②由零售商、批发商发展起来的物流企业。
③由大型制造企业物流部门发展起来的物流企业。

7. 国际物流业界对中高级物流人才的争夺加剧

经济的全球化要求物流企业能够提供全球化的服务,即由少数物流公司承担更为复杂的物流服务。物流人才必须树立全局观念,具有采购、仓储管理、运输、客户服务和信息技术等全方位知识和敏锐的分析能力,并能够对需求进行专业的预测。在国外,高级物流主管享有和公司财务主管、法律部门的主管和市场营销方面的主管同等的地位。但由于物流教育和培训的缺乏,能够切实为企业提供有效方案的物流人才较少,使得物流业界对中高级物流人才的争夺加剧。

任务三　绿色物流

案例导入

企业的绿色物流

某洗化用品企业是绿色物流的践行者,在进行大量绿色物流实践的同时,也树立了良好的企业形象。

该企业是全球最大的洗化用品生产商之一,在世界范围内享有广泛的信誉,也是《财富》500强中十大最受赞誉的公司之一。企业的成就来源于对环保事业的大力支持,对社会责任的有力担当,以及在绿色物流领域的一系列创新实践。

该企业在绿色物流实践方面一直是行业的标杆,在其日常活动中有大量绿色物流的体现。第一,产品配送合理安排运输车辆,而且以绿色环保的车辆为主,以大量降低运输过程中的污染。第二,大力推广绿色环保包装,比如该公司在加拿大进行的婴幼儿系列产品的绿色环保推广,通过产品包装的绿色设计大量减少了包装的成本,增加了包装的有效利用,产品受到当地消费者的一致好评。

企业的物流基地在多方面进行了绿色创新。在生产物流中实现全面的信息化控制,严把质量关,以最低成本创造最大效益。在回收物流和废弃物流方面的管理体现了其绿色物流实践的理念,通过回收和再利用,变废为宝,实现废弃物零填埋。将废弃物转化为工业技术原料,将生产中的副产品也进行收集和再利用。对水的处理也实现了最大限度地优化水资源的使用,实现了工业污水100%处理净化及循环利用。

"我们能从消费者的即时需求出发,从而打造公司在中国乃至全球最具规模的高效供应链,这一创新举措不仅会使原材料采购、生产制造、物流配送等环节的时间都大幅缩短,更将因为全面提高了供应链的运转效率,减少了原材料和产品运输的能耗,从而大大降低环境足迹,这也很好地反映了我们正通过各种努力实现公司的长期可持续发展愿景。"企业全球供应链运营官表示。

2021年,该企业开展了关于液化天然气运输项目的研究,并率先投入运行。测试结果表明:项目的实施有效减少了货车尾气排放,使尾气中不含硫化物和铅,一氧化碳、氢氧化物、氮氧化物的排放也降低了近4成,达到国Ⅳ排放标准。企业的绿色物流尝试不仅使货车性能有所提升,而且充分体现了节能环保的绿色物流理念。

一、绿色物流概述

(一)绿色物流的内涵

绿色物流(green logistics)又称环保物流(environmental logistics),是指利用先进的物流技术和设施,对运输、存货管理、装卸搬运、配送、包装、流通加工等物流活动进行合理的规划和实施,确保对使用过的废旧产品的回收处理及循环利用,达到降低环境污染、减少资源消耗的目的的物流活动。

从物流的概念中可以看出,绿色物流主要包含两个方面的内容:其一,对物流的各个基本构成要素进行污染控制,尽量采用对环境污染小的方案;其二,对使用过的产品进行妥善处理,积极开展回收物流,合理组织废弃物流。绿色物流的结构体系包括了物流的各个环节,主要有绿色销售物流、绿色生产物流和绿色供应物流(见图9-3)。

(二)绿色物流产生的背景

随着经济和科技的发展,人们的生活达到了前所未有的富足和便利,但是随之而来的环境问题越来越严重。只要有人类存在,就会有环境问题,只是由于人口的数量、科学技术的发达程度及人类对环境的认识不同,各个历史阶段的环境问题在范围、程度上都有区别。第二次世

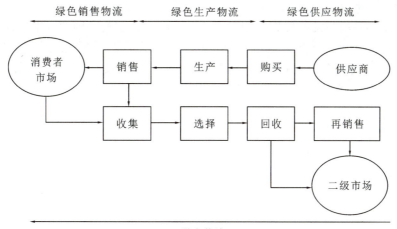

图9-3 绿色物流的结构体系

界大战至今,由于现代工农业生产和科学技术的迅猛发展,人类大规模地开发自然资源并大量排放生产和生活废弃物,人类在无节制地开发自然资源的同时,也受到生态环境的无情报复。这个时期环境污染的特点是由国内走向国际,在全球范围内,人与自然的严重对立造成人口危机、粮食危机、能源危机、难民危机等各种全球性的问题。人类面临一场生死攸关的挑战,环境恶化已对人类生存条件构成了现实和长远的、直接和间接的、普遍的和全球化的威胁。

物种的灭绝、环境的污染、资源的枯竭、生态的失衡,在很大程度上归结于近代人类对自然资源的盲目挥霍和滥用。各种各样奇怪的疾病不断发生,特别是放射性、化学药品诱发的癌症成为威胁人类生命安全的第一大疾病,此外,工业污染引起的环境公害事件持续不断发生。人们开始感觉到自己生活的世界越来越不安全,似乎危机四伏。在短短200年间,蒸汽机、发电机等的发明引发了几次工业革命,人类确实创造了许多值得称道的财富,然而也为此付出了沉重的代价。世界各地的人们纷纷从痛苦中觉醒,人们对环境问题的认识由浅入深,从现象到本质,认为环境问题不仅是一个技术问题,也是一个社会经济问题,要解决这个问题,需要地球上每个公民做出努力。

人类觉醒之后,便掀起一阵又一阵的"绿色浪潮"。保护环境的意识已深入人心,逐渐成为人们的生活方式。加拿大、法国、德国、美国等发达国家,保护环境的运动一个接着一个,保护环境的呼声一浪高过一浪,保护环境的组织如雨后春笋般一个个破土而出。

1962年,美国海洋生物学家蕾切尔·卡逊出版了著作《寂静的春天》(*Silent Spring*),第一次向世人展示了环境污染对人类的危害,引起巨大反响。世界环境保护运动特别是美国的环境保护运动,正是由这本著作引爆,从此一发而不可收。1969年,美国参议员尼尔森提议在大学举办环境问题讲座,得到了广大学生的响应。尼尔森同时提议,以次年的4月22日为"地球日",发动全国性的环保运动。1970年4月22日,人类历史上第一次大规模的群众环境保护运动爆发,当日2000多万美国人走向街头,集会、游行、宣讲,以多种多样的形式宣传环保的重要意义,人们发出呼吁,强烈要求政府采取有效措施保护环境。这次环保活动揭开了世界环境保护事业的序幕。

1972年6月5日,在瑞典的斯德哥尔摩召开联合国人类环境会议,各国倡议将会议的开幕日定为"世界环境日"。自此,联合国环境规划署每年在世界环境日时发表"环境状况的年度报告"，提醒各国人们关注环境问题，共同谋求保护环境的途径。

1987年，世界环境与发展委员会（WECD）发表了报告《我们共同的未来》，首次提出了"可持续发展"的定义。1992年，在巴西的里约热内卢召开了联合国环境与发展会议，178个国家的政府官员出席了此次会议，"可持续发展"思想成为会议的主题，贯穿于会议最后形成的三个纲领性文件——《关于环境与发展的里约热内卢宣言》《21世纪议程》《关于森林问题的原则声明》之中，贯穿于会议通过的两个国际公约——《联合国气候变化框架公约》《联合国生物多样性公约》之中，从此"可持续发展"成为最具有法律约束力的指导思想。

在此前后，一批国际绿色组织纷纷问世，展开了保护自然、保护环境、保护绿色的运动。国际爱护动物基金会、世界自然保护联盟、地球观测组织、国际地球之友等在保护自然生态系统的各个领域发挥着积极的作用，形成了浩浩荡荡的保护生态环境的绿色潮流。

世界各国政府的环境保护工作也进入了崭新的时代。越来越多的国家设立了负责环境保护的政府机构，极大地促进了世界绿色运动。除了民间的绿色组织、政府的绿色组织外，还出现了以绿色为旗号的政党组织。世界上第一个以绿色为旗号的政党出现在澳大利亚，随后英国、德国、法国、西班牙等国的绿色政党相继成立。直到20世纪80年代，绿色政党首次成为德国议会的议会党，紧接着成为欧洲议会的议会党，从而引起世人的广泛关注。1983年，德国绿党在德国议会选举中突破了5%的限额，正式成为一个具有议会席位的政党。1989年，欧洲绿党在欧洲议会中获得了将近15%的选票，绿色政党进一步引人瞩目。

1971年，美国在太平洋附近的阿留申群岛进行核试验。一批来自加拿大温哥华的环境保护者乘坐"绿色和平号"船前去抗议，从此绿色和平组织登上世界环保舞台。加拿大绿色和平组织的行动赢得了本国国民、美国环保者的声援，他们云集美国首都，在总统府、国会大厦等地举行声势浩大的集会，强烈抗议美国继续进行海洋、地下和空中核试验。他们的行动引起了全世界的关注，使人们对核试验可能给人类带来的危害予以高度警惕。如今，绿色和平组织仍然是世界反对核试验的主要民间组织，它先后在美国、英国、法国、俄罗斯、南非等20个国家设立了32个办事处，还在南极设立了自己的基地。作为世界性的环保组织，它在反对核试验、主张裁军、建立无核区，以及保护海洋动物资源等方面都发挥着积极的作用。

近年来，许多团体开展了大量的绿色"低碳运动"，使得"绿色"这一代表和平、生命和环境的字眼更加深入人心，深入人们生活的方方面面。

绿色物流首先从发达国家兴起，美国、欧盟、日本都通过立法限制物流可能对环境造成的不利影响，并提出发展循环型经济的目标。日本非常重视绿色物流，除在传统的防止交通事故、抑制道路沿线的噪声和振动等问题方面加大政府部门的监管和控制作用外，还特别出台了一些实施绿色物流的具体目标值，如货物的托盘使用、货物在停留场所的滞留时间等，以降低物流对环境造成的负荷。2001年，日本政府出台了新的《综合物流施策大纲》，其重点之一就是建立适应环境保护要求的新型物流体系。

1. 绿色产业与绿色企业

（1）绿色产业的发展

在"绿色浪潮"中，20世纪90年代后最重要的工作便是建立绿色产业，通过调整传统的产业结构来减少环境污染和生态破坏。因此，绿色产业不是单纯的环保产业，也不是单纯的绿化产业或林业产业。它是指我们的整个产业体系应以大绿色理念指导发展，符合大绿色思想，是指整个产业体系，而不是单一的某一产业。

根据世界环境与发展现状来看，21世纪是绿色经济世纪和绿色产业世纪。绿色产业体系开始包含更为丰富的内容。从广义上来讲，绿色产业包括第一、二、三产业的全部；狭义的内容包括粮食、畜牧、水产、果品、食品深加工、饮料、食品包装、无公害农业生产资料和人类其他生活用品等。绿色产业成为一项融科技、环保、农业、林业、水利、食品加工、食品包装及其他有关行业为一体的宏大系统工程，属于高技术产业，发展前景十分广阔，是21世纪世界经济发展的必由之路。

绿色产业在大绿色理论的指导下，以保护环境、恢复生态、节约资源为目标，以修复环境、重建环境为宗旨，对所有产业进行绿色规划、设计，在生产过程中尽可能地减少资源消耗，尽量减少对环境的污染。其生产经营过程应遵循以下原则：

①生产所用的原材料尽可能少地消耗自然资源或不消耗自然资源；
②原材料在采用过程中，对环境造成的污染尽可能地少或不造成污染；
③产品的生产过程或服务过程对环境尽可能地少造成或不造成污染；
④形成的产品在使用过程中尽可能地少造成或不造成污染；
⑤形成的副产品或垃圾尽可能地少造成或不造成污染；
⑥产品在消费中形成的垃圾少或其垃圾能进一步回收利用。

(2)绿色企业形象的树立

生态与经济协调发展的观念已深入人心。无论是生产者还是消费者，对产品的经营和企业的形象是否环保都开始重视起来。这要求新一轮的企业经营者在注重经济效益的同时注重社会效益和环境效益。因此，树立绿色企业的形象是现代企业的新的选择。

绿色企业主要由以下方面构成。

一是绿色企业理念。首先，树立为创造优质社会服务的企业理念，即不仅为社会提供优质的产品和服务，还为人类的生存和发展保持和创造优质的自然生态环境和社会环境；其次，以绿色营销为理念，将消费者利益、企业利益和社会可持续利益有机结合在一起；再次，在企业发展目标中明确提出注重环境保护和资源的有效开发和利用；最后，在企业的行动纲领、经营信条、标语、座右铭中要体现绿色理念。

二是绿色企业行为。这包括"清洁生产"的生产过程，绿色产品的开发与制造，环境影响评价及环境规划、监控的实施，环保政策的实行，环境标准的认证等。目的是通过环保控制和科学管理，在节约资源和能源的前提下，使单位产品排出的各种废弃物最小化。

与绿色企业相配套的是绿色管理、绿色决策，绿色审计和绿色会计制度也在发达国家建立起来。各种经济手段都是为了企业的环保目标而实施的，如排污收费、排污权交易等，还有各种法律法规的颁布和执行。

从广义上来讲，对企业来说，绿色还是一种文化，将绿色文化渗透到企业文化中，渗透到企业的品牌之中，这样不仅能传播绿色理念，而且能赢得消费者的青睐，增强企业的内在魅力，促进企业长久发展。

2. 绿色消费与绿色营销

(1)绿色消费

消费是生产的动力，可促进经济发展和拉动GDP。但不适当的消费和不正确的消费可能是万恶之源，如人类为自己的需要而灭绝野生动植物，或者消费对环境有污染的和在生产过程中对环境有污染的产品，这种消费就成了加大环境污染、破坏生态资源的帮凶。

绿色消费是节约资源、保护环境，维护生态平衡和可持续发展的消费形式。倡导绿色消费，就是要把消费引入正确的轨道，引入利于资源保护的轨道，让人们在分享资源给自身带来的利益的同时，不忘记保护环境和资源再生的基础。绿色消费是世界潮流，在中国，目前人们虽有了一些绿色意识，但仍显不足。一些名牌企业在努力打造自己的绿色产品，推行绿色消费，如海尔作为全球大型家电第一品牌，以创新模式打造绿色供需链，在技术方面，有省电10%的无霜三门冰箱和实现了50分贝环保静音洗涤的海尔"芯变频"系列洗衣机；在消费方面，引领中国家电企业绿色出口升级，也开启了全球家电绿色消费时代。绿色消费有利于资源保护和人民的身心健康，因此需要政府制定正确的政策来引导。

(2) 绿色营销

在全球性的绿色浪潮中，消费者只有明白环境与身心健康的密切关系，逐渐形成绿色观念，才能产生对绿色营销和绿色产品的需求。绿色营销的前提是消费者绿色意识的觉醒，是以传统的市场营销为基础的，其内容包括三个层次：一是企业在选择生产商品及技术时，尽量减少商品不利于环保的因素；二是在商品消费与使用过程中，尽量设法降低或引导消费者降低对环境造成的负面影响；三是企业在考虑产品设计和包装时，努力降低商品包装或商品使用的残余物。因此，企业实施绿色营销，是符合消费者的绿色消费需求的，有利于降低成本，在竞争中获取差别优势，从而获取更多的市场机会，有助于提升企业的良好形象。从广义上来讲，绿色营销不单着眼于企业和市场，还强调在营销过程中注重地球生态环境的保护，注重全社会的全局利益，促进宏观的社会经济和生态的协调发展。

绿色营销与传统营销相比有很大的不同。比如在营销原则方面，一是引入了"社会责任"，即企业在满足消费者的同时还应达到环保要求，承担社会责任；二是在充分满足消费者需求的同时提高消费质量，减少数量，以实现人类的可持续发展。而且营销策略更强调环保性，并贯穿在产品策略、价格策略、分销策略和促销策略等方面。

各国、各地之间的绿色消费需求、环境立法及绿色标准制度存在较大的差异，导致了绿色营销具体实施过程的差异化。因此，在绿色营销的实施过程中，遇到的矛盾主要是企业的眼前利益与长远利益之间的矛盾，以及企业自身的局部利益和消费者、社会全面利益之间的矛盾。考虑环境问题后，营销过程中需调整更多层面的关系。

绿色环境标志是一种印刷或粘贴在产品或其包装上的图形。它表明该产品不但质量符合标准，而且在生产、使用、消费、处理过程中符合环保要求，对生态环境和人类健康均无损害。发展中国家的产品要进入发达国家市场，必须提出申请，经批准才能得到"绿色通行证"，即"绿色环境标志"，这样才能通过绿色壁垒，走向世界。绿色环境标志起源于德国1978年率先推出的"蓝色天使"，此后，加拿大的"环境选择"、日本的"生态标志"、美国的"再生标志"等纷纷出现。在中国，绿色产品的认证主要是企业的一种自发性行为。我国最高的绿色权威认证机构是中国环境标志产品认证委员会(CCEL)，它是唯一可以对产品环境行为进行认证，授予产品环境标志(十环、青山、绿水、太阳)的机构。

绿色环境认证中除了绿色产品的认证以外，还有ISO 14000环境管理体系的认证。它可以促使企业在原材料采购、生产过程各环节、产品使用和最终的废弃处理及产品包装物使用和人员培训等过程充分考虑环境因素，采取行之有效的措施，真正使产品、服务、企业和人的思想"绿色化"。

3. 绿色浪潮下的绿色物流

绿色浪潮席卷全球,无论在经济还是社会方面,在生产还是消费方面,无论是政府还是普通的人民,都在关注并参与环保,对绿色地球做出最后的承诺。但随着工业化和城市化的发展,城市污染源仍在扩大,严重的环境污染问题并没有明显好转。污染面不仅包含生产方面,也涵盖流通和消费方面。目前,在严重的"白色污染""垃圾围城"等环境污染中,数量巨大、降解性能较差的商品销售包装是一个重要原因,不合理的货物运输、物流模式则直接产生和加重大气污染。与物流和商流活动有关的这些环境问题不得不引起人们的关注。尤其在市场经济成为资源配置主要方式的今天,城市的整个社会经济已基本建立在商品流通和市场交易的基础上。在这种现实背景下,仅仅强调"清洁生产"和"绿色消费"还是不够的,只有"清洁生产、绿色流通、适度消费"才能构成一个完整的城市可持续发展体系。而"绿色物流"和"绿色商流"为两条主线,构筑出绿色流通体系的框架(见图9-4)。

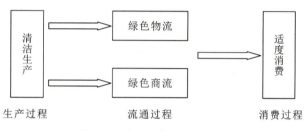

图 9-4　城市可持续发展体系

物流活动与社会经济的发展相辅相成。一方面,现代物流是经济发展的支柱,另一方面,经济的发展又会引起物流总量的增加。频繁的物流活动及物流管理的变革,会增加燃油消耗、加重空气污染和废弃物污染、浪费资源、引起城市交通堵塞等,以至于对社会经济的可持续发展产生消极影响。因此,与其他行业和企业的生产经营活动一样,物流行业及企业在运营过程中不可避免地对环境产生了负面影响,这些影响使企业内部和外部都蒙受损失。如货物运输工具所引起的大气污染和噪声污染,有毒有害、放射性物质对仓库环境的侵害,商品在包装时产生的包装污染,装卸搬运过程中产生的大气和水的污染,流通加工过程中所排出的"三废"等。"大量生产—大量流通—大量消费"的经济系统还会产生大量的废弃物,都会对经济社会和环境产生严重的负面影响,引起环境容量资源的枯竭和自然环境的恶化。

绿色物流起源于欧美。欧洲是引进"物流"概念较早的地区之一,也是较早将现代技术用于物流管理、提高物流绿色化的先锋,其在20世纪80年代就开始探索一种新的联盟型或合作式的物流新体系。美国经济高度发达,也是世界上最早发展物流业的国家之一。美国政府推行自由经济政策,其物流业务数量巨大,货运异常频繁,因而就决定了美国对绿色物流的更大关注。而在把物流行业作为本国经济发展生命线的日本,从一开始就没有忽视物流绿色化的重要意义,在防止交通事故、抑制道路沿线的噪声和振动等方面加大政府部门的监管和控制作用。我国物流业起步较晚,绿色物流还刚刚兴起,人们对它的认识还非常有限,在绿色物流的服务水平和研究方面还处于起步阶段。为了完成物流现代化、自动化和绿色化的目标,构筑绿色物流发展的框架,做好绿色物流的政策性建设,强化绿色物流的管理,建立和完善绿色物流理论体系已成为政府部门、企业和研究人员的最新课题。

(三)绿色物流涵盖的内容

在具体的运作过程中,绿色物流包括以下基本内容。

(1)绿色运输

运输过程中的尾气排放是造成大气污染的主要原因。绿色运输的具体措施包括:使用清洁能源的运输工具或排放标准要求严格的运输工具,降低废气排放量;对工厂、配送中心的地理位置进行合理的布局与规划,缩短运输路线,实现节能降污的目标;积极使用第三方物流,提高车辆装载率;加强运输过程中的安全管理,避免在运输易燃易爆品、化学品等危险原材料或产品的过程中可能引起的爆炸、泄漏等事故。

(2)绿色存货管理

在仓库建设前应进行相应的环境影响评估,避免仓库对周围环境的不利影响,如易燃易爆品仓库不应设在居民区,有害物品仓库不应设在重要水源地附近。在仓储过程中,妥善对货物品质进行保护,防止有害物质对货物的污染。对危险品的仓储进行严格的管理,防止危险品发生泄漏、爆炸等事故,对环境造成污染。

(3)绿色装卸搬运

积极采用节能降耗的装卸搬运设备,合理设计装卸搬运的路径。积极采用托盘、集装箱既是提高装卸搬运效率的重要手段,又是绿色装卸搬运的重要体现,可以减少对包装物的消耗,减少货物损失,降低货物损毁、泄漏对环境造成污染的概率。

(4)绿色配送

通过有效配置配送车辆,合理规划配送中心及配送路线,采用排污量小的货车车型,提倡共同配送,提高往返载货率等手段,达到降低能源消耗、减少污染排放量的目的。例如,积极开展夜间配送可以避免白天的交通堵塞,节省燃料,降低排放量。

(5)绿色包装

绿色包装应符合以下特性:包装材料的利用率高,不出现过剩包装;包装过程节约能源;包装材料环保,对产品和人体不构成危害;包装物易于回收和循环使用;包装材料在自然界容易降解等。

(6)绿色流通加工

积极提高流通加工的比例,通过变消费者分散加工为集中的流通加工,以规模作业提高资源的利用效率,便于集中处理消费品加工过程中所产生的废弃物,减少消费者分散加工所造成的环境污染。同时,在流通加工过程中,要优先选择能耗小、污染少的加工设备,加强对流通加工人员的合理组织和有效管理,减少对资源的消耗和对环境的污染。

绿色物流如图 9-5 所示。

(四)绿色物流的必要性

绿色物流的发展是当务之急,并成为 21 世纪物流管理的新焦点,其必要性如下。

1. 顺应绿色浪潮,解决环境问题

从生产到消费,从绿色产业、绿色企业到绿色产品、绿色消费,整个社会都在全方位地强调对环境的关注。环境问题日益突出的物流业,也应在迅猛发展的同时,强调长远的利益和可持续发展。原材料采购、销售、配送、仓储、消费,除生产链外,整个供应链都应当是绿色的、环保的,才能从根本上解决环境问题,促进我国绿色产业的形成。

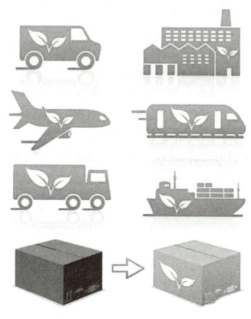

图 9-5　绿色物流

2. 社会经济可持续发展的要求

可持续发展是在不破坏自然资源与生态环境的基础上,更持久、更稳定的经济发展模式。联合国《21 世纪议程》明确指出:"地球所面临的最严重的问题之一,就是不适当的消费和生产模式,导致环境恶化、贫困加剧和各国的发展失衡。"因此,要彻底改变不可持续的生产和消费模式,与高消耗、高消费、高污染的传统发展模式决裂,以建立可持续发展的新模式。目前,这种模式已渗透到生态、经济、社会和技术方面。应用到物流系统中,就是要建立与环境共生的可持续发展的物流体系,杜绝恶性环境污染的蔓延,力争节约资源、降低成本,使物流业可以长期、稳定而高效地发展。

3. 循环经济的需要

循环经济实际上是可持续发展的重要途径。它是"资源—产品—废弃物—再生资源"的闭环型经济系统。它要求政府在产业结构调整、科学技术发展、城市建设等重大决策中,综合考虑经济效益、社会效益和环境效益,节约利用资源,减少资源与环境财产的损耗,促进经济、社会、自然的良性循环。它还要求全社会形成循环利用资源、变废为宝、保护环境的意识,促进资源消耗的减量化、产品反复使用和废弃物资源化。而绿色物流正符合这种生态经济的要求,是"资源—产品—再生资源—再生产品"的循环流动过程。这种模式下没有废物的概念,符合可持续发展的需要。

4. 企业参与国际竞争的必然选择

在经济全球化的市场背景下,绿色壁垒已成为发展中国家贸易发展的主要障碍。经过反思之后,我们发现仅仅是"绿色产品"还不够,"绿色包装"和"绿色运输"也尤为重要。目前,各国都在尽力打造绿色物流、绿色供应链,如德国实施的"蓝色天使"计划,要求产品在生产、包装和使用中都符合环保要求,日本在《综合物流施策大纲》中专门制定了环保规划。要提高产品的国际竞争力,使自己的企业顺利地得到国际市场的认可,物流企业就应针对运输、装卸、包装、管理等过程制定出相应的绿色标准,与WTO所规定的国际物流法律法规相衔接和保持一致。

5. 满足广大消费者的需要

目前,消费者不仅要求产品本身是绿色的,对其包装、运输、储存、加工等过程的环保要求也越来越高,他们要求产品的生命周期都达到节能、减污、降耗的目标。只有绿色物流与绿色消费相互渗透、相互作用,才能在生产和消费之间达成环保的共识。

绿色物流活动范围涵盖了产品的整个生命周期,行为主体包括公众、政府和供应链上的全体成员。随着经济和多样化消费的发展,绿色物流将连接生产、流通和消费,成为可持续发展的重要组成部门之一。

二、绿色物流的发展现状及趋势

(一)国外绿色物流发展现状

1. 日本

在日本,绿色物流的推行不仅是企业的事情,政府也在其中发挥着强有力的助推作用。日本政府非常重视绿色物流法规的制定和执行,直接对绿色物流运行进行管理,并指出,要构筑具有国际竞争力的物流市场,创建能够减轻环境负荷的物流体系和循环型社会。

日本绿色物流的实施情况如下:

(1)加强环境保护,构筑循环型社会

为节约资源,日本制定了再生资源法规,对可利用资源进行再生利用,在实现资源再循环的过程中构筑了一个适应环保要求、环境负荷小的新型物流体系。通过货主、物流企业等方面的合作,实施降低环境负荷的措施,在确认取得一定成效后,由政府发放补助金。

(2)构筑符合社会效益的物流系统

日本按照《京都议定书》的标准,规定了汽车废气排放量,执行了抑制温室效应、减少废气排放的要求,推进汽车的低公害化。首先,提高运输工具单位燃料能量利用率,从提高卡车运输效率出发,推进车辆的大型化、信息化与共同利用化,改善干线公路质量,加强环线公路建设。其次,增强铁路运力,缩短运行时间,实现各种运输工具间的运力转换和衔接。此外,加强对汽车废气等污染源排放量的管理,开发、普及环保型汽车,提高卡车装载量和运输效率;选择对环境影响较小的运输工具,使货主与物流企业自觉减少二氧化碳排放量,降低对大气的污染和对环境的影响。在此基础上,构筑静脉物流系统,实现循环型社会政府与地方公共团体的协作,合理配置再生资源物流据点。

(3)降低运输工具单位能耗的对策

充分运用绿色环保税收制度,促进低耗油车辆的利用。为提高卡车运输效率,不断推动运输车辆大型化和拖车化运输方式。通过义务安装大型卡车速度控制装置,降低大型卡车燃油费。引进节能高效的环保生态运输工具,鼓励开发新型超级环保生态运输工具。此外,为控制废气排放量,在整个物流系统中使用低排放量的燃料油。

(4)充实社会资本

全面完善物流基础设施建设,使绿色物流的发展具有坚实的依托和优越的发展条件。不断提高公路质量,加大桥梁承重,适应运输车辆大型化发展的需要。加强国际海运集装箱货物转运站和多功能国际货物中转站建设,缩短进出口货物陆地运输距离。

(5)推进运输方式的转换

在铁路货运方面,增强主要铁路干线的货运能力,缩短运输时间,提高装卸作业效率,铁路货运企业不断提供让客户满意的服务。在沿海航运方面,充分运用日本运输设施整备事业部所制定的船舶共建制度,大量建造可以转换运输方式的船舶,加强内外贸货物中转站建设,适应多式联运发展的需要。另外,为提高市内运输效率,减轻环境负荷,避免过路卡车进入市区,能利用轮船和铁路运输的货物就不再使用卡车运输。同时,充分发挥城市外围港口的作用。

(6)提高民间企业环保意识

为促使货主和物流企业自觉控制二氧化碳排放量,减轻环境负担,日本政府提出了物流对环境的影响及两者之间的协调问题,并编制和普及指导手册,让物流企业进行自我评价。另外,注重货主与物流企业的协调运输,共同提高效率,鼓励使用低耗油运输车辆,设定二氧化碳排放指标,促使物流企业遵守和执行。

(7)提高卡车运输效率

在卡车运输方面,不断推行共同运输和配送,加强物流基地建设,提高汽车运输业的能力,促进运输方式的自行转换。这样做也有利于提高城市物流效率。

(8)降低卡车废气排放量

为减少卡车污染物排放量,必须强化规制,普及低公害、绿色环保车。为此,要在充分运用环保税收制度的同时,支持建设低公害燃料供给设施,普及电动汽车共同利用系统;实行轻质油的低硫黄化,改善原有运输车辆管理对策,促进柴油微颗粒去除装置的加装和低硫黄轻质油的利用。

(9)城市交通畅通化

为改造环线公路,避免过路车辆通过市区,消除城市交通瓶颈,在改进交叉路口运行能力的同时,将集中在住宅区的过密交通转移到设备地带,试行并排道路差别收费制、环保道路拥挤税等交通流量管理对策。调节地区汽车流量,利用环境负荷小的小型卡车进行运输,推行共同集货和配送。在此基础上,调整物流基地布局,把流通业务设施集中到一起,并将物流基地设在城区外围的环线公路两侧,避免卡车过多地进入市区,以更好地控制市区交通总量。

2. 美国

美国经济高度发达,是世界上最早发展物流业的国家之一。美国政府推行自由经济政策,其物流业务数量巨大,且异常频繁,这决定了美国对绿色物流的更大关注。美国在《国家运输科技发展战略》中规定了交通产业结构或交通科技进步的总目标:"建立安全、高效、充足和可靠的运输系统,其范围是国际性的,形式是综合性的,特点是智能性的,性质是环境友善的。"一般企业在实际物流活动中,对物流的运输、配送、包装等方面应用诸多的先进技术,如电子数据交换(EDI)、准时制生产(JIT)、配送规划、绿色包装等,为物流活动的绿色化提供强有力的技术支持和保障。如通用汽车公司,早在1998年就邀请了8个供应商组成了一个供应商环境咨询小组,旨在提高供应链企业在原材料选择、产品设计、工艺流程等方面的环境效率。

3. 欧洲

早在20世纪80年代,欧洲就开始探索综合物流供应链管理,以实现最终消费者和最初供应商之间的物流与信息流的整合,通过合作形式提高物流效率,从而减少无序物流对环境的影响。欧洲的运输与物流业组织——欧洲货代组织也很重视绿色物流的推进和发展,针对运输、装卸、管理过程制订了相应的绿色标准,同时鼓励企业运用绿色物流的全新理念(重点在于规划和兴建物流设施时,应该与环境保护结合起来,大力推进铁路电气化运输)来经营物流活动,加大对绿色物流新技术的研究和应用,针对运输规划进行研究,积极开发绿色包装材料等。早在1994年,欧共体就制定了一项关于包装的法规——《包装和包装废弃物指令》;德国建立了专门的生态平衡实验室,按ISO有关标准评定现有各种包装材料对环境的影响程度,同时建立了双元回收系统。

欧盟为了提高欧洲各国之间频繁的物流活动的效率,采取了一系列协调政策与措施,大力促进物流体系的标准化、共享化和通用化。如由欧洲铁路运输管理系统及欧盟委员会提出的"在未来20年内,努力建立欧洲统一的铁路系统,实现欧洲铁路信号等铁路运输关键系统的互用"即为这一努力的具体体现。

在企业的生产和物流活动中,废弃物的产生总是难免的,如果企业无法循环利用这些废弃物,则需要投入成本来处理它们。此外,单个企业的改变往往较为困难,如果进行绿色化的企业得不到供应链上其他企业的支持,则成本有可能大幅度提高,使这种改变在经济上不可行。工业生态学在理论上为此提供了解决办法。在工业生态理论的指导下,形成了工业生态园,实现工业与环境共生,如丹麦的卡伦堡生态工业园,农工一体,使得相互之间能源与排放物通用等,减少了"三废"的排放。

德国在20世纪90年代初就开始倡导商品的"无包装"和"简单包装",强调包装要无害于生态环境、人体健康和能循环利用或再生,从而节约资源和能源。如果厂商对商品进行一定包装,就必须缴纳"废品回收费",而消费者如果想扔掉包装,就要缴纳"垃圾清运费"。目前,欧洲的一些企业在进行逆向物流的管理时还引进了第三方物流企业,旨在通过第三方物流专业性的管理,使逆向物流更具规模和专业优势,真正实现对物流成本的控制。

(二)我国绿色物流的发展趋势

1. 树立绿色物流意识

提倡绿色物流需要全社会的共同努力,需要政府加强宣传推广力度,需要企业和社会各界树立环境保护的危机意识,这样才能为绿色物流的推行提供良好的发展环境和舆论环境。政府需要出台相关法律法规政策,引导企业进行物流管理系统的改造,鼓励企业对物流活动进行外包,整合现有的物流资源,促进物流资源的合理利用。物流企业要树立"既环保又经济,绿色物流带动绿色消费"的新观念。企业内部要将眼前发展和长远发展相结合,从一点一滴做起,养成节约资源的习惯。绿色物流意识的培养不仅要求经营者有绿色营销的理念,在经营过程中展示特有的绿色标志和绿色服务,而且要求消费者追求绿色消费,实现商品整个生命周期过程的"绿色性"。

2. 加快物流技术的发展

物流企业要通过引进、消化与自主创新相结合,加大新能源、新材料以及节能技术的研发力度,加快推广经济性较强的绿色物流技术装备,同时,通过业务积累和技术创新,将物联网、大数据算法、人工智能等技术融合到实际场景中,加快构建绿色化、智能化、信息化的物流产业链,助力全流程提质增效和低碳减排。

3. 注重绿色物流的研究和绿色人才的重点培养

绿色物流目前仍然属于新鲜事物,需要政府大力推广和提倡,在科研方面也需要积极研究新的绿色无污染的物流方式。此外,政府和高校需要针对绿色物流培养专门的人才,尤其是生态型物流人才,从而形成生产、教育、科研相结合的完善的绿色物流体系。

4. 政府应全面引导,发挥积极作用

政府应尽快制定运输、包装等污染防治的政策、法律和标准,以便对各类污染物排放量进行控制。政府还要起到管理和监督的作用,督促物流企业选择合理的运输方式及绿色包装等,鼓励发展现代化的物流中心,发展第三方物流企业等。此外,政府应积极倡导绿色消费,使生产者、流通者和消费者联手,做到绿色产供销一体化。

5. 物流企业经营者应承担社会责任

物流企业要进行绿色管理,即企业对自身运输产生的废气、噪声,储运中的污染泄漏、包装固体废弃物等问题实施管理与控制,承担社会责任;提倡联合一贯制运输,削减总行车辆,开展共同配送等。

6. 智慧物流成为趋势

2014年,国务院印发了《物流业发展中长期规划(2014—2020年)》,提出将物流业作为"支撑国民经济发展的基础性、战略性产业"。自此,物流业在国民经济中的地位稳步提升。近几年,国家又相继出台了一系列文件(《关于进一步推进物流降本增效促进实体经济发展的意见》和《新一代人工智能发展规划》等),积极推进物流产业智能化升级。随着计算机技术和大数据技术的进一步发展和创新,以及受政策环境等各种利好因素的推动,智慧物流已经成为物流行业的一个主要发展方向。近些年,物流行业的发展受到物流科技的深刻影响,同时物流行业的科技应用也为技术的发展提供了良好的条件,物流领域的智能落地和应用进展得如火如荼。根据中国物流与采购联合会数据,当前物流企业对智慧物流的需求主要包括物流数据、物流云、物流设备三大领域。智慧物流的具体发展方向正从自动化、无人化向数据化、智能化发展。在具体的技术方面,无人机、机器人、智能快递柜、可穿戴设备、3D打印、大数据分析等技术已经逐步开始商用。

三、加快我国企业物流绿色化发展的对策建议

要推进企业物流的绿色化发展,不可能依靠单一的方法在短期内取得立竿见影的效果。企业物流绿色化障碍的克服或消除,必须同时采用多种方式,通过激励要素的优化组合和激励强度的合理搭配来实现。在此过程中,企业、政府和社会公众都发挥着各自不可替代的作用。

(一)企业策略

企业,既包括从事有形产品生产或销售的普通工商企业,也包括专门提供物流服务的第三方物流企业。它们作为物流活动的行为主体,既可能因为物流绿色化行为带来的成本增加而对其持抵制态度,也有可能因为物流绿色化良好的社会效应而成为最有力的推动者。从长远看,企业物流的绿色化不仅可以带来成本、差异化和社会形象方面的竞争优势,还可以缓解来自社会公众、供应链核心企业、绿色壁垒和政府监管的压力。社会责任正在成为现代企业的一种共同追求。因此,企业需要从战略高度看待物流的绿色化,采取行之有效的措施,实行企业物流的绿色化转型。

1. 加快技术革新,推进物流功能要素的绿色化

企业物流由运输、储存、包装、装卸搬运、流通加工等功能要素组成。企业要推进物流的绿

色化，必须首先从这些功能要素入手，功能要素的绿色化是企业物流绿色化的基础。但是，在机械化、自动化已经相当普及的今天，功能要素的绿色化仅依赖物流组织者的独立行为是绝对不可能实现的，各项功能要素的绿色化都离不开物流装备的绿色化，物流设备供应商和物流设施建设者的参与是功能要素绿色化的基础和前提。

(1) 运输的绿色化策略

运输的绿色化就是要从载运工具的技术性能及其使用管理入手，减少运输活动对环境的负面影响。其中，载运工具性能的改进主要依赖于设备供应商，而载运工具的使用和管理主要依赖于物流组织者。由于运输基础设施的规划和建设主要依赖于政府，物流设施的绿色化策略属于政府策略的范畴，这里暂不讨论。因此，企业推进运输绿色化的主要策略可以概括为如下几点。

① 开发使用清洁能源发动机。

虽然清洁能源发动机技术还不十分成熟，使用的经济效果也不尽如人意，但尾气排放已经严重危及人类健康，人们对清洁能源发动机的期盼为载运工具生产商提供了广阔的潜在市场，开发清洁能源发动机具有巨大的利润空间。因此，各类载运工具制造企业应该加大资金投入力度，加快技术创新步伐，尽快完善替代燃料发动机技术，批量生产以甲醇、乙醇、液化石油气(LPG)、压缩天然气(CNG)等替代燃料为动力的载运工具，并不断改善经济性能，使其生产、销售和使用完全进入市场化轨道；针对电动汽车的技术缺陷重点攻关，以期尽早投入商业营运；充分利用太阳能技术的最新进展，争取早日生产出具有实用价值的太阳能汽车。在清洁能源发动机技术完全成熟之前，大力发展混合动力汽车，以减少传统能源消耗和尾气排放。目前，混合动力技术已经开始应用于乘用车领域，待条件成熟后应尽快向货运车辆推广。

② 研究推广燃油发动机的高效率低排放技术。

由于清洁能源发动机的研发和推广需要较长时间，短期内它们不可能完全取代传统燃油发动机。因此，针对燃油发动机开发高效率低排放技术是发展运输绿色化技术的当务之急。事实上，在现有技术条件下，很多局部改进都可以提高载运工具的燃油效率，降低载运工具的尾气排放。例如，对发动机的控制系统和排气装置进行改进，可以优化内燃机的进气、混气、燃烧和排气过程，提高燃料使用效率，减少尾气排放和噪声级别；运用空气动力学原理对载运工具的外形进行改进，可以有效降低空气阻力，提高发动机驱动效率；推广使用硫和苯含量低的燃料，可以大幅度降低尾气中的有毒有害成分，减少空气污染。

③ 选择更环保的运输方式。

公路、铁路、水路、航空和管道五种基本运输方式的技术经济特点各不相同。从使用的方便性和灵活性说，公路运输具有明显的优势，成为大多数企业的首选运输方式。但从环保角度看，公路运输的平均能耗、平均尾气排放量和平均噪声水平都很高，是一种并不环保的运输方式。因此，企业在组织物流活动的过程中应尽量减少公路运输量，特别是在长途运输中不要使用公路运输；在有水路通道的地方尽量使用水路运输；在铁路网覆盖范围内的运输需求尽量通过铁路来满足；气体或液体货物尽量采用管道运输方式，对于批量特别大的粉状干货，也可以将其进行浆化后通过管道运输。一般认为，在五种运输方式中，管道运输的环保性能最好，其次是水路运输和铁路运输。优先选择环保性能好的运输方式，是企业推进运输绿色化的最基本策略。

④加强对驾驶员的培训和管理。

驾驶员直接面对客户,是企业与社会公众之间的接口,他们的行为将直接影响企业服务的质量和水平。同时,驾驶员又是载运工具的直接操纵者,他们的作业技能和工作态度直接关系到载运工具的使用效率和环保绩效。因此,对驾驶员的培训和管理应该纳入企业质量管理和企业环境管理的范畴内,并与其他环节的管理标准保持一致。作为运输绿色化的策略之一,对驾驶员进行培训和管理的主要目的是,通过节能技术培训,使驾驶员正确掌握各种节能技术。例如,行驶途中应保持恰当的速度,避免突然加速或减速;在装卸货物时尽量关闭发动机,以免浪费燃料;对轮胎进行定期维护、保养和更换,以防止事故发生;对驾驶员的燃料消耗情况进行记录、比较和评估,并据此进行奖惩,以鼓励驾驶员认真履行职责、降低燃料消耗等。

(2)包装的绿色化策略

包装的绿色化主要针对包装环节的大量资源消耗及其所带来的废弃物污染问题,力图从包装材料的减量化、再利用和资源化入手,通过技术创新来实现资源节约和环境保护的目的。包装绿色化途径主要有以下几种。

①避免过度包装。

包装减量化可以从源头上控制包装废弃物的产生,是世界公认的包装绿色化首选策略。但包装减量化必须与材料性能和包装工艺相适应,因此,材料生产企业和包装企业都可以在包装的减量化方面发挥作用,共同促进适度包装,避免过度包装。例如,材料生产企业可以通过包装材料性能的改进,在保持甚至提高瓶装容器强度的同时,实现薄壁轻量,减少材料使用量;包装企业通过包装设计或包装工艺的改进,可以简化包装形式,避免重复包装。

②重复使用包装。

包装企业在设计和生产包装容器时,应充分考虑包装的回收再利用问题。对包装的回收利用可以有两种方式,一是回收包装材料,对其进行加工,重新制作新的包装;二是回收包装容器,直接重复利用。对前一种方式回收的包装,在设计和生产时应尽量减少所用材料的种类,以减小重新制作包装的工艺难度;对后一种方式回收的包装,应尽量实行标准化和模块化设计,以便包装容器回收时的拆卸、分类、重组和再利用。

③选用可降解材料。

目前,企业选择包装材料时主要考虑的因素是材料本身的成本及其加工的方便性,很少关注包装使用之后的废弃物处理问题,导致了极大的资源浪费和严重的环境污染。为了实现包装的绿色化,包装企业应该选用可降解材料,如纸是可降解材料,再生纸就是一种典型的绿色包装材料;生物降解塑料既保留了塑料作为包装材料的优点,又避免了塑料难以自然降解的缺陷,是一种最具发展潜力的绿色包装材料。包装企业选用可降解材料,不仅可以减轻包装废弃物的处理费用、降低环境污染,还有利于资源的自然循环,可实现包装产业的可持续发展。降解环保袋如图9-6所示。

(3)流通加工的绿色化策略

现有的流通加工大多采用分散作业的方式,加工效率低,平均能耗大,且加工产生的边角废料批量小,重新再利用的经济效果差,只能作为垃圾处理,容易造成二次污染。流通加工的绿色化主要通过规模化加工的方式来提高加工效率,减少环境污染,其主要策略如下。

①取消不必要的流通加工。

在企业物流系统的形成发展过程中,可能会产生一些作用不太明显的流通加工环节,它们

图 9-6　可降解环保袋

对产品的种类、规格、质量和包装状况的改变效果都不大,反而会增加流通环节的复杂性。从环保角度看,不必要的流通加工不仅会消耗人力、物力和财力,还会产生新的环境污染,进一步降低物流活动的环境绩效,因此应该取消。

②将流通加工与物流的其他环节相结合。

流通加工的最主要目的是方便物流其他环节的作业。为了尽量减少流通加工作业对环境的影响,可以将其与物流的其他环节相结合,这样既实现了流通加工的目的,又不必专门增加作业环节,其绿色化效果是明显的。例如,将流通加工与配送相结合,就无须额外设置单独的加工场所,同时,在配送之前进行加工还可以大幅度提高配送服务的水平;在干线与支线运输的中转环节进行流通加工,可以根据运输组织的方便性要求,有针对性地提供加工服务,提高中转及运输作业效率。此外,流通加工还可以与配套相结合、与商流相结合、与节约相结合。

③推行流通加工的规模化。

规模效应是在任何行业都普遍存在的一种经济现象,它在流通加工领域体现得更加显著。流通加工的规模化主要可通过两种方式来实现:一是变分散加工为集中加工,以规模作业方式提高资源利用效率,减少环境污染。例如,钢材的集中加工可以大幅度提高作业效率和作业精度,减少资源浪费;商品混凝土的集中加工可以提高生产效率和混凝土的质量,减少洗机废水的污染,利于环境保护,节约施工用地。二是对加工产生的边角废料进行集中利用或处理,从而减少污染废弃物的产生,利于环境保护。如将木材加工产生的废渣集中生产成甲板或造纸原料,对加工产生的粉尘进行集中过滤等。

(4)储存的绿色化策略

储存的绿色化应该从仓储设施的规划布局和储存场所的内部管理展开,具体措施如下。

①合理布局企业的仓储设施。

企业仓储设施的规划和建设不仅要考虑它们对周边环境的直接影响,还要充分考虑它们可能间接带来的环境问题。因此,仓库建设前应认真进行环境评价,充分考虑仓库建设和运营对所在地的环境影响。如果是易燃易爆品仓库,就不能建设在居民区附近;如果是有害物资仓库,就不应建设在重要水源地附近。此外,仓库建设密度也会间接地影响环境绩效。例如,仓库建设密度过大,就会增加装卸搬运频率;反之,如果仓库建设密度太小,则有可能增加车辆空驶率。两个极端都会使企业物流的环境绩效降低,不利于物流的绿色化发展。

②加强储存场所的内部管理。

除了合理布局仓储设施外,企业在物流作业过程中还应不断改进仓储设施条件,制定科学合理的储存规划及保管程序,以便最大限度地保证储存货物的质量和数量安全,减少货损货差。企业仓库应强化安全措施,必要时安装空气净化装置或废水废物的收集净化系统,防止有毒有害物质直接排放,以免对周边环境和人员造成危害;同时,要提高各种仓库设备的环保性能,保证仓库质保设备运行的绿色化,如仓库的制冷装置应尽快实现无氟化,仓库的抽湿系统应尽量减少有毒有害化学物质的使用等。

(5)装卸搬运的绿色化策略

为了防止装卸搬运过程产生浪费或污染,可以通过技术创新或技术改造,提高装卸搬运设备运行的柔性性能,减缓作业过程的震荡程度和冲击力,避免货物损坏和粉尘的产生;在进行装卸搬运作业之前,应针对货物的不同性状,采用合适的单元器具实行集装化处理,以免造成货物散失或有毒有害物质的泄漏。

2. 应用信息技术,促进物流组织工艺的绿色化

物流并不是各项功能要素的简单相加,现代物流的核心和精髓就在于其组织工艺的系统化。企业之所以能够对跨地域、跨行业的众多物流资源实施系统化管理,主要得益于信息技术的进步。因此,要推动企业物流向绿色化方向发展,除了要保证各项功能要素的绿色化之外,还应从组织工艺入手,充分发挥现代信息技术的作用,采用系统集成的方法,使企业物流系统产生1+1>2的效果。物流组织工艺的绿色化可以在两个层次展开,它既可能指特定功能要素内部组织工艺的绿色化,也可能指各项不同功能要素之间组织工艺的绿色化。纵观国内外物流产业发展状况,笔者认为,企业物流组织工艺的绿色化可以通过如下几方面的措施加以推进。

(1)加快信息系统建设

物流信息系统既是物流活动各关系方交流的平台,又是企业合理调度物流资源的工具。良好的物流信息系统能大幅度提高企业的资源整合能力,并通过优化模型的运用,最大限度地提高效率、减少浪费。智能化的物流信息系统还能提高企业的学习能力和物流组织工艺的柔性,降低企业物流模式的转换成本,使企业物流能够更快地适应绿色标准及其他环境因素的变化,在竞争中立于不败之地。总之,物流信息系统是组织工艺绿色化必不可少的技术条件,企业要推进物流组织工艺的绿色化,就必须先着手物流信息系统的建设,推进物流市场和物流关系管理的信息化,并在信息系统建设中大力采用条码、RFID、GIS、GPS技术,构建基于互联网的企业或供应链物流信息系统。

(2)强化供应链激励

首先,核心企业应选择或制定合适的契约来规范供应链成员的物流行为,确定合理的利益分享原则和成本分摊机制,以解决物流绿色化的动机问题。其次,需要构建良好的协调环境,在考虑外部环境因素的基础上,尽量促使供应链成员企业的价值观、经营理念和企业文化基本一致。再次，构建新的评价体系，以便选择同样具有绿色化意愿的企业作为合作伙伴，并利用物流信息系统实现成员间的信息共享。最后，核心企业要对各成员企业的物流绿色化程度进行测评和奖惩，对契约合同的履行情况进行监督，以防止事后的违约风险，并及时发现供应链内部改进环境效益的途径。

(3) 推进多式联运

作为物流功能要素的绿色化策略之一，倡导企业选择更加环保的运输方式；作为物流组织工艺的绿色化策略之一，倡导企业大力推进多式联运。多式联运可以克服单一运输方式的固有缺陷，充分发挥各种运输方式的长处，保证整个运输过程的高效，是运输组织工艺绿色化的最基本途径。但是，多式联运的发展离不开高效率的货物转运技术和联运组织工艺。因此，为了实现多种运输方式的无缝连接，物流组织者应该与设备供应商充分合作，开发生产方便货物转运的装卸机械、适用于驮背运输的铁路和公路车辆，以及能从事滚装运输的船舶和汽车，并在公铁联运中推行驮背运输，在海铁联运中推行滚装方式。同时，船舶代理、货运代理、航运经纪人等市场中介也应积极拓展业务范围，努力向多式联运经营人转型，以提升自己的联运组织能力，简化客户的托运程序。

(4) 开展共同配送

共同配送就是为了提高作业效率，减少配送活动对环境的影响，而将两个或两个以上的配送任务合并在一起，统一进行组织的配送模式。在实际中，共同配送可以采用以下几种方式进行组织。

①由一个企业综合多个客户的任务，在配送时间、数量、次数和路线等方面做出全面合理的规划，并按计划组织配送。

②由一辆车混载多个客户的货物进行配送。

③如果客户集中地的交通状况拥挤，或每个客户单独配置接货场地存在困难，由多个客户联合起来，共同设置配送的接收点或处置点。

④同一城市或地区的多个配送企业共同投资使用装卸机械或配送中心，为各自的客户提供配送服务。

(5) 采用第三方物流

由于企业自营物流缺乏规模优势和专业优势，它们的储存场所规模小而分散，装卸搬运设备的专业化程度低，运输车辆大多采用环保性能较差的中小型载货汽车，且空驶率普遍偏高。因此，企业自营物流的效率及绿色化程度一般较低，是一种最不环保的物流服务模式。为了推动物流的绿色化发展，各类生产或流通企业应该摒弃"大而全、小而全"的传统思想，尽量将自己的物流服务需求外包给第三方物流企业，以便在更广的范围内优化资源配置、减少环境污染、提高物流的绿色化程度。

3. 发展逆向物流，完善废弃物循环利用体系

生产、流通和消费必然产生大量废弃物，废弃物处置不当肯定会导致资源枯竭和环境恶化。因此，在推进物流绿色化的过程中，企业不应将焦点仅仅集中在正向物流上，而要着眼于产品的整个生命周期，强化返品处理、再制造、再销售、再循环和垃圾处理过程中的物流管理。逆向物流的发展，显然能完善企业的废弃物循环利用体系，体现企业物流行为的环境效应。所以，各类企业都应积极投身逆向物流体系的建设，并使其与正向物流实现有机衔接；要立足供应链视角组织物流，争取建立起包括生产商、批发商、零售商、消费者和物流企业在内的循环物流体系。

作为循环物流体系的有机组成部分,逆向物流与正向物流一样面临着绿色化的问题。从企业层面分析,为了切实完善废弃物循环利用体系,企业应该综合平衡产品的设计、生产、流通及消费过程,将正向物流与逆向物流结合起来,将企业成本与供应链绩效和客户价值联系在一起,统筹考虑经济效益与社会效益,系统制定逆向物流的绿色化措施。

4. 树立品牌意识,推行企业物流的环境标准认证

物流绿色化是企业主动承担社会责任的一种体现。目前,虽然大多数企业对物流绿色化的认识不足,甚至抱着"环保不经济,绿色要花钱"的思想,但在环境关注度日益提高的今天,如果企业能够充分认识自身的社会责任,主动树立环保意识,积极打造绿色品牌,就一定能在市场竞争中取得独特优势,获得持续发展。为了实施物流品牌战略,各类企业应该积极推行企业物流的环境标准认证,以标准化方式促进企业物流的绿色化。

为了节省自然资源、减少环境污染、改善环境质量、保证可持续发展,国际标准化组织(ISO)于 1996 年正式颁布了 ISO 14000 环境管理系列标准,作为各类组织在环境保护方面的绩效评价标准。ISO 14000 系列标准包括七个子系统,即环境管理体系、环境审核与环境监测、环境标志、环境绩效评价、生命周期评估、术语和定义、产品标准中的环境指标等。国际标准化组织为该系列标准分配了从 ISO 14001 至 ISO 14100 的 100 个标准号,几乎涵盖了政府和企业等所有组织的全部环境行为,是国际公认的环境质量认证标准。

(二)政府策略

基于障碍机理的研究表明,企业物流的绿色化发展不可能完全依赖市场机制来实现,必须要有政府的干预。政府对企业物流绿色化行为进行监管和激励都是必需的,而且很多干预方式都能有效提高企业物流绿色化的效率,各级政府应该采取如下措施,积极推动企业物流的绿色化发展。

1. 制定绿色标准,构建企业物流绿色化的评价体系

信息不对称所导致的逆向选择是企业物流绿色化发展的重要障碍。而信息不对称的出现,除了信息系统不完善之外,还要归因于物流绿色化评价体系的缺失。没有公开透明的绿色评价体系,消费者就无法判断企业的物流服务是否为绿色或者绿色化程度如何,同时会为非绿色物流的"搭便车"行为提供机会。事实上,不论是企业与企业之间的博弈还是政府与企业之间的博弈,评价体系缺失所导致的信息不对称都是增加博弈成本、降低激励效率的最主要原因。所以,在推进企业物流绿色化的进程中,政府首先应该采取的措施就是尽快制定企业物流绿色化的评价体系。各国政府应该不断完善现有的评价指标体系,尽快启动物流绿色化标准制定工作,并对指标权重和评价方法进行统一规范,以构建科学合理的企业物流绿色化评价体系。另外,由于经济或技术的原因,我国已有的装备技术标准和最低排放标准与发达国家和地区相比尚有一定的差距,难以与国际接轨。有关政府部门应该借鉴国外经验,充分结合我国具体实际,制定出更加严格的绿色标准,以使我国企业能在更高的起点上推进物流的绿色化。

2. 完善政府规制,强化对企业物流行为的绿色监管

企业物流的外部性为政府的绿色监管提供了合理性依据。作为一种行政手段,政府的绿色监管具有目标明确、执行力强和效果直接的优点。

(1) 对企业的所有物流活动实施统一管理

为了能正确行使绿色监管职能,政府必须对企业的所有物流活动实施统一管理,以保证绿色化评价标准和绿色监管政策的统一性和完整性。但是在我国,与物流有关的政府管理部门至少包括交通运输部、工信部、商务部以及军事系统的原总后勤部、总装备部等,由于各部门之间目标不统一、行为难以协调,导致整个物流系统的规划不合理、资源难以整合,妨碍了企业物流绿色化的推进效果。当然,由于受各方面条件的制约,要想在中央政府层面实现对物流的统一管理是不经济也是不现实的;对各级地方政府来说,要在短期内统一对物流产业的管理似乎也非易事。但是,只要充分认识统一管理的必要性,明确物流管理体制的改革方向,并在未来的机构调整中始终坚持这一方向,就能有效提升管理效率,使政府的绿色监管成为企业物流绿色化发展的常态化压力。

(2) 运用法律手段规范企业的物流行为

法律是以立法机构为主体,在广泛征求社会各方面意见的基础上,通过严格的立法程序制定而成的。同其他政策类型相比,法律具有更强的公正性、普遍性和权威性。要推动企业物流的绿色化发展,立法机构应该从以上两个层次入手,尽快完善企业物流绿色化的法律监管体系,特别是要专门针对物流领域制定法律法规,以便为各级政府的监管行为提供切实可行的法律依据。从理论上说,物流领域的专门立法既可以针对整个物流行业,也可以就某个具体功能要素进行立法。但由于物流本身的概念和外延还在发育和成长之中,针对整个物流领域制定法律还有一定的难度,因此目前针对物流绿色化的专门立法应主要以运输、包装和流通加工等具体的功能要素为对象,从源头上控制企业物流行为的环境污染。

3. 出台优惠政策,鼓励企业物流的绿色化转型

政府的绿色监管虽然具有权威性和普遍性的优点,但它主要依赖于行政手段,缺乏人性化和亲和力,难以在更深的层面挖掘企业物流绿色化的潜在积极性。当物流绿色化程度达到最低环保要求的时候,企业往往会放弃努力。因此,为了使企业物流绿色化成为一种持续不断的行为,政府还应该出台优惠政策,鼓励企业物流的绿色化转型。与绿色监管不同,政府的优惠政策大多以经济杠杆为手段,通过利益的再分配来激励和引导企业物流的绿色化发展。具体措施有以下几点。

(1) 加大绿色产品或绿色服务的政府采购力度

政府采购是一个容量极大的市场,它不仅在国民经济体系中具有重要地位,在国际贸易中也占有很大份额。目前,政府采购在市场上的导向作用日益明显,政府采购政策已从单纯的财政支出管理工具发展成为政府对市场供需进行调控、对特定产业或特定区域进行扶持的有效手段。作为社会公众利益的代表,政府不仅要着眼于成本和使用价值来采购商品或服务,还要更多地考虑采购对象的社会价值及其潜在利益。

(2) 通过相关产业引导企业物流的绿色化发展

企业物流的绿色化发展不可能孤立地进行,相关产业的发展也能够拉动或促进企业物流的绿色化转型。因此,政府应该从消费政策、生产政策、流通政策以及科技或金融等政策入手,引导企业物流的绿色化发展。

具体地说,消费政策应该倡导消费者尽量消费绿色产品,对消费产生的废弃物制定强制性的回收政策,并对回收渠道、回收方式、再利用途径等进行明确的规定和约束,通过消费拉动企业物流的绿色化发展。在生产政策方面,政府一方面要通过产业升级的方式减少企业生产或

物流活动对本地区环境的影响,另一方面要充分履行其宏观管理职能,努力协调好环保与生产和流通的关系,保障社会经济的可持续发展。

(3)提高激励措施的针对性和可操作性

政府激励政策应首先从大企业入手,并利用大企业的示范作用,带动全体企业物流的绿色化转型。因此,政府在实施优惠政策的时候,应该分阶段有步骤地进行。在政府激励的初期,优惠政策应主要针对大企业,有重点地实施高强度激励;当大企业的积极性逐渐提高,示范效应开始显现之后,政府就应将这种优惠扩展到部分中小型企业,并相应地降低激励强度,以减少政府的激励成本。如果经过一定时间的发展,激励行为已经成为所有企业的必然选择,则政府的各种优惠政策也就可以随之取消。为了适应不同阶段的激励目标,政府应该不断调整优惠政策的内容及其执行方式,以提高激励措施的针对性和可操作性。由于企业规模的大小并没有明确的界限标准,因此政府在选择大企业作为激励对象时除了要综合权衡企业的资产、市场和竞争力之外,还要特别关注它们在供应链中的地位和作用。因为供应链核心企业是整个供应链的主导,在政府和企业之间起着桥梁纽带作用。在企业物流绿色化推进过程中,如果政府能抓住供应链核心企业并实施有针对性的高强度激励,就能充分调动核心企业参与物流绿色化的积极性,并通过它们激励其他非核心成员,带动整个供应链物流的绿色化转型,起到四两拨千斤的作用。

4. 优化产业布局,加快物流基础设施的规划和建设

作为一种公共产品,物流基础设施的规划和建设是政府义不容辞的责任。同样,从企业物流绿色化发展的要求看,各国各级政府也应合理配置资源、优化产业布局,做好物流基础设施的规划和建设。

(1)以物流园区为支撑,优化物流产业布局

在物流产业布局不合理的情况下,单个企业的物流绿色化行为不可能取得满意的效果。而在实践中,物流节点的规划和建设又是政府进行物流产业布局的最主要方式。如果物流节点的位置分散且功能单一,往往会导致物流产业布局的不合理。物流园区集多种设施的功能于一身,是各种不同类型的企业集中组织物流活动的场所,它将众多的企业物流聚集在一起,共享基础设施和配套服务,有利于企业物流的集约化经营和统一管理,可以发挥物流作业的规模化、专业化和互补性优势,降低物流成本,提高企业竞争力。不仅如此,布局合理的物流园区还可以优化区域物流网络,方便废弃物的集中处理和回收利用,减少物流对环境的负面影响,促进企业物流的绿色化转型。因此,为了改善区域交通环境,提高区域物流效率,加快企业物流的绿色化进程,政府规划部门就应统筹区域总体规划,在城市周边的交通枢纽地带择地规划综合性物流园区,以取代分散在城区内的各类小型转运设施。

物流园区的建设需要大量的土地和资金,加之公共设施的属性使其初期经济效益一般都不理想。所以,在物流园区的规划建设中,有关政府部门要充分利用各种政策手段吸引和利用民间资本,必要时也可以政府投资的方式直接参与物流园区的建设,并以物流园区为支撑,优化物流产业布局,推动企业物流的绿色化转型。

(2)以运输网络为重点,完善物流基础设施

运输是物流的核心功能要素,运输网络的方便性也是企业物流绿色化发展的最基本条件。为了推动企业物流的绿色化发展,政府应该以运输网络为重点,完善物流基础设施。为此,政府应该做到以下几点。

①系统规划运输网络。

各级政府应采用系统化的思想和方法,在提高既有网络效率的基础上,合理规划新的运输通道,并通过新旧设施的功能整合,促进运输网络与物流节点的有效衔接,推动运输网络在空间上的合理布局,提高运输网络的综合服务能力和市场经营水平,完善区域物流系统的整体功能。

②加大运输基础设施投资力度。

由于运输基础设施的投资周期长、资金占用量大,且作为运输网络有机组成部分的部分市政道路属于公共设施,不可能收回投资。因此,运输基础设施的投资和建设必须要有政府的参与。在运输基础设施的投资建设中,政府应重点参与航道、铁路等环保型运输通道的建设,适度参与社会效益好的公路投资项目,并充分发挥政府投资的市场导向作用,引导民间资本参与运输基础设施建设。

(3)以信息平台为突破口,加快企业物流的绿色化转型

物流组织工艺的绿色化发展必须以完善的信息系统为支撑,但企业自主开发的物流信息系统主要用于内部资源的优化配置,即便是基于互联网的物流信息系统,也只能为有关客户或供应商提供信息查询服务,难以帮助企业在更大的范围内整合市场资源、优化资源配置。为了方便各类企业乃至普通消费者分享物流信息,促进物流组织工艺的绿色化发展,政府应该统一规划、集中领导,建设相对独立的开放性物流信息平台。

①加快物流信息的标准化建设。

物流信息平台主要用于不同企业、政府或消费者之间的物流信息交换,如果物流信息数据没有标准化的格式,势必加大数据交换的难度,降低物流信息平台的使用效率,造成资源浪费和信息失真。因此,作为物流信息平台建设的前提,政府必须首先加快物流信息的标准化建设。

②构建四个层次的物流信息平台。

完整的物流信息平台应该包括基础信息平台、信息服务平台、口岸信息平台和网络交易平台等四个层次。一般来说,基础信息平台提供物流政策、基础设施状况、物流市场供需等方面的信息;信息服务平台主要为物流业务组织提供支持,可以帮助企业实现商流、物流、信息流和资金流的一体化;口岸信息平台的主要功能是推进通关的电子化、信息化和标准化,以改善通关环境,提高通关效率;网络交易平台则以电子商务为手段,为商品供需方以及物流服务供需方提供网上交易服务,以推动商品的异地交易、电子委托、电子支付、电子确认和单证传输。

③协调各参与主体的利益关系。

物流信息平台的建设会涉及众多不同类型的企业或政府管理部门,为了协调各方利益关系,物流信息平台的建设宜采用"政府推动,第三方实施,市场化运作"的方式进行。政府推动的必要性前面已经述及,这里无须赘述。采用第三方实施的方式,可以确保物流信息平台本身的独立性,保证它在公开、公平和公正的基础上最大限度地满足广大客户的信息服务需求。市场化运作可采用经营者持股方式,实行风险抵押,将信息平台的经营业绩与经营者利益挂钩,能有效增加物流信息平台的经营活力。

5.重视理论研究,培养物流绿色化发展的专门人才

科学技术是第一生产力,理论研究和技术开发对企业物流绿色化的指导意义不能小觑。不论是物流绿色化的理论研究还是具体实践,都离不开相应的人才。专业人才队伍的壮大与

理论研究的进步是相互依存、相互促进的。人才队伍壮大了,理论研究自然会取得进步,理论研究的进步反过来也会促进人才培养、提升人才素质。因此,为了改善企业物流绿色化发展的基础条件,政府应该将理论研究、技术进步、人才培养和观念传播等工作结合起来,形成良性互动。

(1) 重视理论研究

作为一门新兴交叉学科,物流理论研究正在世界各地如火如荼地展开,也随着实践的发展取得了一些成果。但是,由于物流理论研究需要综合多领域的知识,加之现代物流实践的历史还不长,因此还存在不少理论空白。将物流理论与绿色观念相结合,研究企业物流绿色化转型的理论问题显然还有更为广阔的拓展空间。例如,在研究城市规划、土地管理和环境保护问题时如何考虑物流因素,在企业物流绿色化发展过程中如何与周边环境相互协同,以及政府对企业物流进行监管或激励的政策细节和量化标准等,都是理论研究亟待解决的问题。

为了利用理论成果指导企业物流尽快地实施绿色化转型,政府应该组织环保、物流、规划、机电、信息等方面的科研力量,开展物流绿色化方面的理论研究,并加大对基础性强、应用面广的科研项目的资金扶持力度。为此,我国的国家自然科学基金、国家社会科学基金以及教育部、科技部和各省市的科研基金管理部门应加大对物流绿色化基础理论课题的资助力度。同时,各级政府要充分调动科研院所、高等学校以及部分大型企业的积极性,共同参与物流绿色化理论研究,并促进产学研相结合,强化应用性研究的成果转化。

(2) 完善技术环境

绿色技术不仅可以改善物流装备的环境性能,促成各功能要素的绿色化,还能帮助企业改进物流组织工艺,全面推进企业物流的绿色化转型。但是,由于企业资源有限,加之绿色技术的开发和推广具有正的外部性,因此,物流绿色化技术的开发不能仅仅依靠企业的力量。政府应该在重视理论研究的基础上,引导或参与物流绿色化方面的技术创新或技术引进,以提高企业物流的绿色化营运水平。

(3) 培养专门人才

企业物流的绿色化发展离不开专门人才。除了理论研究和技术开发需要人才外,企业物流的日常管理和运作也需要人才。物流绿色化人才除了要掌握一定的物流知识或操作技能外,还必须具备相应的环保理念,学会绿色化工作方法。为此,政府应该针对不同层次的人才特点,建立不同的培养体系,为企业输送物流绿色化发展所需的各类专门人才。

针对高级人才紧缺的现实,政府应该采取积极有效措施,通过引进和培养相结合的办法,一方面有针对性地引进物流绿色化的高级管理人才、高级技术人才和高级教育人才;另一方面整合现有科研机构和高校科研人员,通过学科交叉和学科融合的方式充实物流绿色化方面的理论研究,通过产学研相结合的方式培养物流绿色化方面的应用型高级人才。在此基础上,政府还应该大力整合教育资源,优化师资队伍,鼓励高校开设物流绿色化方面的课程,并在条件成熟时设立物流绿色化管理的硕士或博士研究方向。

由于物流的绿色化必须以物流的现代化为基础,因此,为了促进企业物流的绿色化发展,各级政府还应在现有人才培养体系的基础上,努力完善物流学历教育,构建多层次的物流学历教育体系,并在物流学历教育中融入更多绿色思想和绿色方法的教育内容,使未来的物流人才拥有更多的社会责任意识,企业管理者出现更多的绿色偏好选择。同时,政府应采取多种方式强化物流职业教育,鼓励企业办学或者校企联合办学,开展各种形式的职业教育和短期培训,培养物流绿色化发展所需的操作型人才。此外,在完善已有物流职业资格认证制度的基础上,还可以逐步推行绿色从业资格制度,对企业物流的特殊环节和特殊工种实行绿色资格认证。

(三)社会公众策略

社会公众既是企业物流服务的消费者,又是环境资源的拥有者。在企业物流的绿色化转型过程中,全体社会公众都将面临直接利益与间接利益或者说短期利益与长远利益的冲突。一方面,从服务消费者的角度出发,社会公众总是希望企业物流服务的价格越低越好;另一方面,从资源拥有者的角度出发,社会公众又希望企业物流的成本外溢越小越好。显然,这两方面的目标是相互矛盾、相互冲突的。因为在企业物流实际成本一定的情况下,成本外溢就可以使企业承担的成本减小,从而使消费者直接支付的价格降低,但成本外溢同样意味着企业物流对环境伤害的增加,间接地影响全体社会公众的生活质量。

企业物流绿色化发展的内在动力和外部压力几乎都直接或间接来自社会公众,社会公众对企业物流的绿色化发展起着至关重要的作用。但是,由于上述矛盾的存在,作为消费者的个人理性与作为资源拥有者的集体理性的冲突往往使社会公众的选择摇摆不定,削弱了企业物流绿色化发展的内在动力和外部压力,降低了企业实施物流绿色化转型的积极性。因此,全体社会公众应该着眼长远,突破个人理性,倡导集体理性,从身边的事情做起,从生活点滴做起,用众多微小的影响汇集成强大的推动力,促进企业物流的绿色化转型。

1. 树立环保意识,倡导绿色消费

随着环保意识的增强,绿色消费正在成为一种趋势。绿色消费并不只是要求所消费的有形产品减少或消除对环境的影响,而是要求所消费的产品及其包装在其全部生命周期内都能减少或消除对环境的影响。因为企业所有的生产或流通活动都会或多或少地包含物流行为,所以,绿色消费不仅能刺激企业有形产品的绿色化,还能促进企业物流的绿色化。作为企业物流服务的消费者,广大社会公众应该大力倡导绿色消费,加速企业物流的绿色化转型。环保需要所有人共同努力,如图 9-7 所示。

图 9-7 环保需要所有人共同努力

2. 选择再生产品,支持逆向物流

购买再生产品是消费者对循环经济模式的积极响应,它不仅对企业资源的回收再利用具有巨大的推动作用,同时能促进逆向物流的发展。在逆向物流的组织实施过程中,如果没有消费者的支持,即便有严格的法律或经济措施,企业的回收目标也很难实现。因为逆向物流的起点就是各类产品的消费处,逆向物流的对象点多、面广、批量小,物流组织的难度大,难以像正向物流一样通过规模经营的方式降低平均成本,导致逆向物流的组织者往往会因为成本居高不下而不得不选择放弃。因此,为了促进逆向物流的发展,减少企业经营的环境成本,社会公众应从小事做起,主动参与垃圾的分类回收,积极配合企业逆向物流的实施。

3. 收集环境信息,抵制非绿色物流

在企业社会责任意识尚不明确、政府监管也未完全到位的情况下,社会公众的监督是企业物流绿色化发展的主要外部压力。与有形商品不同,企业物流的绿色化程度如何很难在事后进行评估。因此,社会公众在对企业物流行为进行监督的过程中,要密切关注企业物流活动所导致的环境参数变化,并通过适当的途径收集环境信息,保留环境信息,以便为事后监督提供依据。同时,作为消费者的社会公众还应从自身做起,购买绿色物流,抵制非绿色物流,从市场需求的源头引导企业物流向绿色化方向发展。

4. 参与舆论监督,防止企业寻租

为了促成企业物流的绿色化发展,全体社会公众应该统一思想认识,积极参与舆论监督,并通过社会团体、民间组织或大众媒体表达自己的心声,将社会公众的监督转化成企业物流绿色化发展的外部压力。社会公众的监督力量不仅能作用于企业,同样可以作用于政府。在企业与政府的博弈中,如果企业出现寻租行为,就有可能导致政府的"不作为",这显然会为"搭便车"者提供更多的投机机会,削弱企业物流绿色化发展的基本动因。因此,社会公众的舆论监督不仅要针对企业,还要针对各级政府主管部门,防止监管缺失和激励不当现象的出现。某物流企业的"舆论监督"宣传语如图9-8所示。

图9-8 舆论监督的宣传语

 │项目自测│

1. 第三方物流的特征是什么?
2. 第三方物流能为企业创造哪些价值?
3. 我国第三方物流发展存在的主要问题是什么?如何解决?
4. 联邦快递的绿色物流体现在哪些方面?
5. 你认为联邦快递的绿色物流对企业的发展有什么影响?

6. 实施绿色物流能够为企业带来哪些好处？
7. 企业实施绿色物流应从何处入手？
8. 简述绿色物流的含义。
9. 绿色物流的特点是什么？
10. 如果你是某公司选中的第三方物流公司的高级业务经理，请你设计一套新的销售物流体系。